21世纪高职高专精品系列规划教材·物流专业

企业物流管理实务

QIYE WULIU GUANLI SHIWU

◎主编/杜学森　◎副主编/吴雅萍

首都经济贸易大学出版社
·北京·

前　言

企业物流是企业生产经营的组成部分,贯穿企业的供应、生产、销售活动的每一个环节。在新的经济社会和市场环境条件下,作为降低物资消耗和劳动力成本的两大利润源已到了一定极限,物流作为“第三利润源”,已经成为提升企业核心竞争力的重要法宝。

本书主要包括企业物流管理概述、采购物流管理、生产物流管理、销售物流管理、物流外包管理、企业物流现代化、企业物流典型案例分析等内容。

本书的特点是:理论简洁、注重实务,更加明确了“知识目标”、“技能日标”的要求,强化了“问题互动”、“技能训练”、“知识拓展”、“要点归纳”、“综合测试”的内容,突出了学生的主体地位,通过启发式、任务驱动式的教学形式,更加密切理论与实践的关系,培养学生独立分析和解决问题的能力。

本书由天津滨海职业学院杜学森担任主编,负责本书总体框架的设计,编写大纲,以及初稿的修改、统稿和定稿工作,并负责编写第一章、第二章、第三章、第六章、第七章第二、三节、第八章。天津滨海职业学院吴雅萍担任副主编,并负责编写第四章、第五章和第七章第一节。

在编写过程中,我们参考、吸收与采用了国内外众多学者的研究成果,在此表示衷心的感谢。由于编者水平有限,书中难免有不当之处,恳请广大读者批评指正。

编　者

2009 年 8 月

目　录

第一章　企业物流管理概述

【知识目标】

掌握企业物流的概念与内容

掌握企业物流管理的内涵及内容

理解现代企业物流理念

【技能目标】

能对不同类型企业物流的主要特征进行描述

能针对其中一种企业物流类型进行调研，写出调研报告或体会

能对企业物流案例进行分析

能对给出的技能演练题目进行分析，并给出解决方案

引导案例

凯利公司是一家经营大型通信机械起家的企业。1993年，颇有远见的公司总经理顺利争取到国内一家大型企业某高新产品的分销代理权，于是转而经营电子分销。随着营销网络的不断扩大和业务的不断拓展，企业几年间一跃成为业内的领头羊。然而，财务报表表明，在公司营业收入不断增加的同时，公司的经济增加值却增长缓慢，利润目标迟迟不能实现。

就在该企业总经理百思不得其解时，一份来自财务经理的分析报告引起了他的重视。自从公司上线新系统以来，虽然业务量有了很大的增长，营业收入不断增加，可是企业却一直没能很好地重视居高不下的物流成本，物流的信息化程度还停留在比较原始的阶段……总经理这才意

识到分销型企业物流管理的重要性。

物流管理已经成为企业拓展、维护和把控营销网络的最重要的支持因素,是企业获得客户的重要因素之一。有些分销型企业甚至凭借其强大的物流实力,在整个供应链上占据了链主的地位,在供应商和终端市场上都有着难以复制的优势。

随着很多行业竞争的加剧和营销渠道的扁平化,分销型企业的暴利时代已经一去不复返了,利润越来越薄,企业不得不从成本上再下工夫,但企业的销售、市场、财务、人力资源方面成本可挖掘的空间已经不大,而物流是可以再降低成本的最大领域。要赚1元钱,可能要销售出20元的商品,但物流成本节省了1元,就是1元的利润。

所以,很多企业在不断发展的过程中越来越意识到物流在经营中的重要性,越发重视物流管理。物流的快速发展给分销型企业带来了生存挑战,同时也给其带来了发展的机遇。

讨论:一台电视机从生产开始到运到消费者家中要经过哪些物流环节?为什么说物流管理是非常重要的?

第一节　企业物流概述

一、物流

(一)物流的含义

2001年3月国家颁布的《中华人民共和国标准物流术语》对物流下了这样的定义:物流是物品从供应地向接收地的实体流动过程。根据实际需要,将运输、储存、装卸、搬运、包装、流通加工、配送、回收、信息处理等基本功能实施有机结合。物流的内涵需要从以下几个方面进行把握:

1. 物流的基本要素。物流最基本的构成要素是流体、载体、流向、流量、流程和流速。

(1)流体。流体即物流中的“物”,也就是物质实体。流体具有自然属性和社会属性。流体的自然属性是指其物理、化学、生物属性。物流管理的任务之一就是要保护好流体,使其自然属性不受损坏,因而需要对流体进行检验与养护,在物流过程中需要根据物质实体的自然属性合理安排运输、保管、装卸等物流作业。流体的社会属性是指流体所体现的价值属性以及生产者、采购者、物流作业者与销售者之间的各种关系。有些关系国计民生的重要商品作为物流的流体,还肩负着国家宏观调控的重要使命,因此,在物流过程中要保护流体的社会属性不受任何影响。

由于物流的目的是实现流体从供应者向需要者的流动,所有的流体终究要经过运输等方式实现空间上的移动,尽管为实现此目的,有一部分流体要不断地储存在仓库中,但这也是流动的前提,是流动的一种形式。因此,总的来说,流体是处于不断流动状态的。

流体的结构是经营者比较关心的问题,如超市要在商品结构的确定与高速调整上人做文章。物流部门研究流体的结构,可以为经营者优化商品生产和经营品种结构提供依据。

(2)载体。载体是流体借以流动的设施和设备。载体可分为两类:第一类载体是指基础设施,如公路、铁路、水路、港口、车站、机场等基础设施,它们大多是固定的。第二类载体是指设备,即以第一类载体为基础,直接承载并运送流体的设备,如车辆、船舶、飞机、装卸搬运设备等,它们大多是可以移动的。物流载体的状态,尤其是第一类载体及物流基础设施的状况,直接决定了物流的质量、效率和效益。

物流学科研究的是物流载体的结构与规模,尤其要研究物流载体的网络结构、技术进步等。比如,要研究物流中心或者配送中心的选址、载体的定位和跟踪、载体运行速度的提高、载体的配套等问题。

(3)流向。流向是指流体从起点到终点的流动方向。物流的流向有四种:一是自然流向,即根据产销关系所确定的商品的流向。自然流向表明了一种客观需要,即商品要从产地流向销地。二是计划流向,即根据流体经营者的商品经营计划而形成的商品流向,即商品从供应地流向需要地。三是市场流向,即根据市场供求规律由市场决定的商品流向;四是实际流向,即物流过程中实际发生的流向。对某种商品而言,可能会同时存在以上几种流向。市场流向反映了产销之间的必然联系,但实际发生物流时还需要根据具体情况来确定运输路线和调运方案,这才是最终确定的流向,即实际流向。在确定物流流向时,其理想状况是商品的自然流向与商品的实际流向相一致。

物流科学通过流向研究准确掌握流向的变化规律,达到合理配置物流资源、合理规划物流流向,从而降低物流成本、加速物流速度的目的。

(4)流量。流量是指通过载体的流体在一定流向上的数量表现。根据流量本身的特点,可以将流量具体分为实际流量和理论流量。实际流量即实际发生的物流流量,其又可分为五种:一是按照流体统计的流量;二是按照载体统计的流量;三是按照流向统计的流量;四是按照发运人统计的流量;五是按照承运人统计的流量。理论流量是从物流系统合理化角度来看应该发生的物流流量。从物流管理的角度,理想状况的物流应该是在所有流向上的流量都均匀分布,这样,物流资源利用率最高,组织管理最容易。

(5)流程。流程是指通过载体的流体在一定流向上行驶路径的数量表现。流程可以分为理论流程与实际流程。理论流程往往是可行路径中的最短路径。路径越长,物流运输成本越高,因此,要降低运输成本,一般应设法缩短运输里程。

(6)流速。流速是指通过载体的流体在一定流程上的速度表现。流速与流向、流量、流程一起构成了物流向量的四个数字特征,是衡量物流效率和效益的重要指标。一般来说,流速快,物流时间短,意味着物流成本的减少和物流价值的提高。

以上物流各要素间有着极强的内在联系。进行物流活动要注意处理好以上六要素之间的关系,否则就会使物流成本升高、服务恶化、效率下降、效益减少。物流学科以此为研究对象和研究内容。

物流六要素横跨整个供应链,存在于原材料采购、制造、销售、消费、废弃物回收等各类型的物流环节中,存在于运输、储存、装卸、搬运、包装、流通加工、配送、回收、信息处理等各种物流活动中，也存在于公路运输、铁路运输、水路运输、航空运输以及管道运输等各种运输系统中。

2. 物流功能要素。物流功能要素主要包括运输、储存、装卸搬运、包装、流通加工、配送以及物流信息。物流功能要素相互作用、相互联系，构成了物流系统结构的全部内容。

(1)运输。运输是指用设备和工具，将物品从一地点向另一地点运送的物流活动。运输包括集货、分配、搬运、中转、卸下、分散等一系列操作。运输的任务是将物流进行空间移动，它不改变产品的实物形态，也不增加产品的数量，但它解决了产品在生产地点和需要地点之间空间距离的问题。

运输是物流的中心环节之一，也是物流的主要功能要素之一。运输再配以搬运、配送等活动，就能圆满完成改变空间状态的全部任务。

(2)储存。储存也称保管，包括物品的堆存、管理、保养、维护等活动。在任何社会形态中，对于不论什么原因形成停滞的物资，也不论哪些种类的物资，在没有生产加工、消费、运输等活动之前或在这些活动之后，总是要存放起来，即储存。储存的目的是克服产品生产与消费在时间上的差异，从而更好地发挥物品的效用。

(3)装卸搬运。装卸搬运是随输送和保管而产生的必要物流活动，它是对运输、保管、包装、流通加工等物流活动进行衔接的中间环节，包括装车(船)、卸车(船)、堆垛、入库、出库以及联结以上各项运作的短程搬运。在实际操作中，装卸与搬运是密不可分的。装卸是将物品在指定地点以人力或机械装备装入运输设备或卸下。搬运则是指在同一场所，以对物品进行水平移动为主的物流作业。在物流活动的全过程中，装卸搬运效率对物流整体效率的影响很大。同时，装卸搬运活动是频繁发生的，因而也是产品损坏的重要原因之一。

(4)包装。包装是为了在流通过程中保护商品、方便储运、促进销售，按一定技术方法而采用的容器、材料及辅助物等的总称，它是指为了达到上述目的而利用容器、材料和辅助物并采用一定技术方法进行的操作活动。

包装分为工业包装和商品包装。工业包装的作用是按单位分装产品，以便于运输，并保护在途货物。商品包装的目的则是按单位把商品分开，以便于消费者购买，并能最鲜明地显示商品特点，吸引购买者的注意，扩大商品的销售。

因此，包装的职能可以归纳为保护商品、单位化、便利化和商品广告四项。其中，前三项属于物流功能，最后一项则属于市场营销的范畴。包装形式和包装方式的选择，包装单位的确定，包装形态、大小、材料、重量等的设计以及包装物的使用次数等，同样属于物流的范畴。

(5)流通加工。流通加工是物品从生产地到使用地的过程中，根据需要施加包装、分割、计量、分拣、刷标志、拴标签、组装等简单作业的总称，它是物流过程中不可缺少的一个环节，是流通过程中辅助性的加工活动。流通加工的目的是弥补生产过程加工的不足，为更有效地满足用户或本企业的需要而在流通过程中完成的一系列加工活动。流通加工是生产加工在流通领域中的延续，也是流通领域在职能方面的扩充，以使流通过程更加合理化。流通加工多发生在储存环节前后，它可以完善运输、保管、装卸等活动对象的使用价值，增加其附加价值，满足用户多样化的需要，同时也提升了物流活动本身的价值。流通加工不仅存在于社会流通过程中，也存在于企业内部的物流过程中。

(6)配送。配送是在经济合理区域范围内，根据客户要求，对物品进行拣选、加工、包装、分割、组配等作业，并按时送达指定地点的物流活动。配送是物流中一种特殊的、综合的活动形式，是商流与物流的紧密结合，包含了物流中若干功能要素的一种物流活动。从物流的角度来说，配送几乎包含了所有的物流功能要素，是物流在小范围内全部活动的体现。一般来说，配送集装卸搬运、包装、保管与运输于一身，通过这一系列活动完成将物品送达客户手中的目的。

从商流的角度来说，物流和配送有明显的不同。物流是商物分离的产物，而配送则是商物合一的产物。配送是“配”和“送”的有机结合体，它的运输组织工作显得特别重要。配送与一般送货的重要区别在于：配送往往在物流据点有效地利用分拣、配货等理货工作，使送货达到一定的规模，以利用规模优势取得较低的送货成本。而送货则是以客户为出发点，强调“以客户的订货要求”为宗旨。

(7)物流信息。物流信息是指反映物流各种活动内容的知识、资料、图像、数据及文件的总称。物流与信息的关系非常密切。物流从一般活动成为系统活动依赖于信息的作用，如果没有信息，物流则是一个单向的活动。只有靠信息的反馈作用，物流才成为一个有反馈作用的、包括输入、转换、输出和反馈四大要素的现代系统。

物流信息是现代物流区别于传统物流的关键所在。随着商品经济的发展，现代物流业务要面对变化万千的市场信息，包括许许多多的供、需方客户的供应或需求资料要进行配套对接，品种繁多的存货的识别与动态反映，对出发到天南海北的运输车辆的跟踪与调拨等，这些都需要通过运用物流信息手段进行处理，也是前述各种功能要素能够发挥作用的必要前提。现代物流通过信息功能实现了对供应商、批发商、零售商等各类企业信息的连接，从而使现代物流成为一种“供应链管理”。

3. 物流的目标。物流目标可以概括为“3S1L - 7R”，即以速度(Speed)、安全(Safety)、可靠(Surely)、低费用(Low)的原则，实现“7R”的目标。“7R”即将合适的产品或服务(Right Product or Service)、在合适的时间(Right Time)、合适的地点(Right Place)、以合适的数量(Right Quantity)、合适的质量(Right Quality)、合适的成本(Right Cost)交付到合适的顾客(Right Customer)手中。

(二)物流的分类

1. 按物流在经济中运行角度的不同，可将物流分为宏观物流和微观物流。

(1)宏观物流。宏观物流是指社会再生产总体的物流活动，是从社会再生产总体的角度认识和研究物流活动，这种物流活动的参与者是构成社会总体的大产业、大集团。显然，宏观物流在空间上呈现出大跨度，在很大空间范畴内进行活动。在通常提到的物流活动中，下述物流活动应属于宏观物流，如国民经济物流、全球物流等。宏观物流研究的主要特点是综合性和全局性。

(2)微观物流。微观物流是指消费者、生产企业所从事的实际的、具体的物流活动。如在整个物流活动中一个局部、一个环节的具体物流活动,在一个小的区域空间发生的具体物流活动,针对某一具体产品所进行的物流活动等。下述物流活动皆属于微观物流,如企业物流、生产物流、供应物流、回收物流、销售物流、废弃物物流、生活物流等。微观物流研究的特点是具体性和局部性。

2. 按物流服务对象的不同,可将物流分为社会物流和企业物流。

(1)社会物流。社会物流是指超越一家一户的以社会为范畴、以面向社会为目的的物流。这种社会性很强的物流往往是由专门的物流承担人承担,社会物流的范畴是社会经济的大领域。社会物流研究再生产过程中随之发生的物流活动,是研究国民经济中的物流,是研究如何形成服务于社会、面向社会、在社会环境中运行的物流,是研究社会中的物流体系的结构和运行的物流。社会物流具有综合性、广泛性的特点。

(2)企业物流。企业物流是从企业角度研究与之相关的物流活动,是具体的、微观的物流活动的典型领域。企业物流又可以划分为不同类型的具体物流活动,如企业供应物流、生产物流、销售物流、废弃物物流和回收物流等。

3. 按物流活动空间的不同,可将物流分为地区物流、国内物流和国际物流。

(1)地区物流。地区物流有不同的划分原则,可按行政区域划分,可按经济圈划分,还可按地理位置划分。研究地区物流要根据地区特点,从本地区的利益出发组织好物流活动。如某城市建设一个大型物流中心,既要考虑经济效益,也要考虑社会效益,还要从城市建设规划和地区开发计划出发统筹安排。

(2)国内物流。国内物流是一个国家范围内的物流活动。物流作为国民经济的一个重要方面,应该纳入国家总体规划的内容。全国物流系统的发展必须从全局着眼,对部门分割和地区分割所造成的物流障碍应该清除。国家整体系统物流化的推进必须发挥政府

的行政作用,具体表现在以下几个方面:

①物流基础设施的建设,如公路、高速公路、港口、机场、铁道的建设以及大型物流基地的配置等。

②制定各种交通政策法规,如铁道运输、卡车运输、海运、空运的价格规定以及税收标准等。

③与物流活动有关的各种设施、装置和机械的标准化。

④物流新技术的开发、引进和物流技术专门人才的培养。

(3)国际物流。国际物流是跨越国界的物流活动,是国际贸易的支持系统,各国之间的相互贸易最终要通过国际物流来实现。随着国际贸易和全球化作业的发展,因更长的供应链、较少的确定性和更多的物流单证而使物流需求不断增长;物流经营者面临着"4D"壁垒,即距离(Distance)、需求(Demand)、多样性(Diversity)和单证(Document)等4个方面的壁垒。国际物流的目的就在于让企业在获取全球营销和全球化作业的同时,保证服务与成本的有效性。

4.按物流活动运作主体的不同,可将物流分为第一方物流、第二方物流、第三方物流和第四方物流。

(1)第一方物流。第一方物流是由卖方、生产者或供应方组织的物流,这些组织的核心业务是生产和供应商品,为了自身生产和销售业务需要而进行物流自身网络及设施设备的投资、经营与管理。

(2)第二方物流。第二方物流是由买方、需求者组织的物流,这些组织的核心业务是物资采购,为了采购业务需要投资建设物流网络、物流设施和设备,并进行具体的物流业务运作组织和管理。

(3)第三方物流。第三方物流是指物流活动由供方和需方之外的第三方完成,即专业物流企业在整合了各种资源后,为客户提供包括设计规划、解决方案以及具体物流业务运作等全部物流服务的物流活动。第三方物流是企业物流业务外包的产物。第三方物流在国外也称为契约物流。

(4)第四方物流。物流服务提供者是一个供应链的集成商,它对公司内部和具有互补性的服务提供者所拥有的不同资源、能力和技术进行整合和管理，并提供一整套供应链解决方案，我们称之为第四方物流。

第三方物流供应商为客户提供所有的或一部分供应链物流服务，以获取一定的利润。然而，在实际运作中，第三方物流公司缺乏对整个供应链进行运作的战略性专长和真正整合供应链流程的相关技术。第四方物流正日益成为一种帮助企业实现持续运作成本降低和区别于传统外包业务的真正的资产转移。第四方物流依靠业内最优秀的第三方物流供应商、技术供应商、管理咨询顾问和其他增值服务商为客户提供独特和广泛的供应链解决方案。这是任何一家公司所不能单独提供的。

5. 按物流所使用的技术方法的不同，可将物流分为一般物流和特殊物流。

（1）一般物流。一般物流是指具有共性和一般性的物流活动。这种物流活动的一个重要特点是涉及全社会、各企业，具有普遍适用性，进行这样的物流活动所使用的技术和装备也基本上具有大众性和普遍性。

（2）特殊物流。特殊物流是指专门范围、专门领域和特殊行业在遵循一般物流规律的基础上带有特殊制约因素、特殊应用领域、特殊管理方法、特殊劳动对象以及特殊技术装备的物流活动。根据不同的标准，特殊物流可进一步细分。

①按物流对象的不同，特殊物流可分为水泥物流、煤炭物流、原油物流、化学品物流、危险品物流等。

②按物流对象的数量和物理形态的不同，特殊物流可分为多品种小批量物流、少品种大批量物流以及长件物品物流和重件物品物流等。

③按物流服务方式的不同，特殊物流可分为配送物流、快递物流等。

④按物流装备技术的不同，特殊物流可分为集装箱物流、托盘物流等。

⑤其他物流，如军事物流、废弃物物流、回收物流和流通加工物流等。

（三）物流行业的构成

按服务特点的不同，物流业由以下4大行业构成：

1. 交通运输业。交通运输业不但包括各种不同运输形式的小行业，而且实际包含为主体交通运输起支撑、保证和衔接作用的许多行业。交通运输业是物流业的主体行业。

2. 储运业。储运业以储存为主体，兼有多种职能，包括若干小行业，也包括某些和储存联系密切的运输业。从规模上看，我国储运业远小于交通运输业。我国储运业有五大行业，即军队储运业、物资储运业、粮食储运业、商业储运业及乡镇储运业。

3. 通运业。这是国外物流业的主要行业之一，而我国这一行业才刚刚兴起，尚未达到一定规模。通运业是货主和运输业之外的第三者从事托运和货运委托的行业。各种运输业除了直接办理承运手续以外，都有通运业从事委托、承办、代办等实现货主的运输要求。

4. 配送业。配送业是以配送为主体的各类行业，这一行业要从事大量商流活动，是商流、物流一体化的行业。

按实现方式的不同，物流业的以上4大行业下还可划分为17个小行业，具体见表1－1。

表1－1　按实现方式划分的物流行业

行　业	功　能
(1)铁道运输业	在物流领域具体讲就是铁道货运业，这一行业包括与铁道运输有关的装卸、储运、小搬运等，在物流概念中仅属于运输范畴的活动。铁道运输业从事的业务有整车运输业务、集装箱运输业务、混载货物运输业务和行李货物运输业务四类。铁道领域的不少生产性行业，如机车车辆制造等不包含在物流领域的铁道运输业之中。
(2)汽车货运业	汽车货运业在我国有特殊汽车货运和一般汽车货运两个领域。特殊货运是专运长、大、重或危险品、特殊物品的货运业。一般汽车货运业从事长途或区域内货运。汽车货运业在许多领域是附属其他行业之下，不自成行业或不独自核算。例如，为配合仓储存发货的汽车运输，为实现配送的汽车运输，为增加铁道、航空、水运等服务功能的汽车运输等，都隶属于主体行业。

续 表

行 业	功 能
(3)远洋货运业	海上长途运输的船运行业是一般所称的海运业。这一行业的业务活动是以船舶运输为中心,包含港湾装卸和运输、保管等,这种运输往往是国际物流的一个领域。远洋运输业从事的业务有:船舶运输、船舶租赁和租让、运输代办等。
(4)沿海船运业	沿海船运业主要从事近海、沿海的海运。
(5)内河船运业	内河船运业是在内河水道从事船舶货运的行业。海运、沿海运及内河运三种运输形态使用的船舶吨位、技术性能及管理方式都有所区别,因而各自形成独立的行业。
(6)航空货运业	航空货运业又可分为航空货运业和航空货运代理业,前者直接受货运委托,后者则是中间人行业,受货主委托,代办航空货运。航空货运业的主要业务有国际航空货运、国内航空货运、快运、包机运输等。
(7)集装箱联运业	集装箱联运业是指专门办理集装箱"一票到底"联运的集装箱运输办理业,可以代货主委托完成各种运输方式的联合运输,并组织集装箱"门到门"运输、集装箱回运等业务。
(8)仓库业	仓库业是指以仓库存货为主体的行业,包括代存、代储、自存自储等。
(9)中转储运业	中转储运业是指以中转货物为主的仓储业。
(10)托运业	托运业是指以代办各种小量、零担运输、代办包装为主体的行业。
(11)运输代办业	运输代办业是指以代办大规模、大批量货物运输为主体的行业。
(12)起重装卸业	起重装卸业是指以大件、笨重货物的装卸、安装及装运为主体的行业。
(13)快递业	快递业是指以承接并组织快运快送服务为主体的行业。
(14)拆船业	拆船业是指以拆船加工为主体的再生物流行业。
(15)拆车业	拆车业是指以拆解汽车为主体的行业。
(16)集装箱租赁业	集装箱租赁业是专门从事集装箱出租的行业。
(17)托盘联营业	托盘联营业是组织托盘出租、交换等业务的行业。

二、企业物流

（一）企业物流的含义

按照《中华人民共和国国家标准物流术语》的描述，“企业物流是货主企业在经营活动中所发生的物流活动”。企业物流是一种围绕企业生产与经营活动的物流，是具体的微观物流活动的典型领域。企业经营活动的基本结构是投入—转换—产出。对生产类型的企业来讲，就是原材料、燃料、人力、资本等的投入，经过制造加工使之转换为产品；对服务型企业来讲则是设备、人力、管理和运营，转换为对用户的服务。物流活动便是伴随着企业的投入—转换—产出而发生的。相对于投入环节的是供应物流或输入物流，相对于转换环节的是生产物流或转换物流，相对于产出环节的则是销售物流或输出物流。

（二）企业物流的特征

现代企业物流的特征主要表现为以下几个方面：

1. 现代企业物流是系统整合的协作物流。从企业内部来讲，它是对信息、运输、存货管理、仓储、物料供应、搬运、包装、实物配送等分散的物流作业领域的综合协调管理；从供应链战略管理的角度出发，现代物流管理指挥着跨企业组织的物流作业，实现供应链的协调。企业物流不仅要考虑自己的客户，而且要考虑自己的供应商；不仅要考虑到客户的客户，而且要考虑到供应商的供应商；不仅要致力于降低某物流作业的成本，更要致力于降低整个供应链运作的总成本。

2. 现代企业物流是客户服务物流，客户服务是物流创新的原动力。当今经营管理理念的核心已从产品制造转向市场营销和客户服务，与此相适应，企业的物流动作在产品生产组织的基础上也向企业生产过程的上下游延伸，特别是增加了产品的售中和售后服务等一系列活动，现代企业物流将更多地以企业的客户服务为价值取向，强调物流作业的客户导向性，成为客户驱动物流。

3. 企业可以通过合理的物流策略获取竞争优势。在现代企业物流中，现代物流的重要性不仅在于节约成本，最重要的是要平衡成本与客户服务水平以及企业长期效益的关系，同时也在于企业如何选择物流策略来获取市场竞争优势。

4. 企业物流必须满足客户与企业战略目标的需要。企业物流包含效率和效益两个方面，其最终目的是满足客户价值与企业战略目标的需要，包括整个供应链的物流成本、客户服务水平和企业投资收益之间的权衡取舍。

5. 现代企业物流是一项十分复杂但又十分重要的活动。企业物流跨度之大、功能范围之广是其他任何活动所无法比拟的。随着世界经济全球化的发展、市场竞争的加剧和科学技术的进步，如何优化重组物流作业流程，使企业物流、信息流和资金流进一步协调统一，正成为当今企业变革的重要研究课题。企业物流作为现代企业一大新的经营战略，也正与产品营销战略、产品研发战略和财务管理战略一起，受到当今世界的普遍关注，成为企业经营管理战略的重要组成部分。

（三）企业物流的内容结构

企业物流按业务内容与性质的不同，可以分为生产企业物流、流通企业物流和物流企业物流。

1. 生产企业物流。生产企业物流是以购进生产所需要的原材料和设备为起点，经过劳动加工形成新的产品，然后供应给社会需要部门为止的全过程。生产企业物流要经过原材料及设备采购供应阶段、生产阶段与销售阶段，这三个阶段便产生了生产企业纵向上的三段物流形式，其水平结构如图 1－1 所示。

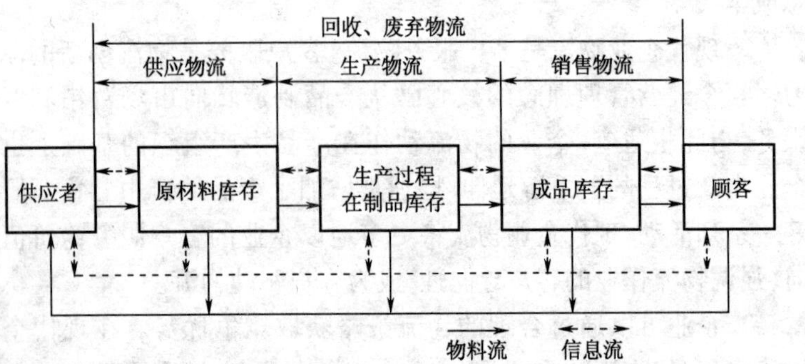

图 1－1　生产企业物流结构图

(1)供应物流。供应物流包括原材料(原料、辅料、动力燃料、外协件)的采购订货、进货运输、库存管理和用料管理等活动。

(2)销售物流。销售物流包括成品的存储与库存管理、发货运输以及订货处理、顾客服务等活动。

(3)生产物流。生产物流是指生产企业从原材料购进入库起,直到成品库的成品发送为止的物流过程。生产物流与生产流程同步,它是指原材料、半成品等按照工艺流程在各个加工点之间不停顿地移动、流转而形成的物流。

(4)回收物流。回收物流是指在生产和流通活动中,对一些资源进行回收并加以利用的过程。如作为包装容器的纸箱、塑料、酒瓶等,建筑行业的脚手架也属于这一类物资。回收物流也包括杂物的回收分类和再加工。例如,旧报纸、书籍可以通过回收、分类再制成纸浆加以利用;金属的废弃物由于其良好的再生性,可以回收重新熔炼成为有用的原材料。

(5)废弃物流。废弃物流是指对生产和流通系统中所产生的无用废弃物的处理过程的物流。废弃物流虽然没有直接的经济效益,但是其具有不可忽视的社会效益。如炼钢生产中的钢渣、工业废水以及其他一些生产垃圾等,虽然已经没有再利用的价值,但如果不妥善处理,就会造成环境污染,就地堆放也会占用生产用地以致妨碍生产,因此必须对这类废弃物进行处理。

2. 流通企业物流。流通企业物流也可分为采购物流、流通企业内部物流和销售物流三种形式。采购物流是流通企业组织货源,将物资从生产厂家集中到流通部门的物流。这部分物流活动与生产企业的部分销售物流合为一体。流通企业内部物流包括流通企业内部的储存、保管、装卸、运送、加工等各项物流活动。销售物流是流通企业将物资转移到消费者手中的物流活动。这部分物流与生产企业的部分采购物流合为一体。流通企业物流可包括以下几种类型:

(1)批发企业物流。批发企业物流是指以批发据点为核心,由批发经营活动所派生的物流活动。这一物流活动对批发的投入是组织大量物流对象的运入,产出是组织总量相同的物流对象的运出。在批发点中的转换是包装形态及包装批量的转换。

(2)零售企业物流。零售企业物流是以零售商店据点为核心，以实现零售销售为主体的物流活动。零售企业的类型有：一般多品种零售企业、连锁零售企业、直销企业等。其中，一般零售企业物流，大件商品多采用送货和售后服务，大部分小件商品则是用户自己完成；连锁型零售企业物流一般集中进行供货，而且大多数企业由本企业的配送中心完成供货。

(3)仓储企业物流。仓储企业是以储存业务为主要赢利手段的企业。仓储企业的物流是以接运、入库、保管保养、发运或运输为流动过程的物流活动，其中，储存保管是其主要的物流功能。

(4)配送中心物流。配送中心是集储存、流通加工、分货、拣选、运输等为一体的综合性物流过程。配送中心是在市场经济条件下，以加速商品流通和创造规模效益为核心，以商品代理和配送为主要功能，集商流、物流、信息流于一体的现代综合流通部门。

3. 物流企业物流。物流企业物流也就是第三方物流，其系统基本上由运输系统、仓储系统、信息系统等组成。第三方物流也称为契约物流或物流联盟，是为从生产到销售的整个物流过程进行服务的第三方，其本身不拥有商品，而是通过签订合作协定或结成合作联盟，在特定的时间段内按照特定的价格向客户提供个性化的物流代理服务。

三、企业物流合理化

(一)企业物流合理化的含义

企业物流合理化就是根据企业物流系统中各种职能因素的相互联系、相互制约和相互影响的关系，把物流中的运输、保管、包装、装卸搬运、流通加工、配送以及物流信息等功能要素作为一个系统来研究、规划、组织与管理，使整个物流过程最优化，实现以尽可能低的成本满足顾客需求的目标。企业物流合理化涉及多方面的内容，如各种设备、设施在生产空间的合理布局，以减少物流量；合理控制库存，以减少资金占用等。

(二)企业物流合理化的原则

1. 企业物流成本最低原则。这一原则具体包括：

(1)距离最短原则。运输与装卸搬运只能增加产品成本，而不会增加产品价值,因此,在条件允许的情况下,应使物料流动距离最短,以减少运输与装卸搬运量。为做到这一点,在进行物流系统规划和设计时,应将彼此之间物流量大的设施布置得近一些,而物流量小的设施与设备可以布置得远一些,尽量避免迂回和倒流现象。

(2)搬运效率原则。物料装卸搬运不仅要有科学的设备、容器和工具,还要有科学的操作方法,使装卸搬运作业尽量简化,环节尽量少,以提高物流系统的可靠性。物流过程中使用的各种托盘、料箱、料架等工位器具要符合集装单元和标准化搬运原则,以提高装卸搬运效率、提高物料活性指数、提高装卸搬运质量、提高物流系统机械化和自动化水平。在物流系统中,使用重力方式进行物料搬运是最经济的方法,可利用高度差,采用滑板、滑道等方法使物料进行移动。

(3)在制品库存最小原则。在制品是企业生产过程中的必须物,同时又是一种"浪费",应通过生产计划、管理模式、设备改造、设备规划等合适的手段,使其库存降到最低限度。

2. 企业物流整体优化原则。企业物流整体优化是将物流提高到企业战略的地位,对从原材料采购与运输到产成品分销与配送的所有物流活动及相关信息进行系统的管理,通过整合物流各环节的资源和作业,集成各阶段的物流运作、物流信息和物流职能;从总成本和总效用的角度寻找两者交替损益的最佳结合点,以达到降低物流成本、缩短交付时间、提高顾客服务水平、增强企业竞争能力和赢利能力的目的。企业物流整体优化原则的具体要求为:

(1)整体最优。企业物流整体优化要求运用系统论的整体最优思想,将采购物流、生产物流和销售物流等整个物流活动综合考虑,实现企业整体最优化。

(2)顾客满意。企业物流整体优化要求以顾客满意为首要目标,寻求在既定的物流成本下不断提高顾客服务水平,并寻找服务水平和成本之间的平衡点,更注重顾客对物流服务的满意度和由此带来的增值部分。

(3)快速反应。企业物流整体优化要求从价值链的角度将物流看做同生产、销售一样的满足顾客需求的主体活动,强调在需求信息的驱动下，采购、生产和销售同步化、并行化运作，同时，物流系统快速组织生产资源，实行准时采购和准时生产，并把产品以最快的速度送到顾客手中，从而大大提高市场响应速度。

(4)增强企业竞争力和赢利能力。企业物流整体优化要求关注管理层和战略层，将物流与企业的核心竞争力和赢利能力结合起来，以求提高企业的经济效益和在市场上的竞争能力。

3. 环境适应原则。随着生产力的高速发展、产品的日益丰富以及个性化需求时代的到来，企业的生产组织将向小批量、多品种的生产方式转化。因此，物流系统应柔性化，以适应产品的不断调整和变动。

物流系统的规划、设计和改造应符合可持续发展战略思想和绿色制造的要求，与其他系统(如自然、人文等)相互协调，绝不能为追求物流系统的功能与效益而损害环境。

(三)企业物流合理化的措施

为实现企业物流的合理化目标，具体可采用以下一些措施：

1. 企业生产设施布局的合理化。企业生产系统和服务系统的各类设施的空间布置规划和设计是物流合理化的前提。对一个企业而言，要做到这一点，除合理规划与安排企业的坐落位置外，还要合理安排企业内各个部门，如供应仓库、基本生产车间、辅助生产车间和其他相关部门的相关位置；确定车间内各个生产区域或生产线的相关位置以及各种机器设备的相关位置等。生产设施的合理布局对企业物流应遵循“连续”(不中断、不停留)、“直接”(不迂回、不倒流)、迅速(时间短)的原则，追求物流时间和空间的最优化。

2. 提高和推广先进的物流技术。物流技术是指人们在物流活动中所使用的各种物质手段、作业程序、劳动经验和工作方法等，具体包括在运输、仓储、装卸搬运、包装、配送、流通加工和物流信息处理等物流活动中所使用的各种工具、设备、设施和其他物质手段，以及由科学知识和劳动经验发展而形成的各种方法、技能和作业程序等。

物流技术可以分为物流硬技术和物流软技术。所谓物流硬技术，是指物流过程所使用的各种工具、设备、设施等，如各种运输车辆，各种装卸设备、搬运设备，各种仓库建筑、车站、港口、货场建筑，各种包装设备、自动识别和分拣设备，以及服务于物流活动的电子计算机、通信设备等。所谓物流软技术，是指物流活动中所使用的各种方法、技能和作业程序等。这里所说的方法主要是指物流规划、物流预测、物流设计、物流作业调度、物流信息处理中所使用的运筹学方法、系统工程方法和其他现代管理方法，它是以提高物流系统整体效益为中心的技术方法。

随着物流技术的发展，有些企业已经具备了自动化仓库技术、机器人包装、激光引导搬运、计算机仿真技术等。

3. 提高人员素质。物流管理人员的素质是决定物流合理化的关键因素。要加强物流人员的物流科学教育和岗位培训，引进物流管理专门人才，强化领导的现代物流意识，全面提高物流系统的人员素质。

4. 健全物流信息系统。为了有效地对物流系统进行管理和控制，必须建立完善的信息系统。信息系统的水平是物流现代化的标志。物流信息几乎覆盖企业的全部生产过程，合理控制生产计划、控制生产物流节奏、压缩库存、降低成本、合理调度运输和搬运设备，使企业内物流顺畅等，这些都依赖于及时、准确的物流信息。在企业外部，原材料供应市场和产品销售市场的信息也是组织工厂物流活动的依据。因此，必须从基本数据的搜集、整理和加工做起，建立完善的物流信息系统，以利于物流管理层进行分析，使企业领导者的决策具有科学的依据。

5. 实现物流标准化。物流标准化是指以物流为一个大系统，制定并实施系统内部设施、机械装备、专用工具等的技术标准，制定并实施包装、装卸、运输、配送等各类作业标准、管理标准以及作为现代物流突出特征的物流信息标准，并形成全国以及和国际接轨的标准体系。物流标准化的内容很多，例如，物流技术的标准化、物流作业的标准化、物流用语的标准化、信息化标准和物流服务规范。

物流标准化是物流发展的基础。因为物流是一个复杂的系统工程，对待这样一个大型系统，要保证它的统一性、一致性和系统内部各环节的有机联系，需要许多方法和手段，标准化是现代物流管理的重要手段之一。物流标准化对降低物流成本、提高物流效益具有重大的决定性作用,能保障物流活动的通畅,加快流通速度,减少物流环节,最大限度地节省投资和流通费用,保证物流质量,提高经济效益和服务质量。

四、现代企业物流理念

(一)常被提及的物流观念

物流的观念随着生产力的发展、社会的进步以及科学技术的提高发生了深刻地变化。一般来说,常被提及的物流观念有以下几种:

1. 物流服务观念。1935 年,美国销售学会最早对物流进行了定义:"物流(Physical Distribution)是包含于销售之中的物质资料和服务从生产地点到消费地点流通过程中伴随的种种经济活动。"这一概念说明,人们从有利于商品销售的愿望出发,探讨如何进行"物资的配给"和怎样加强对"物质分布过程"的合理化管理,其核心部分正如日本学者羽田升史所说,"物流被看成是市场的延伸"。

在第二次世界大战期间,美国根据军事上的需要,在军火和军需品的战时供应中开创了后勤管理(Logistics Management)这一概念,并对军火的运输、补给、屯驻、调配等实物运动进行全面管理,此举对战争的胜利起到了保障作用。第二次世界大战后,后勤学逐步形成了单独的学科体系。日本将后勤学译为"兵站学",并将其含义表述为:"除了军需资料的订购、生产计划、采买、库存管理、配给、输送、通用外,还包括规格化、品质管理等军事作战行动所必需的资材管理"。后勤管理的理念和方法之后被引入到工业部门和商业部门,被人们称为"工业后勤"和"商业后勤",其定义包括了原材料的流通、产品分配、运输、购买与库存控制、储存、用户服务等业务活动。军事后勤为部队和战争服务,工业后勤为制造业的生产和经营服务,商业后勤为商业运行和顾客服务,总之,物流的核心观念是服务观念。美国物流管理协会在 2002 年将物流重新定义为:"物流是供应链运作的部分,是以满足客户要求为目的,对货物、服务和相关信息在产出地和消费地之间实现高效且经济的正向和反向的流动和储存所进行的计划、执行和控制的过程。”为此，物流也完成了从实物分拨、军事后勤到新现代物流的转变。今天，无论是生产企业还是流通企业，都必须回答能够提供多少物流服务，服务平台与服务战略已成为企业物流发展的基本战略之一。

2. 物流价值与利润观念。有资料表明，美国全部生产过程中只有5%的时间则用于加工制造，95%的时间则用于搬运、储存等物流过程。日本的统计资料表明，物流费用约占产品成本的10%～12%。根据发达国家的经验，随着市场竞争的加剧，在原材料、设备和劳动力成本压缩的空间趋于饱和后，对成本的控制将转向物流领域。在中国，1999年全社会物流费用支出约占GDP的20%，而美国1997年物流费用支出仅占GDP的10.7%。这意味着：若以10万亿美元的GDP计算，如果达到美国的物流服务水平，中国物流每年有9 000亿元人民币的价值和利润空间。所以，物流被称为“降低成本的最后边界”、除降低原材料消耗和降低劳务费用之外的“第三利润源泉”。

3. 物流系统化观念。在企业中，物流担负着顾客服务、配送、仓储、采购等任务，从企业价值链的最前端到最尾端都有物流的任务，它整合价值链中的各个部门，其本身就是一个系统，也就是系统整合者。因此，我们谈论物流时，必须以系统的观点为依据。物流系统作为一个整体，内部要素不可分割，必须将物流的各个组成部分综合加以考虑，紧密配合，服从物流系统整体的功能和日的，才能使作为整体的物流系统达到最优。

4. 物流现代化观念。现代化观念是建立在经济发展和科学进步的现代化基础上的，信息化、自动化、网络化、智能化均是现代化的体现。

5. 物流全球化观念。随着全球化的发展，企业从世界市场获取原材料，在世界各地的工厂组织生产，然后将产品运送到世界各地的用户手中。这种在不同国家建立生产基地，并将其全球化产品销往国际市场，必然导致物流的全球化。全球化物流是企业全球战略的支持与保证。

6. 物流一体化观念。物流被看做企业与顾客、供应商相联系的能力。当来自顾客的订单和产品需求信息通过销售活动、预测以及其他各种形式传到企业,然后企业将这种信息提炼成具体的制造计划和采购计划,被启动的增值存货流最终将制成品的所有权转给顾客。从企业内部作业观察,将所有涉及物流的功能和工作结合起来,形成内部物流一体化。内部物流的一体化是企业成功的必要条件,但并不足以保证厂商实现其经营目标。要在今天的竞争中达到充分有效,厂商必须将其物流活动扩大到顾客和供应商相结合的方面,这种通过外部物流一体化的延伸被称为供应链管理。

7. 无库存观念。由于消费行为的多样化、个性化发展以及生产企业商品多品种、少批量生产,实际需求的预测变得十分困难。在这种情况下,库存越大,企业承担的风险也越大。为了降低风险,企业必须压缩库存,实现实时销售。

按订单采购生产必须的物资,这样就从根本上消除了呆滞物资,消除了库存。采用物流配送方式、JIT 供应方式和第三方物流方式都是无库存观念的具体运作方式。库存带来的问题见图 1－2 所示。

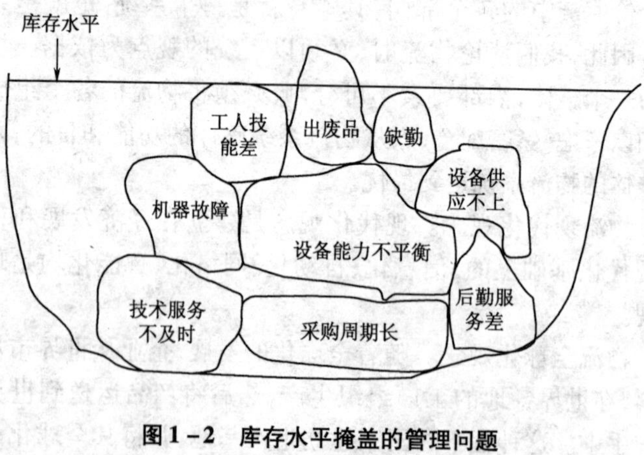

图 1－2　库存水平掩盖的管理问题

8. 信息化观念。现代物流发展离不开信息化。20 世纪 80 年代后期出现了信息技术革新。销售时点信息管理系统(Point of

Sales,POS)、电子订货系统(Electronic Ordering System,EOS)以及电子数据交换(EDI)技术的引入实现了信息共享和经营过程的效率化。

电子商务是人类信息技术发展及传统商务活动发生巨大改变的一种方式。以 Internet 为基础的电子商务通过使用数字与多媒体网络技术来促进公司间、公司与客户间的商务交易活动,并将信息网络、金融网络和物流网络结合起来,把事务活动和贸易活动中发生关系的各方面有机地联系起来。

(二) 现代物流理念的新发展

1. 消费者物流观念。市场经济的发展促进了消费,也带来了消费需求的多样化和消费观念的变化。在工业社会,人们消费多是注重产品的形式、内在质量和价格。随着人们收入的增加、消费流行期和产品生命周期的缩短,时髦的消费方式被模仿速度的加快,消费观念逐步向品质的外在化、个性化和自然化方向发展。一方面,由主要注重物质消费向物质与精神消费并重方向发展,人们不仅只满足于生存的生理需求,更需要满足发展和享受的需求,特别是需要一种自发的心理满意感;另一方面,消费观念由仅满足于消费者个人和家庭的情感需求扩大到公司之间(企业之间)、人与人之间相互感情需求的满足,并扩大到人与自然的"和谐"、"协作"的高级情感消费的需求。

消费者物流是适应消费者个人需要而形成的物流。随着经济社会的进步及价值观的转变,消费者个人的用品,如高尔夫球及滑雪运动用具的运输需求日渐增加,尤其是专送、快递业务的发展以及存放行包的小型库存房的普及,促使这种以消费者个人为对象的物流活动有了发展的空间。

2. 绿色物流观念。绿色物流是指在物流过程中抑制物流对环境造成危害的同时,实现对物流环境的净化,使物流资源得到最充分的利用。随着环境资源恶化程度的加深,对人类生存和发展的威胁逐渐增大,人们对环境的利用和对环境的保护越来越重视。现代物流的发展必须优先考虑环境问题,需要从环境角度对物流体系进行改进,即需要形成一个环境共生型的物流管理系统。绿色物流强调全局和长远的利益，强调全方位对环境的关注，体现了现代物流的发展趋势。

3. 虚拟物流观念。虚拟物流是以计算机网络技术进行物流运作与管理，实现企业间物流资源共享和优化配置的物流方式。虚拟物流的概念可以应用于许多方面，如制造企业与物流企业之间的虚拟物流联盟及中小型物流企业构筑虚拟物流的合作模式，共同完成物流业务。虚拟物流企业是由功能合理分配、信息和运作一体化、利益共享的各诸多物流环节承担者所组成的物流共同体。虚拟物流企业的实质是供应链信息集成平台，它是以获取物流领域的规模化效益为纽带，以先进的信息技术为基础，以共享供应链的信息为目的而构建的物流企业动态联盟。

4. 大规模定制物流观念。大规模定制物流是指根据客户的不同物流需求进行市场细分，运用现代物流技术和信息技术以及先进的物流管理经验，通过物流功能的重新整合，实现以大规模物流的成本和效率为每个客户提供定制物流服务。一方面，物流服务提供者总是希望以最低的成本获得最大收益，希望充分利用规模经济效应，这就要求尽量简化物流操作，对所有客户提供相同水平的物流服务，即大规模物流。另一方面，由于物流需求具有多样性和差异性，这就要求物流服务提供者以客户为中心，视每位客户为单独的细分市场，并设计专门的物流服务模式来满足客户的特定要求，即定制物流。

5. 精益"六西格玛"物流观念。"六西格玛物流"是指消除物流过程中的无效和不增值作业，用尽量少的投入满足客户需求，实现客户的最大价值，并获得高效率、高效益的物流。精益物流是从精益生产理论演变而来的，其后，精益思想与"六西格玛"思想相融合产生了精益"六西格玛物流"。精益"六西格玛物流"是指在整条供应链中以追求高速度、高流动、无浪费、低缺陷为目标来实现时空价值的物流活动。

6. 准时制物流观念。准时制物流(Just - in - time Logistics)就是与准时制管理模式相适应的物流管理方式。准时制物流是精益思想的表现，是一组活动的集合，其目的是在原材料、制品及产成品保持最小库存的情况下能保持连续、高节奏的大批量生产。零件从上道工序准时到达下道工序,并被下道工序迅速加工和转移。准时制是基于任何工序只在需要时才生产必要制品的逻辑。

7. 应急物流观念。应急物流(Emergency Logistics)是指为应对严重自然灾害、突发性公共卫生事件、公共安全事件及军事冲突等突发事件而对物资、人员、资金的需求进行紧急保障的一种特殊物流活动。现今,不管是从宏观层面上,如"9·11"事件、SARS、禽流感、"5·12汶川大地震"等突发事件,还是从微观层面上,如由于企业决策失误、信息传递失误以及不可抗力等因素造成的紧急状况等,都对应急物流提出了更高的要求。

8. 逆向物流观念。逆向物流是指从供应链下游向上游的运动所引发的物流活动。它主要包含产品退回、物料替代、物品再利用、废物处理和再处理、维修与再制造等流程的物流活动。目前,许多国际知名的IT企业已将逆向物流战略作为强化其竞争优势的主要手段。据专家预测,逆向物流将在企业战略规划中发挥日益重要的作用。逆向物流持续发展的另一个重要内因还在于:它能使企业获得可观的经济效益。

9. 协同物流观念。协同物流是不同物流企业之间相互协作,共同组建物流体系,并实现物流信息及资源共享,最大限度地降低物流成本,达到物流经营集约化、高效化,从而提高物流效益。物流系统整体效率的提高无法仅依靠单家企业的实力实现,而需要上下游企业的协同合作。如协同配送、供应商管理库存、联合采购等,都是实施协同物流的有效方式。此外,在当今经济全球化发展的环境中,电子商务物流、国际物流等一些物流理念已经广泛为人们所接受。

10. 物流外包观念。物流外包是生产或销售等企业为集中精力增强核心竞争力而将其物流业务以合同的方式委托给专业的物流公司运作。外包是一种长期的、战略的、相互渗透的、互惠互利的业务委托和合约执行方式。企业实施物流业务外包可以降低成本,提高效率,分担企业风险,加速企业重组,快速响应需求,集中精力发展核心业务。

第二节 企业物流管理

一、企业物流管理的含义及内容

（一）企业物流管理的含义

企业物流管理是指为了以最低的物流成本达到客户所满意的服务水平，对企业内部的物流活动进行计划、组织、协调和控制的活动。

（二）企业物流管理的内容

企业物流管理的内容在物流管理内容的基础上涵盖了企业生产经营全过程的主要环节，具体包括以下内容：

1. 对物流要素与职能的管理。

(1)对物流活动要素的管理。①运输管理，包括运输方式的选择；运输路线的选择；车辆调度与组织等。②储存管理，包括原料、半成品和成品的储存策略；储存统计、库存控制、养护等。③装卸搬运管理，包括装卸搬运系统的设计、设备规划与配置和作业组织等。④包装管理，包括包装容器和包装材料的选择与设计；包装技术和方法的改进；包装系列化、标准化、自动化等。⑤流通加工管理，包括加工场所的选定；加工机械的配置；加工技术与方法的研究和改进；加工作业流程的制定与优化。⑥ 配送管理，包括配送中心选址及优化布局；配送机械的合理配置与调度；配送作业流程的制定与优化。⑦物流信息管理，包括对物流信息所进行的搜集、加工、处理、存储和传输等。⑧客户服务管理，包括客户信息收集、客户满意度管理、客户开拓与巩固、客户项目管理等。

(2)对物流系统要素的管理。①人的管理，包括物流从业人员的选拔和录用；物流专业人才的培训与提高；物流教育和物流人才培养规划与措施的制定等。②物的管理，包括物的运输、储存、包装、流通加工等。③财的管理，包括物流成本的计算与控制、物流经济效益指标体系的建立、资金的筹措与运用、提高经济效益的方法等。④设备管理，包括各种物流设备的选型与优化配置；各种设备的合理使用和更新改造;各种设备的研制、开发与引进等。⑤方法管理,包括各种物流技术的研究、推广与普及;物流科学研究工作的组织与开展;新技术的推广普及;现代管理方法的应用等。⑥信息管理,包括物流信息的传输、处理等。

(3)具体职能的管理。①物流计划管理,包括物流系统内各种计划的编制、执行、修正及监督。②物流质量管理,包括物流服务质量、物流工作质量、物流工程质量等的管理。③物流技术管理,包括对物流基础设施和物流设备的管理;物流各种专业技术的开发、推广和引进;物流作业流程的制定;技术情报和技术文件的管理;物流技术人员的培训等。④物流经济管理,包括物流费用的计算和控制;物流劳务价格的确定和管理;物流活动的经济核算与分析等。

以上内容一般是物流管理课程中主要讲授的内容,而企业物流管理则是在此基础上,围绕企业物流的生产经营过程进行的。

2. 对企业物流生产经营过程的管理。对企业物流生产经营过程的管理主要包括以下内容:

(1)供应物流管理。采购方式选择、采购流程管理、供应商选择与评价、采购决策等。

(2)生产物流管理。生产物流计划与控制、生产物流组织、生产物流系统优化、现代物流生产运营方式的选择与运用。

(3)销售物流管理。销售物流计划管理、销售物流预测与决策、销售物流渠道管理、订单管理、客户关系管理、逆向物流管理等。

(4)物流外包管理。物流外包方式的选择、物流外包业务决策等。

除此之外,还包括根据不同类型企业所开展的典型物流业务的管理等。

二、企业物流管理组织

(一)企业物流管理组织设计原则

企业物流管理组织是指一个以物流管理中枢部门为核心,分工协作地履行物流管理各项职能的组织体系。

企业物流管理组织形成的基本条件在于如何明确业务范围、如何进行业务分工以及如何实施物流管理的统一化。基于这一条件，设计物流管理组织首先要有系统观念。物流系统有5个必不可少的组织要素:人员、职位、职责、关系和信息。物流管理组织的系统观念就是要立足于物流任务的整体,综合考虑各要素、各部门的关系,围绕共同的目的建立组织机构,并对组织机构中的全体成员指定职位、明确职责,协调全体成员的工作,从而达到物流管理组织的合理化,使该组织在实现既定目标中获得最大效率。在企业物流管理组织的建立过程中,应从具体情况出发,以物流系统管理的总体需要为出发点,并遵循以下几项具体原则:

1. 有效性原则。有效性原则要求物流管理组织必须是有效率的。这里所讲的效率,包括管理的效率、工作的效率和信息传递的效率。物流管理组织的效率主要表现为组织内各部门均有明确的职责范围,节约人力,节约时间,有利于发挥管理人员和业务人员的积极性,使物流企业能够以最少的费用支出实现目标,使每个物流工作者都能在实现目标的过程中做出贡献。有效性原则要贯穿于物流管理组织的动态过程之中。在物流管理组织的运行中,组织机构要反映物流管理的目标和规划,要能适应企业内部条件和外部环境的变化,并随之选择最有利的目标,保证目标实现。物流管理组织的结构形式、机构的设置及其改善都要以是否有利于推进物流合理化这一目标的实现为衡量标准。

2. 统一指挥原则。统一指挥原则是建立物流管理指挥系统的原则,其实质在于建立物流管理组织的合理纵向分工,设计合理的垂直管理机构。物流管理组织机构是企业、公司以及社会的物流管理部门,是负有不同范围的物流合理化使命的部门。为了使物流部门内部协调一致,更好地完成物流管理任务,必须遵循统一指挥的原则,实现"头脑与手脚的一体化"、责任和权限的体系化,使物流管理组织成为有指挥命令权的组织。

3. 管理层次扁平化原则。在统一指挥原则下,一般形成了三级物流管理层次,即最高决策层、执行监督层和物流作业层。高层领导的任务是根据企业或社会经济的总体发展战略,制定长期物流规划，决定物流组织机构的设置及变更，进行财务监督，决定物流管理人员的调配等；中层领导的任务是组织和保证实现最高决策的目标，包括制订各项物流业务计划，预测物流量，分析、设计和改善物流体系，检查服务水平，编制物流预算草案，分析物流费用，实施活动管理，进行物流思想宣传等；基层领导的主要任务则是合理组织物流作业，对物流从业者给予鼓励和奖励，协调人的矛盾和业务联系的矛盾，做好思想工作。

4. 职责与职权对等原则。无论是管理组织的纵向环节还是横向环节，都必须贯彻职责与职权对等的原则。职责即职位的责任，职位是组织机构中的位置，是组织体内纵向分工与横向分工的结合点。职位的工作责任是职务。在组织体内，职责是单位之间的连接环，而把组织机构的职责连接起来就是组织体的责任体系。如果一个组织体没有明确的职责，这个组织体就不牢固。职权是指在一定职位上，在其职务范围内，为完成其责任所应具有的权力。职责与职权应是相对应的。高层领导担负决策责任，就必须有较大的物流决策权；中层管理者承担执行任务的监督责任，就要有监督和执行的权力。职责与职权相适应称为权限，即权力限定在责任范围内，权力的授予要受到职务和职责的限制。要贯彻权责对等的原则，就应在分配任务的同时授予相应的职权，以便有效率、有效益地实现目标。

5. 协调原则。物流管理的协调原则是指管理组织中一定职位的职责与具体任务要协调，不同职位的职能要协调，不同职位的任务要协调。具体而言，即物流管理各层次之间的纵向协调、物流系统各职能要素的横向协调和部门之间的横向协调。

（二）企业物流组织形式

企业物流组织形式一般有制造企业物流管理组织形式、第三方物流企业的组织形式、配送中心组织形式等。

1. 制造企业物流管理组织形式（具体见图 1－3）。制造企业物流管理组织形式相关部门的职责见表 1－2。

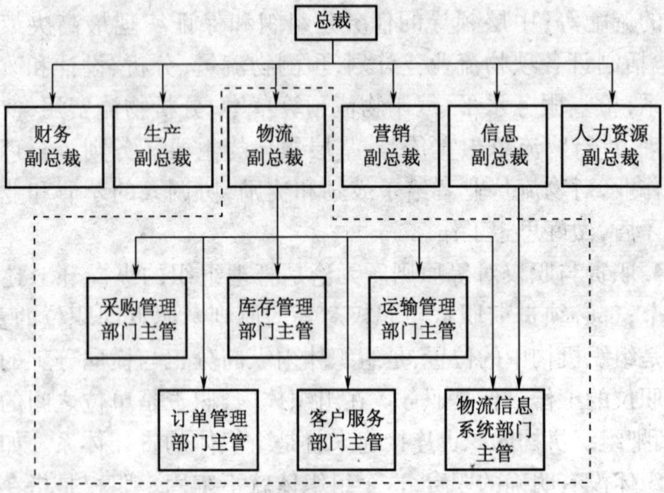

图 1－3　制造企业物流管理组织形式

表 1－2　制造企业物流管理组织形式相关部门的职责

采购管理	处理采购申请;选择供应商;价格谈判;签发采购订单;跟踪订单;接受货物;确认供应商的支付发票
库存管理	入库管理;库存盘点;库存物资保管与养护;出库管理;储位管理;库存控制;库存统计分析
运输管理	运输方式选择;运输服务商选择;运输路线选择;运输计划编制;托运;运输合同管理;运输统计与分析
订单管理	接收订单,订单处理(客户信用检查,仓库存货检查,编制订单落实计划,向客户作出答复);通知仓库备货,安排运输;单证处理等
客户服务	客户档案管理;客户合同管理;客户分析;客户营销策略制定;客户投诉处理;服务标准制定;服务质量管理
物流信息管理	为上述功能提供信息服务

2. 第三方物流企业的组织形式。其具体组织形式如图 1－4 所示。第三方物流企业组织形式相关部门的职责见表 1－3。

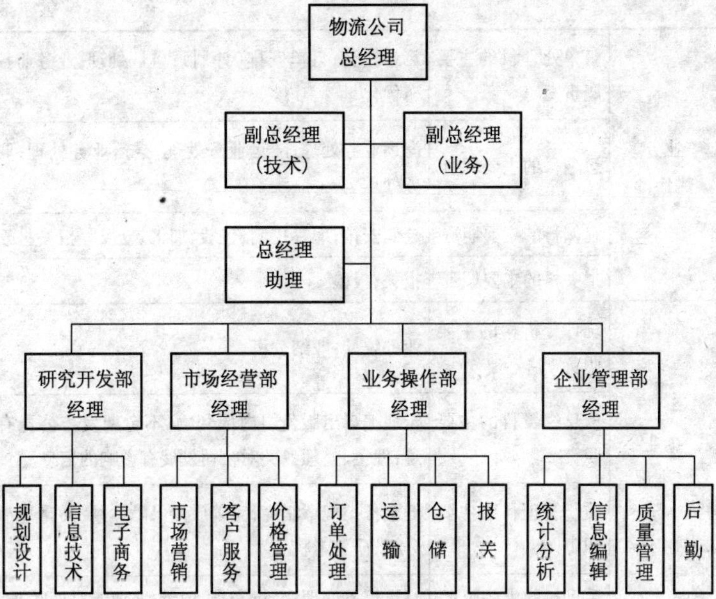

图1-4 第三方物流企业的组织形式

表1-3 第三方物流企业组织形式相关部门的职责

研究开发部	规划设计科的主要职责	物流战略研究;物流系统规划;客户需求分析与物流服务方案设计
	信息技术科的主要职责	物流信息系统需求分析;物流信息系统设计与开发;物流信息系统维护与升级
	电子商务科的主要职责	物流电子商务方案研究;物流电子商务网站建设与维护;物流电子商务业务推行
市场经营部	市场营销科的主要职责	市场需求预测;物流项目开发;物流产品推销
	客户服务科的主要职责	客户档案管理;客户分析;客户关系管理
	价格管理科的主要职责	服务定价;项目投标定价;价格执行情况统计分析

续 表

业务操作部	订单处理科的主要职责	订单接受;订单安排(计划);单证处理;业务监控与动态优化
	运输科的主要职责	海运业务处理;陆运业务处理;空运业务处理;联运业务处理
	仓储科的主要职责	仓储安排;库存控制;包装、加工、分拨等相关业务
	报关科的主要职责	报关;报验
企业管理部	统计分析科的主要职责	业务统计;业绩分析
	信息编辑科的主要职责	定期编辑出版公司内部刊物;不定期发布公司有关信息;搜集、整理各类对公司发展有影响的信息
	质量管理科的主要职责	健全各类规章制度;完善质量保障体系;质量事故统计分析;质量考核
	后勤科的主要职责	行政事务处理;会议安排、记录;非业务对外联系

3. 配送中心组织形式。其具体组织形式见图 1－5。配送中心组织形式相关部门的职责具体见表 1－4。

表 1－4　配送中心组织形式相关部门职责

入库保管小组	计划:工厂进货计划;外协者进货计划;自动仓库保管计划;托盘货架保管计划;直积保管计划;外部仓库保管计划;作业员计划;成本管理
	作业:货车、叉车操作(入库、保管作业);自动仓库入库操作;进货检查作业及报告;进货记录作成(终端操作);对货箱流动货架补充;盘货业务准备;入库设备不良的检修业务与维修者联络;外协作业者的管理;安全管理
出库小组	计划:制订月间出库计划;每日出库计划制作,包括自动仓库(包括补充)、托盘仓库、直积、货箱流动货架、回转货架;外协作业、作业者管理;成批作业计划;作业人员计划;成本管理
	作业:叉车操作;自动仓库出库作业;托盘货架、直积作业;从货箱流动货架、旋转货架出库
	拣选:实际出库报告;盘货作业准备;每日盘点;出库设备不良与维修者联系;外协作业者管理;安全管理;流通加工用的出库

续 表

流通加工小组	计划：流通作业计划，包括定价作业计划、组合作业计划；作业量的把握和出库要求；作业员计划
	作业：定价作业；组合作业；成品入库（叉车作业）；作业完成报告书；盘货准备；每日盘货；外协作业者管理
包装小组	计划：每天包装计划作成；包装材料购入计划实施；包装材料保管与管理
	作业：包装作业；实际包装成绩报告；包装机械检查并与维修者联系；外协作业者的管理
发货、分类小组	分类：自动分类作业计划；横向分类作业计划；托盘取出作业计划
	作业员计划：横向作业员计划，托盘取出作业员计划；外协人员管理；分类用托盘计划；自动分类作业的维修和与维修者的联系； 横向作业：托盘取出作业； 叉车作业：向自动仓库直接发货的存储区搬运；向直积区的存储区搬运； 计划：每月发货量计划；每日发货量计划（路线、集装箱、本公司运输车）； 发货作业人员计划；发货作业；发货事务； 发货批量计划：个数；卡车台数；外协者管理；成本管理；安全管理
	作业：发货装载作业；装载检查；空托盘管理；交货车辆引导和管理；发货品的手工条码阅读检查；编制发货单；打印出装货明细表；发货单的管理；发货传票的管理；索赔处理
管理小组	同表1－3第三方物流公司企业管理部

三、企业物流流程再造与企业物流管理变革

（一）企业物流流程再造

物流流程再造的实质是要对现有的物流流程进行根本性的反思和彻底的再设计，这样才能够迅速提高企业物流流程的绩效水平。但整合企业物流资源、再造企业物流流程不仅需要先进、合理的观念作引导，还要有企业的组织、制度、技术、文化、信息以及足够的知识技能作保证。再造企业物流流程必须树立4个观念：①再造物流流程的使命是为顾客创造价值；②企业物流

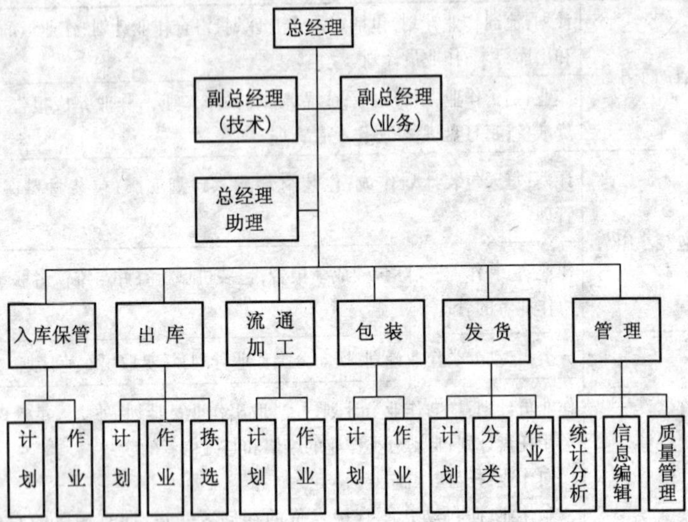

图1－5　配送中心组织形式

流程在企业为顾客带来价值方面具有举足轻重的作用；③企业物流事业的成功来自于优异的物流流程绩效；④优异的流程绩效是通过科学的流程设计、合适的人员配置与良好的工作环境共同作用达成的，尤其是科学的流程设计（包括先进物流网络技术的应用），是企业对顾客需求作出快速反应和物流流程本身有效性的根本保证。

物流流程再造可以通过以下三项活动来完成：

1. 制作现有的物流图。物流图应包括物质流、信息流、成本、时间和限制因素。

2. 开发新的解决方案。这一活动包括设立改进的目标，重新设计物流链，模拟和测试新的解决方案，建立改进的行动计划等。

3. 新方案的实施。企业通过客户访谈、对竞争对手的高标定位和愿景规划等活动完成对全球性市场的分析与预测，然后通过不断的物流过程再造，最终提升国际物流管理能力，以获得降低成本、提高客户服务质量、制造柔性化、缩减库存量等运营效果，从而获取全球范围内的竞争优势。

（二）企业物流管理变革

1. 物流管理组织的变革。

（1）组织结构的重新构建。管理者运用缩小规模、扁平、网络、集中、修正范围、延迟、重组等理念，对组织进行重新构建。现代企业强调贬值的限制和资产的有效控制，高层经理是作为跨功能或跨工种的队伍中的一个成员来完成任务，是以解决问题为目的的计划者或战略远见的提供者。

（2）设立企业物流总部。20 世纪 90 年代，企业组织的一个重要变化是改变原来单纯以事业部为中心的组织体系，实行某些职能管理活动的统一化和集中性管理，打破事业部的界限，建立全企业层次的物流组织，不仅在横向上集中了各事业部的物流管理，还在纵向上统括了购买、生产、销售等伴随企业经营行为而发生的物流活动。需要指出的是，物流总部的设立并不一定是将物流现场作业全部集中于总部，一般物流现场作业仍然由各事业部独自开展，物流总部统一决策的是从流通总体来看的物流战略的确立和管理。物流总部制定和实施企业的物流策略、计划、流程制度，指导、协调和管理各个事业部的物流活动，并收集、整理和积累相关物流运输、物流系统、仓库管理、信息系统等方面的专业知识和技术，负责企业内部培训和推广应用。

（3）成立单独的物流分公司。从企业组织的最新发展变化来看，有不少先进的企业不仅成立了企业物流总部，甚至将物流作业从事业部中独立出来，成立单独的物流分公司，这样易于核算物流成本，有利于促进物流活动的改善，扩大物流活动的领域。

2. 物流管理思想与手段的变革。

（1）由分散管理向集中管理转化。传统的物流是分散的、个体化的、孤立的，在分散管理中，物流系统没有统一计划，缺乏统一协调，相互间信息沟通少，各部分独立运转，物流管理的组织是分散的、多层次的或融合在企业的其他部门中。物流集中管理将物流系统作为一个整体，统一计划、统一控制，如供应物流一体化、生产物流一体化、销售物流一体化，甚至企业物流一体化、供应链间各企业物流一体化等。

（2）由操作型管理向决策型管理转化。传统的物流管理只是依附于某种具体的物流活动，是一种被动、局部与操纵型的管理，处于辅助的、从属的地位，物流本身没有、也不需要决策权。现代企业追求的则是整体效益，而物流的效益与生产加工的效益处于同等重要的地位，管理者不再单纯地追求生产制造过程的高速与高效，而把生产制造与物流作为一个整体来计划、组织和控制。

(3)由封闭型管理向开放型管理转化。分散、独立和个体化的物流是一种封闭型的管理，物流仅完成生产制造过程提出的各个单项任务。现代企业生产组织模式主要以多品种、小批量为主要特点，生产制造系统要有很强的应变能力和极快的响应速度。因此，同企业的其他系统一样，物流管理也要由封闭型管理向开放型管理转化。

(4)运用计算机管理系统进行物流管理。以现代计算机技术、现代通信技术和现代管理技术为支持的现代计算机管理系统已经成为企业管理不可缺少的手段。

3. 物流管理战略的变革。

(1)共同物流管理。出于对不断延伸的物流领域进行有效管理、减少交通过密和运输效率降低现象发生的考虑，将同一地区或同一业种的企业纳入配送系统，通过统一资源的规划，建立"共同配送中心"，使装卸、保管、运输、信息等物流功能的协作化成为一种新型、全面的物流管理模式。

(2)供应链物流管理。从供应链一体化操作的角度出发，进行对物流采购、生产、销售、回收等一系列的相关运营，通过信息的共享实现在供应链节点企业的互动协作下，以供应链销售终端的信息为拉动力，达到对整条供应链的物流管理。

(3)动态联盟物流管理。从动态联盟通过相互间的互补性合作实现对整体竞争力的提高和资源配置的最优考虑，企业在对合作对象基于各项业务与项目进行全面的核心能力与优势调查后，选择对企业经营业务与项目最具有互补性质的物流合作伙伴结成不断调整的动态联盟，共同进行物流的一体化操作，通过对物流作业的及时反应与有效的顾客反应，获得时间与空间价值，达到"1+1>2"的系统最优的效果。

第三节　企业物流管理实训与拓展

一、问题互动

1. 有人说，我们生活在物流的海洋中，没有物流，人们将无法生活。对此，请谈谈你的看法？

2. 为什么会出现物流热？

3. 通过搜集相关资料，谈谈物流的定义有哪些表述？物流是怎样产生的？

二、技能训练

（一）物流企业认知训练

1. 训练目的：

了解物流企业所处的内外环境、企业类型以及基本的物流运作过程。

2. 训练内容及活动安排：

（1）物流企业外部环境的参观。组织学生参观物流企业所处的经济区域，主要区域为港口、码头、堆场以及以国际物流为主要业务内容的区域，如开发区、保税区、物流园区等，以加强对物流行业外环境的认知能力。

（2）物流企业内部环境的参观。选定典型的物流企业，了解物流企业的类型、特点、组织结构、业务流程和岗位设置。

（3）交流讨论：

每个学员要完成一份约 2 000 字的见习报告，分组讨论以下问题，选出代表进行交流（要求做出图文并茂的 ppt）。

①通过实地考察和搜集资料，说出你所了解的物流企业的发展现状、服务宗旨、业务范围、组织结构、运营特点、经营特色以及物流运作流程等。

②物流企业有哪些职业岗位设置？

③说明物流从业人员应具备哪些知识、能力、素质，并绘出知

识、能力、素质构成简图。

（二）搬家公司管理业务分析训练

过去，搬家是请家里人、同事或朋友帮忙，只把运输中的部分工作委托给汽车运输业者。搬家一般安排在星期天和节假日，是汽车运输业者的汽车闲着的日子，只是顺便运一下，它不构成一种行业。但随着越来越多的人拥有了自己的房子，一些人的居住地经常变化，这样就出现了把搬家全部委托给专业搬家公司的需求，结果，搬家工作作为专业服务项目而成立了。搬家业务现在已发展成为较大的物流市场。请分析搬家业务的管理活动及其具体内容与工作要求，并填制表1－5。

表1－5　搬家公司管理业务分析

管理活动	具体内容	工作要求
1.		
2.		
3.		
⋮		

（三）自助餐设计训练

一个宴会举办者在一个大房间一端的长桌上设置自助餐，如何布置场地才能使客人流动尽可能顺畅？记录你在布置中需要考虑的重要因素并画图说明。

三、知识拓展

现代物流业的市场潜力和发展前景十分广阔。现代物流业作为一种先进的组织方式和管理技术，对优化资源配置、调整经济结构、改善投资环境、提高经济运行的质量和效益、实现可持续发展战略、推进经济体制和经济增长方式的根本转变具有非常重要的意义。

物流业的蓬勃发展形成了对物流人才的迫切需求。目前，物流专业人才（包括物流管理人才和物流工程人才）已被列为我国12类紧缺人才行业之一。对物流人才的需求主要来自以下几个方面：

第一,企业物流人才的需求。由于降低物流成本是企业的第三利润源已逐步形成共识,为了提高企业的核心竞争力与市场竞争力,企业都或先或后地把物流作为一个重大战略问题来抓,要么把物流作为企业的核心竞争力而改造提升自己的物流系统,要么把物流活动分离出来交给第三方物流公司,将企业的上游与下游优化组合,形成供应链。

第二,规划咨询物流人才。目前,城市物流系统要改造,企业物流系统要改造,行业物流系统要改造,物流园区要规划设计,配送中心要规划设计,这些工作都需要物流人才。这方面的人才是一种复合型人才,知识面要宽。目前,这类人才最紧缺,培养难度最大。

第三,外向型国际物流人才。随着中国加入 WTO 以及逐步成为世界制造中心,全球采购与全球销售将形成庞大的国际物流系统,这就形成了对精通进出口贸易、海关业务、采购系统、供应链管理和国际法的物流人才的需求。

第四,科学研究物流人才。从 1979 年引进物流这一概念以来,我国一直没有停止过对物流理论的研究,但从总体上来讲,现阶段我国的物流理论与物流技术仍然比较落后,这与缺少物流科研人员不无关系。

现代物流是操作性较强的管理活动,同时也是高新技术支持下的运营活动。它要求从业人员必须是既掌握现代物流管理理论与方法,同时又具备信息技术、自动识别技术与控制技术知识的复合型人才。

本章要点归纳

本章主要介绍物流的含义、分类与物流行业的构成;企业物流的含义、特征与企业物流的内容结构;企业物流合理化的含义、原则和措施;现代企业物流理念;企业物流管理的含义与内容;企业物流组织设计原则与形式;企业物流流程再造与企业物流管理变革等内容。要求学生在教师的指导下能对工作与生活中的物流问题进行分析与研讨。

综合测试

一、名词解释

1. 物流

2. 企业物流

3. 企业物流合理化

二、判断题

1. 商流是商品所有权的转移,物流是物质实体的移动。(　　)

2. 运输与仓储是物流活动的两大支柱。(　　)

3. 零库存就是库存为零。(　　)

4. 消费者物流是适应消费者个人需要而形成的物流。(　　)

5. 国际贸易与国际物流互为发展。(　　)

三、问题分析

1. 你认为影响企业物流合理化的因素有哪些?怎样才能促进企业物流的合理化?

2. 讨论物流专业的专科毕业生应当具有怎样的知识、素质与专业技能?

第二章　采购物流管理

【知识目标】

理解采购物流管理的概念、目标与原则

掌握科学采购的含义及其方式

掌握各种采购方式

【技能目标】

能对供应商进行选择与评估

能正确应用采购物流管理的各种策略

能遵照采购业务流程，完成企业采购任务或制定企业采购方案

能对给出的技能演练题目进行分析并给出解决方案

引导案例

采购管理改进前后

改进前：

一个供应商接到某公司上海分公司询价10台电脑的电话，又接该公司总部询价电脑100台的电话以及该公司IT部门电话询问某型号电脑的配置和价格，并称需要笔记本电脑10台。供应商认为这个公司今年肯定有大的项目，频频添置新设备，于是立刻派员光顾需求者，并投之以“礼”。这样一来，该公司整体的“采购力”被分散和浪费，价格也五花八门，毫无优势可言，也无所谓“采购技术”，至于竞标也变成了一个形式。结果，该公司的电脑什么牌子的都有，经常修理和升级，形成价格无优势、服务低水准、管理混乱的局面，导致其公司形象受损。

改进后：

首先由申请人提出申请，提出需要的数量，并非型号和报价。所有申请均由部门经理根据预算审核，再交公司财务总监批准（电脑金额超过2 000元，属于固定资产项目），然后统一交由IT部门汇总。IT部门根据公司规定和工作需要决定配备的机型（台式机或笔记本）、配置、操作系统、软件及品牌。

该公司采购部门根据汇总数量、金额及要求，决定竞标的名单，IT部门提交竞标的内容，采购部门组成招标委员会或评标小组，邀请IT经理和工程师参加评审。采购部门按照招标流程进行采购活动，与参加投标的供应商一一谈判，谈判内容不仅包括价格，也包括售后服务、交货条款、索赔条款、升级服务等。评标委员会按照事先商定的评定标准评判参加投标的供应商，推出胜标者，向胜标者发出胜标通知，向败标者发出感谢信。采购部门与胜标方签署合同，监督供应商的执行。

这样，该公司的供应商会得到一个公平的竞争环境，采购员能充分发挥作用，他们的谈判能力以及IT经理的专业能力得到了发挥，申请人也得到他们需要的工作设备。同时，该公司得到了采购部门努力换来的竞争优势：好的价格、好的售后服务、升级承诺以及供应商好的反馈。公司的“钱”被聪明地花出去了，该公司从而树立起了好的管理形象。

讨论：试分析加强采购管理的重要性。

第一节　采购物流管理概述

一、采购及采购管理的含义

（一）采购的含义

采购是指通过商品交换和物流手段从资源市场获得资源的过程。采购的基本功能就是帮助人们从资源市场获取他们所需要的各种资源。这些资源既包括生活资料，也包括生产资料；既包括物资资源（如原材料、设备、工具等），也包括非物资资源（如信息、软件、技术、文化用品等）。能够提供这些资源的供应商就形成了一个资源市场。

采购既是一个商流过程，也是一个物流过程。采购的基本作用是将资源从资源市场的供应者手中转移到用户手中。

采购是一种经济活动，它是企业经济活动的主要组成部分。在整个采购的过程中，一方面，通过采购获取了资源，保证了企业正常生产的顺利进行，这是采购的效益；另一方面，在采购过程中也会发生各种费用，这就是采购成本。要追求采购经济效益的最大化，就要不断降低采购成本，以最小的成本获取最大的效益。科学采购和科学的采购物流管理是实现企业利益最大化的利润源泉。

（二）采购管理的含义及其目标

采购管理是指为保障企业物资供应而对企业采购进货活动进行计划、组织、指挥、协调和控制的管理活动。就物资采购的具体职能来说，一方面，它要实现对整个企业的物资供应；另一方面，它也是企业联系整个资源市场的纽带。

采购管理的基本目标主要表现在以下 4 个方面：

1. 适时适量，保证供应。物资采购供应不是货物进得越多越好，也不是进得越早越好。货物进少了，会导致缺货，影响生产；货物进多了，不但占用较多的资金，而且要增加仓储和保管费用，造成浪费，使成本升高；货物进迟了也会造成缺货；而进早了也就等于增加了存储时间，同样会增加成本。因此，采购要适时适量，即要求采购做到既保证供应，又使成本最小。

2. 保证原材料质量。保证原材料质量就是要保证采购的货物能够达到企业生产所需要的质量标准，以保证企业产品的质量。保证质量也要做到适当。质量太低，不能满足需要；质量太高，既没有必要，也必然因价格高而增加购买费用。所以，物资采购要在保证质量的前提下尽量采购价格低廉的物品。

3. 费用最省。费用最省是始终要贯穿于物资采购方方面面的原则。在物资采购中，每个环节和每个方面都会发生费用，如购买费用、进货费用、检验费用、入库费用、搬运费用、装卸费用、保管费用等。因此，在物资采购的全过程中，要运用各种各样的采购策略，使总的采购费用最小。

4. 管理、协调供应商，管理供应链。物资采购要发挥企业和资源市场的纽带作用，就要建立与资源市场的友好和有效的关系，协调供应商，管好供应链。

二、采购原则与采购分类

（一）采购原则

企业采购物流管理一般要遵循适价、适时、适质、适量和适地的原则。

1. 适价。大量采购与少量采购、长期采购和短期采购在价格上是有差别的，决定一个适合的价格要经过多渠道询价、比价、自行估价、议价等过程。适价原则即从品质的角度，保证同等品质的物资不高于同类物资的价格。

2. 适时。在价格稳定时期，要按照生产计划进行分期采购，依据市场行情和季节的变化，而在价格较低时，应不失时机地购进物资。

3. 适质。采购材料的品质成本是间接的，往往容易被忽视，但是品质不良会造成管理费用增加、生产不稳定、降低产品质量和削弱产品竞争能力等后果。因此，在采购物资时要注重产品质量的把关。

4. 适量。采购量多，价格就便宜，但并不是采购越多越好。资金的周转率、仓库储存的成本都直接影响到采购成本，因此，应根据资金的周转率、储存成本、物料需求计划等综合计算出最经济的采购量。采购量的大小决定生产与销售的顺畅以及资金的调度。物料采购量过大会造成过高的存货储备成本与资金积压；物料采购量过小，则会导致采购成本提高。因此，适当的采购量非常重要。

5. 适地。即供应商离企业越近，运输费用就越低，机动性就越高，协调沟通就越方便，成本自然就越低，同时也有助于紧急订购时的时间安排。

(二)采购分类

根据不同的标准,采购可分为不同的类别:

1. 按采购地域的不同,可分为国外采购与国内采购。

2. 按采购性质的不同,可分为大量采购、零星采购、正常性采购、投机性采购和紧急采购。

(1)大量采购,即数量巨大、类别繁多的采购行为。

(2)零星采购,即采购数量很少、类别不多的采购行为。

(3)正常性采购,即按计划进行,不带投机性质的采购行为。

(4)投机性采购,即货物价格低廉时批量购入或作为企业长期备料,或者在高价时转手卖出的采购行为。

(5)紧急采购,即用于设备、设施紧急维修所需配件的采购行为。此类采购往往事前都有相应的规章制度,届时不需要层层审批就可以进行采购。

3. 按采购方式的不同,可分为委托采购、直接采购和调拨采购。

(1)委托采购,即委托中间商向生产商定购的采购行为。

(2)直接采购,即直接向生产供应商进行的采购行为。

(3)调拨采购。调拨采购与企业内部采购方式有些类似,不过,调拨采购是将分厂之间过剩的货物相互按需调拨的采购行为。

4. 按采购政策的不同,可分为集中采购和分散采购。

(1)集中采购,即由企业采购部门统一按计划进行的采购。

(2)分散采购,即由企业下属分厂采购部门各自根据生产需要进行的采购。

5. 按采购主体的不同,可分为政府采购和企业采购。

6. 按采购价格模式的不同,可分为招标采购、询价采购、议价采购、定价采购、邀标采购和公开市场采购。

(1)招标采购。物资采购的所有条件(如物资名称、规格、品质要求、数量、交货期、付款条件、处罚规则、投标押金、投标资格等)详细列明,刊登公告。投标厂商按公告的条件,在规定的时间内交纳投标押金,参加投标。按规定,招标采购的开标必须至少有3家以上的厂商从事报价,开标后原则上以报价最低的厂商得标,但得标的报价仍高过标底时，采购人员有权宣布流标，或征得监办人员的同意，以议价方式办理。

(2)询价采购。询价采购是指采购商向有关的供应商发出询价单，让其报价，然后在报价的基础上进行综合比较，确定中标供应商的一种采购方式。

(3) 议价采购。议价采购是采购人员与厂商经讨价还价后，议定价格进行的采购。一般来说，询价、比价和议价是结合使用的，很少单独进行。

(4)定价收购。购买物资数量巨大，非几家厂商所能全部提供的，如纺织厂订购棉花、糖厂订购甘蔗等，或当市场上该物资匮乏时，则可定价现款收购。

(5)邀标采购。即由采购商选择足够数量的供应商，向其发出投标邀请书，邀请他们参加招标竞争，采购商最后从中选择一家供应商。

(6)公开市场采购。公开市场采购是采购人员在公开交易或拍卖时随机采购。因此，通过公开市场大宗采购物资时，价格变动频繁。

三、采购管理的内容

一个完整的采购管理过程基本上包含了 8 大块内容。

(一)采购管理组织

采购管理组织是为了实现既定的采购任务而组建起来的人员、岗位、职务、责任体系的管理执行机构。完成既定的采购任务需要多少人，都是哪些岗位，什么职务，承担什么责任，形成了一个既互相独立又互相联系、互相制约的有机整体。其中，有执行者又有管理者；有分工又有合作；有独立承担工作、充分发挥自己能力的余地，又有相互制约、相互规范的管理机制。采购管理组织决定以后，就要选人、用人。为采购组织各个岗位配备合适的人员是做好采购工作的关键。其中，有执行人员，特别是采购员，也有管理人员。要充分发挥他们各自的主观能动性和工作积极性，但是也要注意约束、管理和控制。

（二）需求分析

需求分析就是要弄清楚企业需要采购哪些品种、需要量多少等问题。企业的物资采购供应需把握全企业的物资需求情况，制订物料需求计划，为制订订货计划做准备。

（三）资源市场分析

资源市场分析就是根据企业所需求的物资品种，分析资源市场的情况，包括资源分布情况、供应商情况、品种质量、价格情况、交通运输情况等。

资源市场分析的重点是供应商分析和品种分析。分析的目的是为制订订货计划做准备。

（四）制订采购订货计划

完整的采购管理需要根据需求品种情况和供应商的情况，制订出切实可行的采购订货计划，包括选定供应商、供应品种、具体的订货策略、运输进货策略以及实施进度计划等，具体解决什么时候订货、订购什么、订多少、向谁订、怎样订、怎样进货、怎样支付等一些具体的计划问题。

（五）采购计划实施

采购计划实施就是把上面制订的采购订货计划分配落实到人，根据既定的进度实施。具体包括联系指定的供应商、进行贸易谈判、签订订货合同、运输进货、到货验收入库、支付货款以及善后处理等。通过这些具体活动，圆满地完成一次完整的采购活动。

（六）采购评估

采购评估就是在一次采购完成以后对这次采购的评价，或月末、季末、年末对一定时期内的采购活动的总结评估。采购评估主要在于评估采购活动的效果、总结经验教训、找出问题、提出改进方法等。通过总结评估，可以肯定成绩、发现问题、制定措施、改进工作，不断提高采购管理水平。

（七）采购监控

采购监控是指对采购活动进行的监控活动，包括对有关采购人员、采购资金和采购事务活动的监控。

（八）采购基础工作

采购基础工作是指为建立科学、有效的采购系统而需要开展的一些基础性工作，包括管理基础工作、软件基础工作和硬件基础工作。具体包括以下四项：

1. 加强对采购人员的素质管理。采购人员是采购活动的执行者，也是关系企业采购活动能否顺利进行的关键力量。搞好采购活动，采购人员是关键。企业采购人员应当具有较高的业务素质。他们不仅要懂得产品自身的特性、生产过程、生产成本、采购渠道、运输保管特性、市场生产供应能力、市场价格行情以及交易规则等，还要懂得该产品在本企业的用途、用量和使用特性等。采购人员应当具有较高的道德素质，要有正义感，品行正派，不贪图私利。采购人员应当具有较好的政治素质，热爱企业，热爱集体，有敬业精神，能够抵制和杜绝损害企业利益的违法行为。采购人员应当思维敏捷、口齿伶俐，表达能力强，注意外表形象。

2. 建立健全采购规章制度和奖惩激励制度。要制定明确、具体的采购作业流程，从接受采购申请单开始到采购完成进行评估总结为止，每一环节都要明确规定具体的做法。要制定岗位责任制度，对各个岗位规定明确的职责范围，要建立起奖惩激励制度。

3. 建立采购控制制度。采购部门为了做好后续的采购控制工作，应当建立起一套完整的采购控制制度。这些制度包括：采购预计划制度及采购请示汇报制度、采购评价制度、资金使用制度、到货付款制度及保险制度等。要坚持采用公开招标制度，以控制采购风险。

4. 采购信息系统的管理。采购信息系统的管理就是利用采购管理软件，实现采购过程的计算管理。

四、企业采购模式的变革

企业采购模式已经从过去的传统采购模式向现代科学采购模式转变。

（一）传统采购

1. 传统采购的模式。企业传统采购的一般模式是：每个采购期的期末，企业各个单位填报下期的采购申请单，列出需要采购的物资品种和数量，制订统一的采购计划，根据采购计划分别派人出差，到各个供应商处订货。然后策划组织运输，将采购的物资运回企业，验收入库。采购来的物资存放于企业的仓库中，以满足各个单位的物资需要。这种采购以各个单位的采购申请单为依据，以填充库存为目的，管理比较简单、粗糙，市场响应不灵敏，库存量大，资金积压多，库存风险大。

2. 传统采购的特点。根据上述传统采购一般模式的具体流程，可将传统采购的特点归纳为以下四个方面：

(1)传统采购过程是典型的非信息对称博弈的过程。为了能够从多个竞争性的供应商中选择一个最佳的供应商，企业往往会保留私有信息，而供应商也会在和其他供应商的竞争中隐瞒自己的信息。

(2)供需关系是临时的或短时期的合作关系，而且竞争多于合作。

(3)对质量和交货期只能进行事后把关，采购方很难参与供应商的生产过程和有关质量控制活动。

(4)响应用户需求能力迟钝。由于供应与采购双方在信息沟通方面缺乏及时的反馈，在市场需求发生变化的情况下，采购方也不能改变供应方已有的订货合同，因此，采购方在需求减少时库存增加，而在需求增加时则出现缺货现象，并且重新订货需要新一轮的谈判过程，因此，供需之间对用户需求的响应不能同步进行，缺乏应对需求变化的能力。

(二)科学采购

科学采购是运用现代采购技术，革新传统的采购流程，以响应用户需求为主要目的的订单驱动式采购方式。科学采购包括订货点采购、MRP 采购、电子商务采购和供应链采购、JIT 采购等。

1. 订货点采购。订货点采购是紧密根据需求的变化和订货提前期的长短，精确确定订货点、订货批量或订货周期、最高库存水准等，建立起连续的订货启动操作机制和库存控制机制，达到既满足需求又使库存总成本最小的目的。这种采购模式以需求分析为依据，以填充库存为目的，采用一些科学方法，兼顾满足需求和库存成本控制的实际，原理比较科学，操作比较简单。但由于市场的随机因素较多，使该方法同样具有库存量大、市场响应不灵敏的缺陷。

2. MRP 采购。MRP 采购主要应用于生产企业。它是指生产企业根据主生产计划和主产品的结构以及库存情况，逐步推导出生产主产品所需要的零部件、原材料等的生产计划和采购计划的采购方式。这个采购计划规定了采购的品种、数量、采购时间和采购回货物的时间，计划比较精细、严格。MRP 采购也是以需求分析为依据，以满足库存为目的的，它的市场响应灵敏度及库存水平都比订货点采购有所进步。

3. 电子商务采购。电子商务采购也就是网上采购，是在电子商务环境中的采购模式，它的基本特点是，在网上寻找供应商和所需的商品，在网上洽谈贸易、网上订货甚至在网上支付货款，但是送货、进货采用面对面的方式。这种模式的好处在于：扩大了采购市场的范围，缩短了供需距离，简化了采购手续，降低了采购时间，降低了采购成本，提高了工作效率。近年来，随着计算机网络和信息技术的发展，通过 Internet 的 B to B 在线采购已经成为一种快速减少采购成本的办法。在线竞价通常能取得 5% ~40% 的总节约，典型的采购成本下降范围是 15% ~20%。货物采购成本的显著减少直接带来企业产品成本的下降，提高了企业的市场竞争能力。电子商务采购是一种很有发展前途的采购模式，但是它有赖于电子商务的发展和物流配送水平的提高。

4. 供应链采购。准确地说，供应链采购是一种供应链机制下的采购模式。在供应链机制下，采购不再由采购者操作，而是由供应商操作。采购者只需把自己的需求规律信息(即库存信息)向供应商连续、及时传递，供应商则根据采购方产品的消耗情况及时、连续、小批量补充库存，保证采购者既满足需要，又使总库存量最小。供应链采购对信息系统和供应商操作的要求比较高，也是一种科学、理想的采购模式。

供应链采购强调协同采购的理念，包括企业内部协调、外部协同、“为库存采购”转变为“为订单采购”、采购过程中的外部资源管理等内容。通过帮助供应商完善成本结构、完善供货质量、降低成本、提高效率，建立最佳供货商组合，逐步实现供应价值链的最优化。供应链采购策略将有助于双方共享节约成本的益处，使企业缩短产品开发周期和提高效率，改进产品质量和完善产品性能，并为进一步扩大合作、提供增值服务创造了机会。

(1)企业内部协同。由于采购的内容包括正确的货物、合适的数量、正确的交付时间和地点、合适的货源和合理的价格，而这些信息的获得需要来自于销售和市场部门、生产部门以及采购部门的信息。因此，企业要进行高效的采购行为，就需要企业内部各部门的协同合作。此外，随着新产品的急剧增加，需要采购的新零件的数量也大大增加，为达到货物数据的一致性协同，各部门需要及时维护相关数据，如货物单数据、供应商数据、采购价格数据等。该项基础工作将保证企业能够长期、动态地保持业务流程的稳定性。

(2)企业外部协同。企业外部协同是指企业和供应商在共享库存、需求等信息的基础上，根据供应量的情况，实时在线地调整自己的计划和执行交付的过程。同时，供应商根据企业实时的库存、计划等信息，实时调整自己的计划，可以在不降低服务水平的基础上降低库存。

(3)"为库存采购"转变为"为订单采购"。在传统的采购模式中，采购的目的是补充库存，即为库存采购。在供应链管理环境中，采购活动是以订单驱动方式进行的，制造订单的需求是在用户需求订单的驱动下产生的。这种为订单采购的方式使供应链系统得以准时响应用户需求，同时也降低了库存成本。

(4)采购过程中的外部资源管理。传统采购管理的不足之处，就是与供应商之间缺乏合作，缺乏柔性和对需求快速响应的能力。有效的外部资源管理就是制造商在采购活动中建立一种新的、有不同层次的供应商网络，并通过逐步减少供应商的数量，致力于与供应商建立一种长期、互惠互利的合作关系。一方面，通过提供信息反馈和教育培训，促进供应商质量改善和质量保证；另一方面，参与供应商的产品设计和产品质量控制过程，并协调供应商的计划。

5. JIT 采购。JIT 采购也称准时采购，是一种完全以满足需求为依据的采购方法。它对采购的要求就是，供应商要恰好在用户需要的时候，将合适的品种、合适的数量送到用户需求的地点。JIT 采购是以需求为依据，改造采购过程和采购方式，使其完全适合于需求的品种、需求的时间和需求的数量，做到既灵敏响应需求的变化，又使库存趋近于零。JIT 采购是一种比较科学、比较理想的采购模式。

(1)准时采购的含义及意义。准时采购是指企业和供应商建立起稳定的契约供需关系，由供应商进行多频次、小批量的连续供货，实现在合适的时间、把合适的物品、按合适的数量送到合适的地点的准时化供货机制。

准时采购是准时化生产系统的一个重要组成部分，其基本思想是：制造商与供应商签订"在需要的时候，向需要的地点，提供能保证质量的所需要货物"的协议。这意味着供应商随时(必须是需要的准时)向制造商提供采购货物。准时采购的核心要素是：建立伙伴关系，减少批量，频繁而可靠地交货，提前期压缩并且可靠，始终保持采购货物的高质量。

准时采购的意义主要表现在以下 3 个方面：

第一，大幅度减少原材料和外购件的库存。根据国外实施 JIT 采购策略的一些企业的测算，JIT 采购可以使原材料和外购件的库存降低 40% ~85%。原材料和外购件库存的降低有利于减少流动资金的占用，加速流动资金的周转，同时也有利于节省原材料和外购件库存占用的空间，从而降低库存成本。

第二，提高采购物品的质量。一般说来，实施 JIT 采购策略可以使购买的原材料和外购件的质量提高 2 ~3 倍，而且原材料和外购件质量的提高又会促进质量成本的降低。据估计，推行 JIT 采购可使质量成本降低 26% ~63%。

第三，降低原材料和外购件的采购价格。由于供应商和制造商的合作以及内部规模效益与长期订货，再加上避免了采购过程中的一些浪费(如订货手续、装卸环节、检验手续等)，从而使购买的原材料和外购件的价格得以降低。例如，生产复印机的美国施乐公司通过实施 JIT 采购，使其采购货物的价格下降了 40% ~50%。

此外，推行 JIT 采购不仅缩短了交货时间，节约了采购过程中所需的资源，而且提高了企业的劳动生产率，增强了企业的适应能力。

(2)准时采购方式与传统采购的区别见表2-1。

表2-1　准时采购方式与传统采购的区别

比较项目	准时采购	传统采购
供应商的选择	单源供应,关系稳定	多元供应,短期合作
供应商评价	合同履行能力、生产设计能力、物料配送能力、产品研发能力	合同履行能力
采购批量	小批量、送货频率高	大批量、送货频率低
进货检查	逐步减少,最终取消	每次进货检查
运　输	准时送货、运输次数多	配送频率低、运输次数相对减少
交货方式	由供应商安排,确保准时交货	由采购商安排,按合同交货
包　装	有一定要求	常规包装
信息交流	采购、供应双方高度共享准确实时信息,快速、可靠,易建立信任	信息不对称、容易暗箱操作

(3)准时采购的特点。根据上述内容可知,准时采购具有以下一些特点:

①采购商与少数供应商建立了稳固的战略合作伙伴关系,双方基于以前签订的长期协议进行订单的下达和跟踪,不需要再次询价、报价的全过程。

②在同步化供应链计划的协调下,制造计划、采购计划和供应计划能够同步进行,缩短了用户响应的时间。

③采购物资直接进入制造部门,减少了采购部门的库存占用和相关费用。

④促进了企业和供应商之间的外部协同,提高了供应商的应变能力。

(4)准时采购的实施步骤。采用准时采购模式可按以下步骤实施:

①组建准时采购小组。参加的人员包括生产人员、产品技术人员、质量人员、物资人员、会计人员,并应对这些人员进行培训。

②制订采购实施计划。采购小组要制订出实施计划,明确未来的采购策略和具体的实施步骤。

③同供应商建立伙伴关系。

④选择某一生产线作为试点。

⑤对供应商进行准时采购培训。

⑥向供应商颁发产品免验证书。

⑦实施配合进度的交货方式,即交货进度与采购企业的生产线的节奏相适应。

综上所述,科学采购重在流程的变革,其现代采购流程的特点表现为:第一,电子化订货。利用电话、传真、EDI、电子邮件等进行电子化订货。第二,基于需求的采购,基于订单而生产。供应商的生产活动是以用户的采购订单来驱动的,由采购订单驱动供应商,供应商将货物直接供应到需求点。这样可以大大降低库存成本,提高物流的速度和库存周转率。第三,与供应商形成战略协作伙伴关系,实现信息共享、资源共享、责任共担、利益共享。第四,实施小批量、多频次连续补充货物的机制,逐步实现零库存的目标。

第二节　采购物流管理实务

一、采购流程的一般模式

采购活动是企业资金占用最多的活动,它的有效开展依靠企业每个部门、每位员工的大力支持。采购活动的整个流程贯彻了企业各个方面的规定,坚守流程是采购活动能够充分发挥作用的关键。采购流程的关键步骤可以概括为以下 9 步:①提出需求;②描述需求,即对所需的物料或服务的特点和数量进行确认;③选择和评估供应商;④确定价格和采购条件;⑤发出采购订单;⑥对订单进行跟踪并催货;⑦验收货物;⑧支付货款;⑨准确记录。

(一)提出需求

任何采购都产生于企业中某个部门的确切需求。负责具体业务活动的人应当清楚地知道本部门独特的需求:需要什么、需要多少、何时需要。这样,采购部门就会收到这个部门发出的货物需求单。当然,这类需求也可以由其他部门的富余物料来满足,但是或早或晚公司必然要进行新的货物采购。有些采购申请来自生产或使用部门,有些采购申请来自销售或广告部门,而对各种各样办公设备的采购则要求由办公室的负责人或公司主管提出。采购部门还应协助使用部门预测货物需求。采购部经理不仅要求需求部门在填写请购单时尽可能采用标准化格式以及尽可能少发特殊订单,而且应督促其尽早地预测需求,以免出现太多的紧急订单。

(二)描述需求

如果采购部门不了解使用部门到底需要些什么,采购部门不可能进行采购。出于这一目的,必然要对需要采购的商品或服务有一个准确的描述。准确地描述所需的商品或服务是采购部门和使用者,或是跨职能采购团体的共同责任。如果通过某种调整,公司可能获得更多的满足,采购部门就应当对现存的规格提出质疑。在采购管理中,由于未来的市场情况起着很重要的作用,因此,采购部门和提出具体需求的部门在确定需求的早期阶段进行交流就具有重要的意义。否则,轻则由于需求描述不够准确而浪费时间,重则会产生严重的财务后果,并导致供应的中断和公司内部关系的恶化。

由于在具体的规格要求交给供应商之前,采购部门是能见到这一具体规格的最后一个部门,因此,采购部门需要对它进行最后一次检查。如果采购部门的人员对申请采购的产品或服务不熟悉,这种检查就不可能产生实效。任何关于采购事项描述的准确性方面的问题都应当向采购者或采购团队进行咨询,采购部门不能想当然地处理。

采购的成功始于采购要求的确定,应制订适当的办法来保证明确对供应品的要求,更重要的是让供应商完全理解。这些办法通常包括下述各项:

1. 制定规范、图纸和采购订单的书面程序。

2. 发出采购订单前公司与供应商的协议。

3. 其他与所采购物品相适应的方法。

4. 在采购文件中包含清晰地描述所订产品或服务的数据,如产品的精确辨认和等级、检查规程、应用的质量标准等。

5. 所有检查或检验方法和技术要求应指明相应的国家和国

际标准。

（三）选择和评估供应商

1. 企业供应商分类。正确选择供应商的前提首先是对企业供应商作出合理的分类。根据不同的标准，可对供应商作出不同的分类。

(1)按供应商的重要性分类。依据供应商对本单位的重要性和本单位对供应商的重要性进行分析，供应商可以分为伙伴型供应商、优先型供应商、重点型供应商和商业型供应商。如果本公司认为供应商有很强的产品开发能力等，采购业务对本公司很重要，而且供应商也认为本公司的采购业务对它们来说非常重要，那么，这样的供应商就是“伙伴型供应商”。如果本公司认为某个供应商的采购业务对本公司来说并不十分重要，但是供应商认为本单位的采购业务对它们来说非常重要，在这种情况下，该项采购业务对本公司无疑是非常有利的，这样的供应商就是本公司的“优先型供应商”。如果供应商认为本公司的采购业务相对它们来说无关紧要，但该采购业务对本公司却是十分重要的，这样的供应商就是需要注意改进和提高的“重点型供应商”。对那些对供应商和本单位来说均不是很重要的采购业务，相应地，供应商可以很方便地选择和更换，与这些采购业务相对应的供应商就是普通的“商业型供应商”。

(2)按80/20规则分类。供应商80/20规则分类法的基础是物品采购的80/20规则。数量20%的采购物品（重点采购物品）占采购物品80%的价值，而其余80%的物品（普通采购物品）则占采购物品20%的价值。相应地，可以依据80/20规则对供应商进行分类，即划分为重点供应商和普通供应商。具体而言，就是占80%采购金额的20%的供应商为重点供应商，而其余只占20%采购金额的80%的供应商为普通供应商。对重点供应商应投入80%的时间和精力进行管理与改进，这些供应商提供的物品为企业的战略物品或需集中采购的物品，如汽车厂需要采购的发动机和变速器，电视机厂需要采购的彩色显像管以及一些价值高但供应量不足的物品；而对普通供应商则只需投入20%的精力和时间，因为这类供应商所提供的物品的运作对企业的成本质量和生产的影响较小，如办公用品、维修备件、标准件等物品。

2. 根据供应商关系分类。企业与供应商的关系大致可以分为5种,具体见表2-2。

表2-2　企业与供应商的关系

类　型	特　点
短期目标型	①企业与供应商之间的关系是交易关系，双方所做的努力只停留在短期的交易合同上,各自关注的是如何谈判,如何提高自己的谈判技巧,不使自己吃亏,而不是如何改善自己的工作,使双方都获利。②供应方能够提供标准化的产品或服务,保证每一笔交易的信誉,当买卖完成时,双方关系也结束了。③对双方而言,采购活动只与业务人员和采购人员有关系,其他部门的人员一般不参与双方之间的业务活动。
长期目标型	与供应商保持长期的关系是十分重要的,双方有可能为了共同利益对改进各自的工作感兴趣,并在此基础上建立起超越买卖关系的合作。长期目标型的特征是从长远利益出发,相互配合,不断改进产品质量与服务水平,共同降低成本,提高供应链的竞争力。同时,合作的范围遍及企业内的多个部门。
渗透型	企业与供应商之间的渗透型关系是在长期目标型基础上发展起来的,其管理思想是将对方企业看成自己企业的延伸,为了能够参与对方的业务活动,有时会在产权关系上采取适当的措施,如互相投资、参股等,以保证双方利益的一致性,在组织上也采取相应的措施,保证双方派员加入对方的有关业务活动。这样做的优势是可以更好地了解对方的情况,供应商可以了解自己的产品在对方是怎样起作用的,这样容易找到改进的方向,而采购方也可以知道供应商是如何制造产品的,并对此可以提出相应的改进要求。
联盟型	企业与供应商之间的联盟型关系是从供应链角度提出的,它的特点是从更长的纵向链条上管理成员之间的关系。另外,由于成员增加,往往需要一个处于供应链核心地位的企业出面协调成员之间的关系，它常常被称为“盟主企业”。
纵向集成型	这种形式被认为是最复杂的关系类型,即把供应链上的成员整合起来,像一个企业一样,但各成员是完全独立的企业,决策权属于自己。在这种关系中,要求每个企业充分了解供应链的目标与要求,以便在充分掌握信息的条件下自觉作出有利于供应链整体利益的决策。

3. 选择供应商的步骤。选择供应商是供应商管理中的一个重要决策,目前在市场上,同一产品供应商数目越多,供应商的选择就越复杂,这就需要有一个规范的程序来操作。一个好的供应商拥有

制造高质量产品的加工技术,拥有足够的生产能力以及能够在获得利润的同时提供有竞争力的产品。供应链管理下选择供应商的步骤具体如下:

(1)成立供应商评估和选择小组。供应商的选择绝不是采购员个人的事,而是一个集体的决策,需要企业各部门有关人员共同参与、讨论和共同决定,获得各个部门的认可,包括采购部门的决策者和其他部门的决策影响者。供应商的选择涉及企业的生产、技术、计划、财务、物流、市场等各部门。对技术要求高和重要的采购项目来说,特别需要设立跨职能部门的供应商选择工作小组。供应商选择工作小组应由各部门有关人员组成,包括研究与开发部、技术支持部、采购部、物流管理部、市场部和计划部。

(2)确定全部供应商的名单。通过供应商信息库以及采购人员、销售人员或行业杂志、网站等媒介渠道,了解市场上能够提供所需物品的供应商。

(3)列出评估指标并确定权重。确定代表供应商服务水平的有关因素,据此提出评估指标。评估指标和权重对不同行业和产品的供应商是不尽相同的。

(4)逐项评估供应商的履约能力。为了保证评估的可靠性,应当对供应商进行调查。在调查时,一方面听取供应商提供的情况,另一方面尽量对供应商进行实地考察。考察小组由各部门有关人员组成,技术部门进行技术考察,对企业的设备、技术人员进行分析,考察其质量是否能够得到保证以及是否能够跟上企业所需技术的发展,满足企业变化的要求;生产部门考察生产制造系统,了解人员素质、设备配置水平、生产能力、生产稳定性等;财务部门进行财务考核,了解供应商的历史背景和发展前景,审计供应商并购或被收购的可能性,了解供应商的经营状况和信用状况,分析价格是否合理以及能否获得优先权。

(5)综合评分并确定供应商。在综合考虑多方面的因素后,就可以给每个供应商打出综合评分,选择合格的供应商。

4. 选择供应商的方法。选择供应商的方法有许多种,要根据供应商的数量、对供应商的了解程度、采购物品的特点、采购的规模以及采购的时间性要求等具体情况确定。下面列举几种常见的选择供应商的方法。

(1)直观判断法。直观判断法是指通过调查、征询意见、综合分析和判断来选择供应商的一种方法。直观判断法是一种主观性较强的判断方法,主要是倾听和采纳有经验的采购人员的意见,或者直接由采购人员凭经验作出判断。这种方法的质量取决于对供应商情况掌握得是否正确、齐全以及决策者的分析判断能力与经验。这种方法运作方式简单、快速、方便,但是缺乏科学性,受掌握信息详尽程度的限制。直观判断法常用于选择企业非主要原材料的供应商。

(2)评分法 。评分法是指依据供应商评价的各项指标,按供应商的优劣档次分别对各供应商进行评分,选择得分高者为最佳供应商。

(3)采购成本比较法。对采购商品质量与交付时间均满足要求的供应商,通常是进行采购成本比较,即分析不同价格和采购过程中各项费用的支出,以选择采购成本较低的供应商。采购成本一般包括售价、采购费用、交易费用、运输费用等各项支出的总和。采购成本比较法是通过计算和分析针对各个不同供应商的采购成本,选择采购成本较低的供应商的一种方法。

(4)招标采购法。当采购物资数量大、供应市场竞争激烈的时候,可以采用招标方法来选择供应商。招标采购是由采购单位提出招标条件,各投标单位进行竞标,然后采购单位决标,与提出最有利条件的供应商签订协议。招标方法可以是公开招标,也可以是选择性招标。公开招标对投资者的资格不予限制,选择性招标则由采购单位预先选择若干个供应商,再进行竞标和决标。招标方法竞争性强,采购单位能在更广泛的范围内选择供应商,以获得供应条件有利、价低而实用的物资。但招标方法手续繁杂,时间长,不能适应紧急订购的需要,订购机动性差,有时对订购方了解不够,双方未能充分协商,造成货不对路或不能按时到货。

(5)协商选择法。在可供单位多、采购单位难以抉择时,也可以采用协商选择法,即由采购单位选出供应条件较为有利的几个供应商，同它们分别进行协商，再确定合适的供应商。与招标采购法相比，协商选择法因双方能充分协商，在商品质量、交货日期和售后服务等方面较有保证；但由于选择范围有限，采用协商选择法不一定能得到价格最低、供应条件最有利的供应商。当采购时间紧迫、投标单位少、供应商竞争不激烈、订购物资规格和技术条件比较复杂时，协商选择法比招标采购法更为合适。

（四）确定价格和采购条件

决定可能的供应商后，要确定采购价格、采购条件、供货条件等，以便与供应商进行有利的谈判。企业多是使用招标方法来帮助确定价格，有时也可以通过查看供应商价格表或通过谈判来确定。

（五）发出采购订单

对报价进行分析并选择好供应商后就要发出订单。

（六）对订单进行跟踪并催货

采购订单发给供应商之后，采购部门应对订单进行跟踪和催货。企业在采购订单发出时，同时会确定相应的跟踪接触日期，在一些企业中甚至会设有一些专职的跟踪和催货人员。

跟踪是对订单所作的例行跟踪，以确保供应商能够履行其货物发运的承诺。如果出现问题，如质量或发运方面的问题，采购方就要尽早了解，以便及时采取相应的措施。跟踪需要经常询问供应商的进度，有时甚至有必要走访供应商。不过这一措施一般仅用于关键、大额和提前期较早的采购事项。通常为了及时获得信息并知道结果，跟踪是通过电话进行的，现在一些公司也使用由计算机生成的简单表格，以查询有关发运日期和在某一时点采购计划完成的百分比。

催货是对供应商施加压力，以使其按期履行最初作出的发运承诺、提前发运货物或是加快已经延误的订单涉及的货物发运。如果供应商不能履行发运承诺，采购部门会作出取消订单或是以后可能进行罚款的警示。催货只是用于采购订单中一小部分，因为如果采购部门对供应商的能力已经作过全面分析的话，被选中的供应商就应当是能遵守采购合约的可靠的供应商，而且如果公司对其货物需求已经作了充分的计划工作，如果不是特殊情况，就不必要求供应商提前发运货物。

(七)验收货物

采购合同上应明确产品验证体系,该验证体系应在采购合同签订之前由供应商和采购方达成协议。以下方法的任何一种均可用于产品验证:

1. 采购方信赖供应商的质量保证体系。

2. 供应商提交检查检验数据和统计的流程控制记录。

3. 收到产品时,由采购方进行抽样检查或检验。

4. 在货物发运前或在规定的流程中由采购方进行检查。

5. 由独立的认证机构进行认证。

采购方必须在采购合同上明确指出最终用户(若有最终用户参与)是否在供应商的场地进行验证活动。供应商应提供所有设施和记录来协助检验。

(八)支付货款

一般主张发票由采购部门核查,主要原因是采购部门是交易最初发生的地点,若有差错,采购部门可以立即采取行动。

(九)准确记录

经过以上所有步骤后,对一次完整的采购而言,其后的工作就是更新采购部门的记录。这一步骤就是把采购部门与订单有关的文件副本进行汇集和归档,并把企业想保存的信息转化为相关的记录。

二、采购进货管理

采购管理的一个重要环节就是进货管理。进货是将采购订货成交的物资由供应商仓库运输转移到采购者仓库的过程。进货过程关系到采购成果价值的最终实现,关系到企业的经营成本和采购物资质量的好坏,因此,进货管理是采购管理中非常重要的环节。

(一)采购进货方式

采购进货一般可以采用以下几种方式进行:

1. 自提进货。自提进货就是在供应商的仓库里交货,交货以后的进货过程全由采购者独家负责管理。具体包括以下环节:

(1)货物清点环节的管理。对货物的品种、规格、数量、质量要把好关,做好清点和检验工作,因没有当面点清而造成的损失由采购者承担。

(2)包装、装卸、搬运上车各环节的管理。这些工作原则上都是由采购者负责的,但是可以争取供应商协助。这一环节不但要支付费用,而且包装方式、包装质量、装卸搬运方式和装卸搬运质量的好坏不仅直接影响货品安全和货品损坏的程度,还直接影响下一个运输环节的安全和运输质量的好坏。

包装材料和包装方式的选择要综合考虑以下几个方面的因素:

①货品的物理化学性质,包括物理状态、重量、体积大小、硬度、挥发性、防震性、防雨防潮性等要求。

②装卸搬运方式要求,即包装材料和包装方式要适合装卸搬运形式。例如,如果是人工搬运,应当采用小包装,单件重量不要超过人所能够搬运的最大重量;如果是用叉车搬运,包装单元应当留有插槽孔;如果是吊车搬运,包装箱除应选用结实材料之外,还应有起吊环或缆索固定装置等。

③运输方式要求,如包装箱的尺寸要合乎车厢的尺寸、包装箱的强度和防震性都要适合于装运的车辆。

④储存保管方式要求。货物运到目的地需要入库储存堆码,储存堆码往往是用包装箱储存堆码的。这时,包装箱的强度和尺寸都要适合于储存堆码。

⑤装卸搬运要选用合适的装卸搬运方式,要提高搬运活性指数,减轻搬运劳动强度等,要注意装卸搬运安全,保证货品不受损坏。

⑥包装、装卸搬运通常是选择外包给第三方来承担的,这时要注意选择外包的对象。外包通常要选择专业性强、有实力、有技术的公司承担,这样可以保证外包的质量,降低成本。

(3)运输环节的管理。运输环节的管理要注意抓好以下几个方面的工作:

①运输方式的选择。运输方式按交通工具与设施的不同,可分为公路、铁路、水路、航空、管道、联运等方式。自提一般用汽车运输

或船运。汽车运输要注意选好车辆司机。车辆的载重量、技术条件等都要符合装运要求。选择运输方式要注意满足运输时间和运输安全的要求。

②中转方式。自提最好选择门到门的直达运输,要避免中转。

③运输路径。要注意选择最短路径,以节省运费,节约时间。

④运输时间。要注意运输时间上的要求,不但运输方式的选择要满足运输时间的要求,而且在运输途中要注意时间控制。

⑤运输安全。运输安全可以说是选择运输环节首先要考虑的问题。运输安全始终贯穿于整个运输过程,要注意交通安全、货物安全、人员安全等问题。

(4)中转环节的管理。有的运输可能需要中转,具体包括不同运输方式之间的转接和不同运输路段的转接。中转环节免不了装卸搬运下车、上车,有的可能还要储存保管,这些环节要注意的问题很多,如货物清点、装卸搬运方式的选择、装卸搬运安全等。中转环节增加了很多物流工作量、物流时间和物流费用,容易造成货物安全风险,所以应尽量不中转、少中转。

(5)验收入库环节的管理。验收入库是进货环节的结束和保管环节的开始。验收入库是货品更严格的数量清点和质量检验,这时双方应当很好配合,实行一条龙作业、一次落地处理,把装卸、搬运、计量、检验、入库、堆码顺序联合处理,一次落地到位。这样可以大大减少物流工作量、减少货物损坏、节省时间、提高效率。

验收入库结束,这次进货过程也就随之结束。

2. 供应商送货。对采购商来说,供应商送货是一种最简单、最轻松的采购进货管理方式,使进货企业基本上省去了整个进货管理环节,把整个进货管理的任务以及进货途中的风险都转移给了供应商,只留下一个入库验收环节,而入库验收也主要是供应商和保管员之间的交接,进货员最多只提供一个简单的协助而已。

3. 委托和外包进货战略。委托和外包就是把进货管理的任务和进货途中的风险都转移给第三方物流公司,使供应商和采购商都得到解脱。对采购商和供应商来说,这是一种最好、最轻松的进货方式;对第三方物流公司来说,这也是一种最理想的进货方式。因为它有利于发挥第三方物流公司自主处理、联合处理和系统化处理的能力，提高了物流运作效率，降低了物流运作成本。

对委托和外包进货方式的管理主要是抓好两次三方的交接管理和合同签订管理控制工作。第一次交接是供应商和第三方物流公司的交接，第二次交接是第三方物流公司与采购商保管员之间的交接。交接工作主要是货物的清点与检验，要保证货物数量、质量无误。合同签订主要包括三方相互之间的合同，要分清权利、义务和责任。合同条款要详细、清楚，凭合同来规范和控制各方的行为。在交接过程中，要检查各方履行合同的程度，根据合同来处理有关的事情或纠纷。

（二）进货管理的基本原则

进货管理应遵循以下 4 项基本原则：

1. 进货方式选择原则，即要根据进货难度和风险大小的具体情况选择合适的进货方式。

对进货难度大和风险大的进货任务，首选委托第三方物流公司进货方式，次选供应商送货方式，一般最好不选用户自提进货方式。委托第三方物流公司进货，既可以充分利用第三方物流公司的专业化优势、资源优势和技术优势，提高进货效率，提高进货质量，降低进货成本，又可以减轻供应商和采购商的工作量和进货风险，对各方都有利。

对进货难度小和风险小的进货任务，首选供应商送货进货方式，如同城进货和短距离进货，因为这种方式环节最少、效率最高、最节省采购商工作量，并且可以最大限度地降低采购商进货的风险，是最好的进货方式。其次可以选用采购商自提进货方式，这种方式效率高、费用省，但其缺陷是进货途中的风险归于采购商。

2. 安全第一原则。货物安全、运输安全和人身安全是进货管理首先应当考虑的因素，安全原则要落实到包装、装卸、运输、储存各个具体环节中去，制定措施，严格管理监督，保证整个进货过程不出现安全事故。

3. 成本效益统一原则。效益包括运输的经济效益，也包括运输的社会效益，还包括运输安全。其中，社会效益就是要维护社会生态平衡、减少污染、减少社会交通紧张的压力等。不要片面地追求成本低而盲目超载，为了追求路程短而违反交通规则，破坏城市公共交通秩序等。

4. 总成本最低原则。进货管理中客观上存在多个环节、多个利益主体，因此在各个环节中都会发生相应的成本费用。由于进货方案的变动，可能会节省某个环节的费用，却有可能导致另一个环节增加费用，所以，考虑成本不能只孤立地考虑某一个环节、某一个利益主体，而是要综合考虑各个环节、各个利益主体的成本之和，也就是总成本。进货方案的好坏与进货管理效果的好坏也应当以总成本最小作为评价的标准。

三、采购流程的内部控制

采购环节是企业经营管理中最薄弱的一环。一是采购环节是最容易滋生“暗箱操作”的环节，如以权谋私、弄虚作假、舍贱求贵、以次充好、收受回扣等；二是采购环节是最容易出现“冒和漏”的环节，在许多企业中，采购成本占企业总成本的60%以上，采购成本大多可以通过采购流程的内部控制将其节省。

（一）请购的控制

请购是采购环节的第一个步骤。控制请购可为采购作业更为有效地提供一套管理方法，例如，明确权限可以减少采购上的混乱指示和过度采购。许多规模较大的公司通常由熟悉市场的采购部门人员而不是由使用部门人员来决定货源和发出购货订单，这样可以增强管理控制力度，并能够产生批量采购的规模经济效应。

无论何种需要的请购，采购部门在收到请购单后和在最终发出购货订单之前，都必须对以下3个方面作出决定：应订购多少、向谁发出购货订单、什么时候发出购货订单。采购的内部控制制度应当为合理地作出这些决定而制定。

（二）订购的控制

由于购货订单是授权执行并记录经济业务的，因而对它的控制相当重要。购货订单的控制制度包括以下各项：

1. 预先对每份订单进行编号，以确保日后订单能被完整地保存，并能够在会计上对所有购货订单进行处理。

2. 在订单向供应商发出前，必须由专人检查该订单是否得到授权人的签字以及是否以经请购部门主管批准的请购单作为支持凭证，以确保购货订单的有效性。

3. 由专人复查订单的编制过程和内容。具体包括复查有关供应商的主要文件资料、价格、数量和金额的计算等。其中，价格需同根据过去经验确定的标准或平均价格相比照，以保证购货订单的正确性。如果购货订单的金额较小或属于零星购货的性质，此项复查可以简略一些。

4. 办完订购手续后，应立即填写订单一式三联，并将第一、二联送请购单位及验收部门登记，以便让请购人证实购货订单的内容是否符合他们的要求，并让验收部门在收到货物时有验收的标准。

（三）验收的控制

验收控制主要的方法有以下几种：

1. 建立健全取样制度。质检处见到物管处采购产品的取样通知后，由质检处的取样人员进行现场取样。取样必须按标准，要有代表性，以防取样不规范，要杜绝供应人员送样品、仓库人员取样的现象。

2. 采取“封闭”检验法。“封闭”检验就是要求采购部门、供货单位和车间人员未经许可不准进入分析室，保持分析室内安静的环境，以免人为因素的影响和干扰，确保分析人员在不受外界干扰的情况下按标准进行检验，并客观、公正地进行判定。质检处的检验人员、管理人员和部门领导也不得与上述人员有非正常的接触，以杜绝供应商在检验人员分析检验时做小动作。

3. 对不合格采购品的处置制度。对于不合格的采购品，要由采购部门、生产车间和管理部门进行评审，根据评审意见决定对该批货是退货还是让步接收。让步接收只能是在不影响产品质量和保证生产的前提下进行，让步接收的采购品由采购处持质检处的分析报告单向供货方提出要求，供货方在价格上要作出让步。

（四）采购审计

采购是企业支付货币并取得材料实物的过程，是实体转移和价值转移统一的过程，因此容易产生错弊问题。为此，有必要进行采

购审计,以控制采购活动。采购审计应实现以下目标:

第一,保证采购业务合法有效。

第二,保证所购材料价廉物美。

第三,保证采购成本核算正确。

第四,保证采购记录真实完整。

为实现上述控制目标,企业应建立以采购申请、经济合同、结算凭证和入库单据为载体的控制系统,并在该系统中设置下列控制点和关键控制点开展审计工作:审批;签约;登记;承付;验收;审核;记账。其中,承付、验收和审核是关键控制点。

在采购过程中,常见的舞弊方法有以下几种:

1. 虚列采购。虚列采购是指会计人员或采购人员利用材料采购业务管理及核算上的漏洞,伪造材料采购的业务事项,以达到支取货款、中饱私囊的目的。虚列采购采取的主要舞弊手法为:

(1)伪造原始凭证,用自制凭证代替购货发票支取货款。

(2)本单位人员与客户有关人员内外勾结,以假发票、假进货进行舞弊。

(3)会计员、保管员和采购员相互勾结,开具假发票及假入库单入账,共同分赃。

(4)会计人员无证记账、虚支货款,即只编制记账凭证,不附原始凭证。

(5)涂改以前年份的采购发票在本期支取货款和入账。

例如,某造纸厂采购原料稻草时,有关预付款、收货开票、验收等事宜均由采购部门负责,会计部门负责付款和记账。该公司某采购员和会计相互勾结,由采购员虚开采购单(实际上并未采购),会计照单付款,先后以"材料采购"的名义入账并支取现金,曾先后虚报采购价款50 000元,两人共同分赃。对这种情况,应从下述4个方面进行审计:

(1)审查采购业务原始凭证的真实性,落实是否采取伪造或涂改凭证的手法进行舞弊。

(2)审查采购业务原始凭证的合法性,落实是否用自制凭证或假发票进行舞弊。

(3)审查采购业务计账依据的完备性,落实是否采取无证记账的手法进行舞弊。

(4)审查采购业务处理的正确性,落实是否利用账务处理技巧套取现金或转移资金等。

2. 押金抵物。押金抵物是指会计人员利用材料核算及管理上的可乘之机,把应向客户收回的保证金(如向客户借用包装物等所交纳的押金等)抵做材料采购入账,并将其款项侵吞为已有的一种贪污手段。

例如,某厂会计把采购机油时借用油桶付出的保证金 340 元作包装物采购处理:

借:材料采购——包装物　　340

　贷:银行存款　　340

正确分录应为:

借:其他应收款——支出保证金　　340

　贷:银行存款　　340

由于该会计已将应收回的押金作为采购支出报账,故在收回押金时便采取收款不记账的办法直接侵吞现金。

对这种情况的审计对策是:

(1)审查材料采购的计账依据是否真实、合法,落实是否将押金收据作为入账依据。

(2)审查材料采购的价格是否合理,落实是否将应退的包装物价格一并计入的情况。

(3)审查押金核算的账务处理是否正确,落实是否未通过往来科目而直接作采购支出报账。

(4)向客户有关部门及人员进行询证,以落实押金是否退回、是否被直接侵吞等。

3. 有单无货。有单无货是指采购员(或会计员、采购员、保管员)相互勾结,利用采购管理上的漏洞与可乘之机,以正式的采购单据报账结算,但却将实物窃为已有的一种贪污手段。这种舞弊方法大都发生在内部控制不完善、材料验收入库及报账制度(不附入库单)不严密的单位,在内部控制较为严密的单位则表现为合伙舞弊,即采购员与验收员(保管员)或会计员相互勾结,采取开假入库单等方法报账。

例如,某行政科采购员王某利用负责办公用品的方便条件,在财务科预支现金 1 000 元到五金交电商店购买电风扇 2 台共 916 元,然后以直接交付使用为名,由行政科长签字后向财务科报账,所购电风扇由采购员与科长共同分赃据为己有。

为了防范这种情况,应从下述两个方面进行审计:

(1)审查采购业务内部控制的完整性,判断其是否存在薄弱环节和漏洞,进而分析其是否舞弊;审查采购业务原始凭证的真实性及合格性,落实其是否以伪造、涂改、变造原始凭证的手法进行舞弊;审查财物验收制度是否严密,落实其是否有单无货、将财物据为己有。

(2)审查采购业务计账依据的完备性及账务处理的正确性,落实其是否凭空入账、套取现金等。

4. 涂改发票单价。这是指采购员或货物购买人员利用经营或经办购买货物业务的职务便利,将供货方开具的发票的单价及金额擅自涂改为大数,然后采取虚报货款的手段骗取会计部门的信任,使会计部门多付货款,并将其差额侵吞为己有的一种舞弊手段。

对此,主要的审计对策有:鉴别发票的真实性,看其数字有无涂改痕迹;了解市场价格,看其货物价格是否合理;向供货客户调查询证,落实其发票价格的真实性及经济业务的真相等。

四、ERP 系统中的采购工作程序

一般而言,企业采购管理的目标在于:在简化采购计划及调配的同时又可以形成批量采购、简化运输管理、减少库存,从而控制质量、降低成本等,而目前 ERP 系统的应用扩展之一,就是基于互联网络的采购管理,实现企业与供应商之间的网上采购业务管理,包括网上采购、竞购与拍卖和反拍卖等。所以,企业在采购环节中引入 ERP 系统的最直接结果,就是在信息技术支持下实现企业采购工作管理由过分职能化管理向整体性方向质的变化。具体体现在以下几个方面：

第一，ERP 系统对采购供应部门的员工提出了更高的素质要求。采购人员的主要精力将放在同企业内部人员和供应商一起研究如何降低成本方面。

第二，从降低成本和保证质量出发，同设计和工艺部门一起，参与零件设计的价值分析，以最低成本满足功能需求。

第三，参与计划部门确定零部件自制还是外购的决策，并会同技术部门指导供应厂商改进外购件的性能质量，研究降低成本的措施。

第四，统一管理零部件工序外协和外包业务，利用系统提供的物料与资金信息集成功能，编制和审定采购预算和采购权限，以控制企业资金支出，确定每个采购件的合理批量和安全库存量，控制库存资金占用。

第五，同计划部门和供应商一起，研究缩短采购提前期的措施，并通过互联网与内联网跟踪采购订单的进度，共同协调运输，保证及时供应，提高响应变化的灵敏度。

第六，ERP 系统对采购管理提供了一系列规范化、标准化流程，使采购作业中存在的暗箱操作等现象失去了藏身之地。

（一）ERP 系统的采购工作模式

1. 基于以职责为核心的流程设计。传统的采购管理模式，其管理思路是基于部门的管理，即首先是企业组织机构中的供应部门，然后是供应部门负责的具体工作。而 ERP 系统，尤其是国外大型 ERP 系统，每名员工首先是对应各个职责，这些职责既可以是系统预先设定的，也可以进行灵活定义，如表 2－3 所示。

表 2－3 显示，ERP 系统将部分工作从采购采购模块中全部或部分剥离出来，如提出采购请求、检验入库、通知财务付款等。ERP 系统的这种设计方法是将所要完成的工作分解成相关的职责，并对应到采购模块中，一个模块就是一个工作组或业务部门，体现了集中管理的思想。

表 2－3　ERP 系统中采购流程包含的职责

工　　作	职　　责	对应模块
提出采购请求	采购申请	采购、库存
提出采购计划/订单/发运通知	采购计划/计划发放/订单	采购
询价/报价	询价管理/报价处理/供应商管理	采购、财务
检验入库	接收	库存
通知财务付款	付款/发票	财务

如某企业在实施中通过职责分析，发现同一个采购订单职责由多个业务部门所拥有，在咨询顾问的建议下，将其收归为一个部门，减少了大量采购资金。实行集中管理还减少了许多协调工作，因为企业的跨部门协调是一项费时费力的工作，减少了这些工作，无疑可以极大地提高办事效率。

2. 基于高度共享的基础信息平台应用。使用 ERP 系统后，提供基础信息的岗位其工作量增加了，比如，采购管埋中的采购员和询价、报价管理员的工作会增加，因为以往这些工作都是通过电话来完成的，而 ERP 系统要求所有的采购单据都要在系统中进行记录，其主要目的有以下两个方面：

(1)业务的可追溯性强。ERP 系统可随时查询任何时候与任何供应商发生的采购业务，并可以查出该笔业务进行的状态，包括库存接收的数量、采购退货的数量、发票的数量等。另外，ERP 系统还可随时运行需要报表，以反映某一时期采购业务的执行情况，包括趋势分析等，为下一阶段工作的改善提供及时的信息。

(2)减少业务操作中的人为因素。在 ERP 系统中，系统将按照设定的指标对供应商的状态进行分析，包括供应商供货质量分析、数量分析等，并从中总结规律，制定相应的供应商管理策略，如设定相应的配额和询价优先级等。这样，将业务人员的调动对工作的影响尽可能地减少，新来的业务人员可以通过系统方便地查询某一类供应商的名单、联系方式和历史供货记录，并按照设定的供应策略开展采购业务。

3. 强调完备的控制体系。ERP 系统与传统采购管理模式最明显的区别在于它的“事前控制、事中监督、事后分析”这一管理思想。

因此,ERP 系统中的采购工作程序如下:

(1)流程有序。在 ERP 系统中可以设定哪些物料必须经过采购申请,哪些物料必须首先制订总的采购计划等来对采购工作流程进行控制,以细化采购部门的日常管理,同时加大管理幅度。

(2)审批严格。虽然在传统模式下也强调采购管理要按照一定的层次进行控制,但是在实际操作中,尤其是跨地区的公司要这样做非常难。通过 ERP 系统建立采购单据的审批控制流程,可以控制不同职责的员工可以采购哪种货物,其采购金额的上限是多少,超过一定的金额必须经主管领导审批,否则 ERP 系统中将无法继续处理该单据,包括接收相应的货物、进行付款等。如果一个公司采取集中财务模式,那么,配合采购流程的控制,其效果将更明显。

(3)监督有方。在采购业务处理过程中,监督人员(不仅指采购部门领导)若通过查询发现业务处理有问题,则可以终止或暂停业务处理,直到问题解决为止。若发现某订单属于重复订单,可以将其暂停,查明原因或取消该订单。

ERP 系统的实施对采购管理的改善不仅表现在上述 3 个方面,更重要的是它为业务人员带来了一种体验,让业务人员认识到信息技术是如何改变和优化业务流程的。整合后的 ERP 系统可以实现企业与供应商和客户的信息自动交互,从而提高整个采购环节和客户关系管理的效率。

下面是某 ERP 系统软件商提供的采购流程管理方案:

①目标:制定采购模板、采购审批流程,完成企业内部采购流程。

②内容描述:企业员工登录到企业内部采购系统,提交采购需求单,系统根据需求单的种类确定需求单的处理程序(工作流),需求单按照处理程序依次审批,审批通过的需求单汇总形成具体采购单,根据采购单类别确定采购方式(招标、直接采购),完成采购的企业内部流程。

③效果:采购需求单的自动或手动生成、修改、删除;采购需求单提交审批以及采购需求单签收等各种相关管理。提供数据搜集、信息挖掘、分析功能,提供采购、销售决策支持。

第三节　采购物流管理策略

一、采购物品定位管理策略

企业所需采购的物品很多，对大中型企业来说，可能有成千上万种物品，若采取相同的方法来管理，就要考虑最复杂和最困难的情况，从而采取繁杂的管理方法，进而加大了采购环节的管理成本。为了保证生产经营活动的顺利进行，又要尽可能降低采购成本，应依据物品在企业中的重要性(Y)和对供应商的依赖性(X)进行战略定位，其分类模型如图2－1所示。

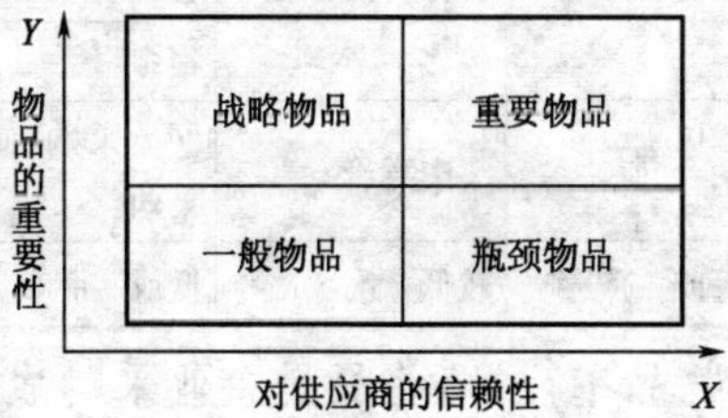

图2－1　采购物品的定位模型

图2－1中，物品的重要性 $Y=f(Y_1 \cdots Y_n)$

其中：Y_1 表示采购总量；

Y_2 表示该物品采购金额占总采购金额的比例；

Y_3 表示该物品成本占产品总成本的比例；

Y_4 表示该物品对产品质量的影响程度；

Y_5 表示该物品短缺给企业带来的损失；

Y_n 表示其他。

物品对供应商的依赖性 $X=f(X_1 \cdots X_n)$

其中：X_1 表示物品的可替代性；

X_2 表示供应商数目；

X_3 表示供应商的可靠性；

X_4 表示企业“自制——外购”选择余地；

X_5 表示社会物流系统的保障性；

X_n 表示其他。

从图 2－1 中可以看到，各种物品根据其重要性和依赖性的高低可分成 4 类：战略物品、重要物品、一般物品和瓶颈物品。这四类物品的特点以及供应策略如表 2－4 所示。

表 2－4　各类物品的特点及供应策略

	战略物品	重要物品	一般物品	瓶颈物品
物品的特点	价值高、质量要求高	价值较高、数量多	价值低、数量较多	价值较低、数量少
物品类型	主机、部件	原材料	零件、办公用品	辅料、配件
采购战略	一体化、联盟	长期合作伙伴	一般交易关系	一般交易关系
管理重点	供应链管理	目标价格管理	管理成本最小化	替代、备用方案
供应商数目	少	较多	很多	极少
采购方式	远期合同	集中竞价	网上采购、间接采购	远期合同
库存水平	中等或零库存	较低	低或零库存	较高

在以上 4 类物品中，战略物品是企业采购战略的重点。2001 年，联想集团在业界率先大张旗鼓地推出破万元的液晶电脑。液晶显示器当属生产液晶电脑的战略物品，为保证进军液晶电脑市场获得成功，联想集团与液晶六巨头集团达成策略联盟，在技术开发和供货上全面合作。为显示自己的诚意和决心，联想集团和六巨头集团签订了一笔“超重量级”的单项采购意向：未来半年内，联想集团向各巨头购置 60 多万套、总价值达 18 亿元人民币的超 *A* 级液晶显示器；六巨头集团也向联想集团承诺，将向联想集团提供全球最优的价格、超 *A* 级最优质量液晶管供应和缺货时的最优先级供货。联想集团与其战略物品的供应商建立战略联盟不仅能降低成本，更重要的是，它在采购这个重要链条上极大地挫伤了竞争对手。

二、自制与外购方式选择策略

自制与外购决策是生产企业采购战略中的重要决策内容。生产企业在开发生产新产品或自身生产能力和成本改变时，或供应商的竞争能力和成本改变时,需要进行自制与采购决策。这项决策首先要同企业的核心业务相适应,同企业的总体战略相适应;还要受产品技术水平、工艺水平、生产能力、开发能力、投资能力、与供应商关系等诸多因素的影响。自制与外购的比较如表 2 -5 所示。

表 2 -5　自制与外购的比较

自制的优势	外购的优势
避免与供应商的交易费用	减少存货成本
便于生产流程的协调	保证可替换资源
利用剩余劳动力和设备做出边际贡献	将精力集中到企业的核心业务上
获得稳定的质量	降低投资风险
扩大或保持企业规模	有利于获得规模效益
专门设计等私有信息不被泄露	易于增强效率和创新性

例如:某企业每年需用甲零件 36 000 件,外购每件单价为 25 元,现该企业辅助车间有剩余生产能力可以生产这种零件,经测算,每件自制成本为 27 元,其中,直接材料 11 元,直接人工 4 元,变动制造费用 2 元,固定制造费用 10 元。请作出该零件是自制还是外购的决策分析。

解:自制零件的变动生产成本为:36 000 × (11 +4 +2) = 612 000(元)

零件外购成本为:36 000 ×25 = 900 000(元)

可知,自制比外购的成本低 288 000(900 000 - 612 000)元,故选择自制方案较好。

仍以上述资料为例,假定全年甲零件的需用量尚不确定,自制甲零件时辅助车间每年需追加专属成本 320 000 元。要求作出甲零件是自制还是外购的决策分析。

解:设 x 为甲零件的全年需用量。自制甲零件的预期相关成本为:

$$y_1 = a + bx = 320\ 000 + 17x$$

外购甲零件的预期相关成本为:

$$y_2 = 25x$$

两方案成本相等时甲零件的数量为成本无差别点,其值为:

$$320\ 000 + 17x = 25x$$

$$x = 400\ 00\ \text{件}$$

如果甲零件全年需用量低于 40 000 件,宜外购;若超过 40 000

件,宜自制(如图 2-2 所示)。

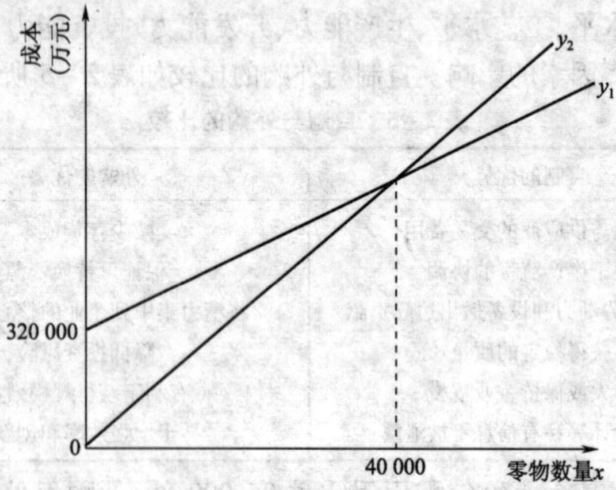

图 2-2 成本无差别点示意图

随着生产专业化程度的提高,越来越多的企业将精力集中于自己的核心业务,特别是随着经济全球化与技术现代化进程的加快,外购的比例呈现不断扩大的趋势。正如惠普公司前任首席执行官约翰·杨所言:"过去,为了制造自己的产品,我们弯曲所有的金属片,塑造每一个塑料零件。现在,我们不必再做这些事情了,而由其他人为我们提供。"越来越多的企业将收入中的大部分用于购买,因为一家企业生产所需的零部件由其他厂家生产会更有效率。

许多日本大公司在购买与自制零部件之间找到了一个"中间地带",即下承包制。这些制造商通过借款等方式给予下承包者或转包者财务上的支持,而这些转包者已成为企业联合体的一部分,与企业保持着长期合作的关系,它们具有技术专业化和稳定的质量方面的优势,并与制造商长期合作。

三、采购质量控制策略

采购质量的控制可以从选择合格的供应商与合约控制两个方面来进行。

(一)选择合格的供应商

一个合格供应商的主要标志有供应优质的产品、发货准时、发货数量准确、价格合适及服务良好等各项。

对供应商提供符合要求产品能力的确认,可采用以下一种或几种方法:

1. 供应商能力和(或)质量体系的现场评价。
2. 产品样品评价。
3. 对比类似产品的历史情况。
4. 对比类似产品的试验结果。
5. 对比其他用户的使用经验。

(二)合约控制

合约控制的主要内容如表2-6所示。

表2-6　合约控制的主要内容

协议名称	日　的	具体内容
质量保证协议	明确规定供应商应承担的质量保证责任	信任供应商的质量体系 随发运的货物提交规定的检验/试验数据以及过程控制记录 由供应商进行100%的检验/试验 由供应商进行批次接收抽样检验/试验 实施本企业规定的正式质量体系 由本企业或第三方对供应商的质量体系进行定期评价 内部接收检验或筛选
验证方法协议	与供应商就验证方法达成明确的协议,以验证是否符合需要	规定检验项目 检验条件 检验规程 抽样方法 抽样数据 合格判断 供需双方需交换的检测资料 验证地点

续 表

协议名称	目 的	具体内容
解决争端协议	解决供应商和本企业之间的质量争端，就常规问题和非常规问题处理作出规定	常规问题，即不符合产品技术标准的一般性质量问题 非常规问题，即产品技术标准范围之外的质量问题或成批不合格或安全特性不合格等 制定疏通本企业和供应商之间处理质量事宜时的联系渠道和措施

四、采购库存控制策略

库存控制都要回答这样的问题：如何优化库存成本？怎样平衡生产与销售计划来满足一定的交货要求？怎样避免浪费，避免不必要的库存？怎样避免需求损失和利润损失？

归根到底，库存控制要解决四个主要问题：确定库存检查周期；确定订货量；确定订货点；确定进货周期，即两次进货的时间间隔。

（一）定量订货控制

所谓定量订货控制，就是预先确定一个订货点和订货批量，随时检查库存，当库存下降到订货点时就发出订货，订货量取一个订货批量的方法。这一订货方式的核心主要体现为以下 3 个方面：确定订货点，解决什么时候订货；确定订货批量，解决一次批量订多少；确定订货如何实施操作。

1. 订货点的确定。订货点就是发出订货的时机。在定量订货法中是以库存水平作为参照点的，当库存下降到某个库存水平时就发出订货，发出订货时的这个库存量水平就称为订货点（如图 2－3 所示）。

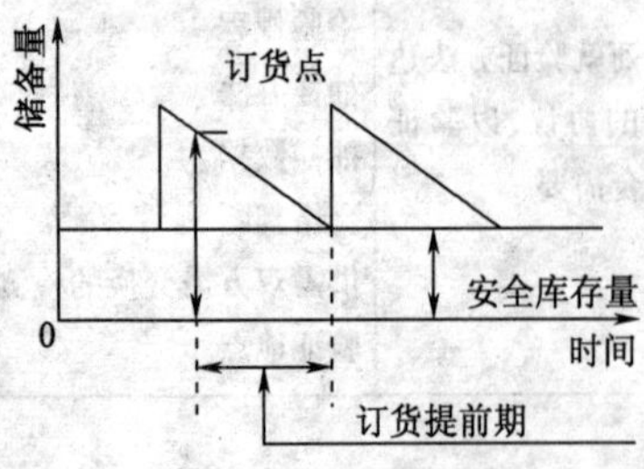

图 2－3 订货点示意图

订货点是一个决策变量，它是直接控制库存水平的关键变量。订货点不能订得太高，也不能太低。如果太高，订货物资送货后，原有的库存物资还没有销售完，这样，新旧物资合在一起库存量就太高了；订货点如果太低，则订货物资还未送到，原有的库存物资就销售光了，这样就会造成缺货。

合适的订货点主要取决于以下两个因素：一是需求速率，也就是供应或销售的快慢。需求速率越大，订货点也越高。二是订货提前期，即从发出订货到所订货物入库所需要的时间长度。订货提前期越长，订货点就越高。

订货点可以用以下公式表示：

订货点量 = 需求速率 × 订货提前期 + 安全库存量

【例 5－1】某企业是一家经销电脑的零售商。经测算，它的最佳订货批量为 240 台，安全库存量为 120 台，每天平均销售量为 60 台，订货提前期为 2 天。则：

订货点量 = 60 × 2 + 120 = 240 台

本例具体分析如下：

在第 1 天，最佳订货批量 240 台全部到货，加上安全库存量 120 台，总库存量为 360 台。在第 3 天，总库存量下降到 240 台，到了订购点。从订购到收到货物需 2 天，在这段时间里要售出 120 台，由于在正常情况下不动用安全库存，所以当总库存量为 240 台时就得补充订货。如果订货后一天库存量就下降到 120 台，这时上次订货尚未收到，周转库存已用完，以后发货需动用安全库存。如果安全库存也消耗完了，第二次订货误期到达，那么就会发生缺货现象。由此，企业确定订货点为 240 台。

2. 订货批量的确定。所谓订货批量，就是一次订货所订的货物数量。订货批量是不能随意确定的，因为订货批量的高低直接影响到库存量的高低，也直接影响到货物的供应满足程度。订货批量太大虽然可以较充分地满足客户的需要，但将使库存量过高，成本升高；订货批量太低，库存量虽然可以降下来，但不一定能保证满足客户的需要，所以订货批量要适量。一般而言，订货批量的大小主要取决于两个因素：

一是需求速率的高低。需求速率越高,客户的需要量越大,订货批量也应当大。

二是经营费用的高低。应根据使总费用最省的原则来确定经济订货批量。

在不同的模型中,经济订货批量的计算方式不同。

(1)瞬时到货方式下经济订货批量的确定。瞬时到货方式,即将一次所订货物全部到货补充库存,进货过程不需要花时间(或可忽略),也就是即订即到,一次到货。

要降低库存成本,就要制定适当的订货策略,协调订货费用与保管费用的比率。订货批量的大小关系到订货费用与保管费用的高低。在一定期间内,物资的总需求量一定时,订货批量大,订货次数就会减少,订货费用就会降低,而保管费用则会提高;若订货批量小,保管费用就会降低,而订货次数就会增加,订货费用也相应增加。

设一定时期内物资的总需求量为A,每次的订货费用为S,单位物资在一定时期内的保管费用为C,订货批量为Q,则在瞬时到货方式下,一定时期内的保管费用总额为:

$$Y_1=\frac{1}{2}\times Q\times C$$

一定时期内的订货费用总额为:

$$Y_2=\frac{A}{Q}\times S$$

则一定时期内的订货与保管费用总额为:

$$Y=Y_1+Y_2=\frac{1}{2}\times Q\times C+\frac{A}{Q}\times S$$

则经济订货批量为:

$$Q^*=\sqrt{\frac{2AS}{C}}$$

(2)非瞬时到货方式下经济订货批量的确定。非瞬时到货是指一次所订货物按一定的进货速率逐渐进货,整个订货、进货过程需要持续一段时间。在非瞬时到货方式下,一定时期的保管费用模型应修正为:

$$Y_1 = \frac{1}{2} \times Q \times C \times \left(1 - \frac{d}{p}\right)$$

式中:p 为每日的到货量,d 为每日的销售量或领用量。

则经济订货批量为:

$$Q^* = \sqrt{\frac{2AS}{C(1 - \frac{d}{p})}}$$

3. 定量订货控制的实施步骤。

实施定量订货控制应按以下步骤进行:

(1)确定订货点和订货批量。

(2)每天检查库存。

(3)当库存下降到订货点时发货,订货量取一个经济订货批量。

定量订货方式的优点是:由于每次订货之前都要详细检查和盘点库存(看是否降低到订货点),能及时了解和掌握库存动态,而且每次订货数量固定,是预先确定好了的经济批量,故定量订货方法简便。这种订货方式的缺点是:经常对库存进行详细检查和盘点,工作量大且需花费大量时间,从而增加了库存保管维持成本。该方式要求对每个品种单独进行订货作业,从而会增加订货成本和运输成本。定量订货控制适用于品种数目少但占用资金大的 A 类物品。

(二)定期订货控制

定期订货控制是按预先确定的订货间隔期间进行订货补充的一种库存管理方式。企业根据过去的经验或经营目标预先确定一个订货间隔期,每经过一个订货间隔期就进行订货,每次订货数量都不同,如每间隔 3 天订货一次或一个月订货两次等。这种方法是从时间上来限定订货周期,从而达到控制库存量的目的。只要订货周期控制得当,既可以不造成缺货,又可以控制最高库存量,达到节省库存费用的目的。

要采用定期订货法,应从以下 4 个方面着手进行:确定订货周期;确定最高库存量;确定每次订货量;定期订货法的具体实施。

1. 订货周期的确定。定期订货法库存控制的第一个关键因素是确定订货周期。订货周期可以通过下述公式确定:

订货周期 = 经济订货批量 ÷ 货物的需求量

2. 确定最大库存水平。定期订货法库存控制的第二个关键因素是计算最大库存水平，这一水平决定了安全库存水平，并且是自动确定每次订货批量的基础。

最大库存量应当满足3个方面的要求，即订货周期的要求、交货期或订货提前期的要求和安全库存。最大库存量的计算公式如下：

最大库存水平 = 需求速率 ×（订货周期 + 订货提前期）+ 安全库存量

3. 计算每次订货量。采用这种库存管理的方法进行订购时，每次订货量的计算公式如下：

每次的订货量 = 最大库存水平 − 现有库存量 − 在途库存量
+ 已经售出但尚未提货的库存量

定期订货方式的优点是：由于订货间隔期确定，因而多种货物可同时进行采购，这样不仅可以降低订单处理成本，而且可以降低运输成本。另外，这种方式不需要经常检查和盘点库存，可节省这方面的费用。定期订货方式的缺点是：由于不经常检查和盘点库存，对货物的库存动态不能及时掌握，遇到突发性的大量需要，容易造成缺货进而带来的损失，因此，企业为了应对间隔期内需要的突然变动，往往保持较高的库存水平。

定期订货方式适用于品种数量大、占用资金较少的C类物品和B类物品。

4. 定期订货法的具体实施。本书略。

五、采购成本策略

迈克尔·波特提出了下列降低采购成本的策略。

第一，采购投入的规格更准确地符合需要。

第二，运用采购政策增加讨价还价的力度。

①保持足够的货源，以确保竞争性。

②选择那些相互有竞争的供应商，在它们之间分配订单。

③随着时间的变动给供应商一定的成交比例，不使其看做是一种权利。

④不时征求新的供应商的建议，以测定市场价格和搜集技术情报。

⑤用承包年采购量、分期交货来代替经常性的小批量采购,以扩大采购规模。

⑥寻求和兄弟经营单位合伙采购的机会。

⑦任命高素质的采购经理,以采取更高级的采购方式。

⑧在信息方面进行投资,以求更好地了解供应商的成本和供应市场状况。

⑨追求技术开发,以消除和减少价格昂贵的投入的需要。

第三,选择适当的供应商并管理它们的成本。

六、采购价格策略

确定最优的采购价格是采购管理的一项重要工作,采购价格的高低直接关系到企业最终产品或服务价格的高低,因此,在确保满足其他条件的情况下,力争最低的采购价格是采购人员最重要的工作。

(一)影响采购价格的因素

采购价格的高低受各种因素的影响。对国内采购而言,尽管地区、商业环境、时间与人力关系等方面有所不同,但其价格变动还是比较易于预测与控制的。而对涉外采购而言,来自世界各地市场的供应关系以及其他许多因素,包括规格、服务(如机器设备的长期服务)、运输及保险、交货期限等都对价格有相当大的影响。

1. 供应商成本的高低。供应商成本是影响价格最根本、最直接的因素。供应商进行生产,其目的是获得一定的利润,否则生产无法继续。因此,采购价格一般在供应商成本之上,两者之差即为供应商的利润,供应商的成本是采购价格的底线。

2. 规格与品质。采购企业对采购品的规格要求越复杂,采购价格就越高,价格的高低与采购品的品质也有很大的关系。如果采购品的品质一般或质量低下,供应商会主动降价,以求尽快脱手,有时甚至会贿赂采购人员。采购人员应首先确保采购物品能满足本企业的需要,质量能满足产品的设计要求,千万不要只追求价格最低而忽略了质量。

3. 采购物品的供需关系。当企业需采购的物品为紧俏商品时,则供应商处于主动地位，它会趁机抬高价格；当企业所采购的商品供过于求时，则采购企业处于主动地位，可以获得最优的价格。

4. 生产季节与采购时机。当企业处于生产的旺季时，对原材料需求紧急，因此不得不承受更高的价格。避免这种情况最好的办法是提前作好生产计划，并根据生产计划制订出相应的采购计划，为生产旺季的到来提前做好准备。

5. 采购数量。如果采购数量大，采购企业就会享受供应商的数量折扣，从而降低采购的价格。因此，大批量、集中采购是降低采购价格的有效途径。

6. 交货条件。交货条件主要包括运输方式、交货期的缓急等。如果货物由采购方承运，则供应商就会降低价格，反之就会提高价格。有时为了争取提前获得所需货物，采购方会适当提高价格。

7. 付款条件。在付款条件上，供应商一般都规定有现金折扣或期限折扣，以刺激采购方能提前以现金付款。

（二）确定采购价格的步骤

通常采购的基本要求是品质第一，服务第二，价格列为最后。因此，采购价格以能达到适当价格为最高要求。确定采购价格的步骤如下：

1. 采购价格调查。在大型企业中，原材料种类不下万种，但限于人力，要作好采购价格调查是不容易的。要抓住“重要的少数”，就是通常数量上仅占20%的原材料，而其价值却占全体总值的80%。假如企业能掌握住80%左右价值的“重要少数”，那么就可以达到获取降低采购成本的真正效益，这就是重点管理法。根据一些企业的实际操作经验，可以把下列6大项目列为主要的采购调查范围：

（1）选定主要原材料20种，其价值占全部总值百分比的80%以上。

（2）常用材料、器材属于大量采购项目的。

（3）性能比较特殊的材料、器材（包括主要零配件），一旦供应脱节可能导致生产中断的。

（4）突发事件引起的紧急采购。

(5)波动性物资、器材的采购。

(6)计划外资本支出、设备器材的采购,数量巨大,影响经济效益深远的。

上面所列6大项目虽然种类不多,但都是所占数值的比例很大或影响经济效益甚广的。其中(1)、(2)、(5)三项应将其每日行情的变动记入调查记录卡(见表2-7),并于每周或每月作一个“周期性”的行情变动趋势分析。由于项目不多,而其金额又占全部采购成本的一半以上,因此必须作详细细目调查的记录。至于(3)、(4)、(6)三项,则属于特殊性或例外性采购范围,价格差距极大,也应列为专业调查的重点。

表2-7　调查记录卡

原材料名称	今日价格	昨日价格	增减幅度	上周价格	上月价格

据统计,采购人员约有27%的时间从事搜集行情的工作,足见采购信息的重要性。信息的收集可分为3类:

一是上游法,即了解拟采购的产品是由哪些零部件或材料组成的,换言之,就是查询制造成本及产量资料。

二是下游法,即了解采购的产品用在哪些方面;换言之,就是查询需求量及售价资料。

三是水平法,即了解采购的产品有哪些类似产品;换言之,就是查询替代品或新供货商的资料。

至于信息的搜集,常用的渠道有5种:杂志、报纸等媒体;信息网络或产业调查服务业;供货商、顾客及同业;参观展览会或参加研讨会;加入协会。

企业可将采购市场调查所得资料加以整理、分析与探讨,在此基础上提出报告及建议。

2. 确定采购价格的方式

(1)报价采购方式。所谓报价采购,即采购方根据需采购物品向供应商发出询价或征购函,请其正式报价的一种采购方法。通常供应商寄发的报价单,内容应包括交易条件及报价有效期等,有时自动提出信用调查对象,必要时另寄样品及说明书。报价经采购方完全同意接受,买卖契约才算成立。

(2)招标确定价格。招标方式是采购企业确定价格重要的方式,其优点在于公平合理。大批量的采购一般采用招标的方式。但采用招标的方式需受几个条件的限制:所采购商品的规格要求必须能表述清楚、明确、易于理解;必须有两个以上的供应商参加投标。这是采用招标方式的基本条件。

(3)谈判确定价格。谈判是确定价格常用的方式,也是最复杂、成本最高的方式。谈判方式适合各种类型的采购。

七、防止供应商控制策略

许多企业对某些重要材料过于依赖同一家供应商,这种供应商常常能左右采购价格,对采购方施加极大的影响,这时采购方已落入供应商垄断供货的控制之中。企业只有唯一的一家供应商,或者该供应商受到强有力的专利保护,任何其他商家都不能生产同类产品,或许采购方已被"套住",处在进退维谷的两难境地,而另寻门路又不经济,如计算机系统如要更换,使用的相应软件就必须作出重大变动。

采购方要对付垄断供应商,有时还未采取行动就已产生挫败感,因为力量的天平明显偏向供应商。尽管表面看来采购方可能无计可施,但采购方仍可以找到一些行之有效的反垄断措施。

1. 全球采购。当采购方得到许多商家的竞价时,采购方可以深信数字 3 的神奇魔力。不管能实际供货的有几家,比如有 50 家供应商,采购方只要求 3 家报价,而且一定能从这 3 家中找到最佳供应商。全球采购往往可以打破供应商的垄断。

2. 再找一家供应商。独家供应有两种情况:一为 Single Source(一家供应),即供货商不止一家,但仅向其中一家采购;另一为 Sole Source(独家供应),即仅此一家别无分号。通常,Single Source 多半是买方造成的,譬如仅向关系企业采购,将原来许多家供货商削减到只剩下最佳的一家;Sole Source 则是卖方造成的,譬如独占性产品的供应者或独家代理商等。

在 Single Source 的情况下,只要"化整为零",变成多家供应

(Multiple Sources),造成卖方的竞争,自然不会任意抬高价格。另找一家供应商是值得的,西门子公司一项重要的采购政策就是:除非技术上不可能,每个产品都会由两个或更多供应商供货,以规避供应风险,保持供应商之间的良性竞争。

不过,在 Single Source 的情况下,破解之道在于开发新来源,包括新的供货商或替代品。当然,这并非一蹴而就 ,必须假以时日。因此,在短期内必须"忍",即保持低姿态,不主动找供货商洽谈价格,避免卖方借机涨价。

而在 Sole Source 的情况下,由于市场信息缺乏,讨价还价的结果依然是买方吃亏;此时,若能与供货商建立良好的人际关系,签订长期合约,也可以避免买方在缺货时必须支付很高的现货价。

3. 增强相互依赖。多给供应商一点业务,这样就提高了供应商对采购方的依赖性。

4. 更好地掌握信息。要清楚了解供应商对采购方的依赖程度。例如,有家公司所需的元件有一家货源,但公司发现自己在供应商仅有的3家客户中是采购量最大的一家,供应商离不开自己,结果该公司在要求降价时,供应商作出了相当大的让步。

5. 利用供应商的垄断形象。一些供应商为自己所处的垄断地位而惴惴不安,在指责其利用垄断地位时,它们都会极力辩白,即使一点不利宣传的暗示也会让它们坐卧不宁。

6. 注意业务经营的总成本。供应商知道采购方没有其他货源,可能会咬定一个价,但采购方可以说服供应商在其他非价格条件上作出让步,采购方应注意交易中的每个环节并充分加以利用。总成本中的每个因素都可能使采购方节约成本,而且其结果往往令采购方大为惊喜。以下是一些潜在的节约成本的机会:

(1)送货。洽谈适合采购方的送货数量和次数,可以降低仓储和货运成本。

(2)延长保修期。保修期不要从发货日期开始计算,而应从首次使用产品的时间算起。采购方始终可以持这种观点,即既然产品质量不错,从真正使用产品的时间起计算保修期又有何不可?

(3)付款条件。只要放宽正常的付款条件,都会带来费用的节约。立即付款则给予折扣也是一种可行的方式。

7. 让最终客户参与。如果采购方能与最终用户合作并向他们传递信息,也可摆脱垄断供应商。例如,工程师往往只认准一个品牌,因为他们不了解其他选择,向他们解释只有一家货源的难处,他们往往就可以让采购方采取截然不同的方案。

8. 一次性采购。如果采购方预计所采购产品的价格可能要上涨时,这种做法方是可行的。根据相关的支出和库存成本,权衡一下将来价格上涨的幅度,与营销部门紧密合作,获得准确的需求数量,进行一次性采购。

9. 协商长期合同。长期需要某种产品时,可以考虑订立长期合同。一定要保证持续供应和价格的控制,采取措施预先确定产品的最大需求量以及需求增加的时机。

10. 与其他用户联手。与其他具有同样产品需求的公司联合采购,由一方代表所有用户采购会惠及各方。垄断供应商被多家公司联合采购攻克的例子很多。只有那些产出不高、效率低下的独家供应商,才是采购方应该攻克的对象。

11. 未雨绸缪,化解垄断。如果采购方的供应商在市场上享有垄断地位,而采购方不具备有效的手段与其讨价还价,则最终结果势必是采购方在无奈中让步,轻则接受对方苛刻的价格和信用条款;重则自己的竞争策略备受掣肘,错失商机。其实,明智的企业主管完全可以未雨绸缪,化解供应商的垄断力量。

(1)虚实相间的采购策略。即可以考虑通过一些策略性的举措,向垄断的供应商传递信息,使它意识到似乎采购方可以从其他渠道获取商品。如采购方可以和海外厂商联系,扶植弱小的供货商,使其能与垄断的供货商一争高低,或促成外商在垄断厂商的领域投资。需要注意的是,这里重要的是使垄断厂商注意到采购方的举措,从而在施加垄断力量时有所顾忌,而此类举措的力度则可随机应变。

(2)多层接触,培养代言人。即必须和供应商决策链的各个层次加强接触,包括它的高层主管以及生产、质量管理和财务等职能部门,这样可以掌握供应商更为全面的信息。同时,由于采购方享有直达其最高层的沟通管道,供应商的直接决策人以势压人时多多少少会有所收敛。

在此,重要的是:垄断供应商由于其独特的垄断地位,轻而易举就能在市场上呼风唤雨,所以一般在内部沟通上不会尽力,而一旦采购方握有供应商较为完备的信息,在谈判和催货时便能游刃有余。另外,通过人际关系的打通和企业形象的渗透,可以在供应商内部培养对采购方深怀好感的“代言人”,可在有意无意间为采购方的利益游说,使采购方平添进退空间。

(3)营建一流的专业采购队伍。要想不为供应商的垄断力量所伤,必须任用富有才干的专业人士担当采购重任。若是企业任用平庸之才主管采购,则采购方势必成为垄断供应商的刀下鱼肉。

当然,在与具备垄断力量的供应商周旋时,最为重要的是使它们意识到采购方的长期价值。如果采购方本身乏善可陈,那就休怪对方挟势对采购方巧取豪夺一番。

第四节 采购物流管理实训与拓展

一、问题互动

1. 你认为采购管理的未来趋势会是怎样的?

2. 你所调查的单位采用了什么样的采购方式?

3. 采购员是一个“肥缺”吗?请讨论一个合格的采购员应具有怎样的职业素质?

二、技能训练

(一)采购调查

1. 训练目的:

了解采购渠道、采购方式和采购实现的过程,对采购活动进行认知和问题分析。

2. 训练内容及活动安排:

把学生分成三个小组,分别就工业企业的原材料、百货公司的商品、机关或事业单位设备的采购进行调研,就采购方案的制订、供应商的选择、采购渠道与方式、合同签订、购后服务等方面进行分析,分别写成调查报告。派代表作调查报告的汇报。

（二）采购需求及招标要求的撰写

一个学校需要装备1个机房,同时满足20个艺术设计专业的学生实训教学需要,购买设备采用政府采购公开招标方式。把学生分成供方与需方两个组,在需求调研的基础上,两组分别撰写招标标书和投标标书,并起草买卖协议文本。

三、知识拓展

（一）国外采购机制简介

国际上一些跨国公司为降低采购成本,在采购机制方面作了许多有益的探讨,列举如下。

1. 组建采购战略联盟。国际上一些跨国公司为充分利用规模效益,降低采购成本,提高企业的经济效益,正在向采购战略联盟发展。采购战略联盟是指两个或两个以上的企业出于对整个世界市场的预期目标和企业自身总体经营目标的考虑,采取一种长期性联合与合作的采购方式。此种联合是自发的、非强制性的,联合各方仍保持本公司采购的独立性和自主权,彼此依靠相互间达成的协议以及经济利益的考虑联结成松散的整体。现代信息网络技术的发展开辟了一个崭新的企业合作空间,企业间可通过网络保证采购信息的即时传递,使处于异地甚至异国的企业实施联合采购成为可能。

2. 合并通用材料的采购。互相竞争关系的企业之间通过合并通用材料的采购数量和统一归口采购来获得大规模采购带来的低价优惠。这些企业的合作范围遍布世界,把每一项采购业务都交给采购成本最低的一方去完成,使联合体的整体采购成本低于原各方单独采购的成本之和,是这些企业的联合准则。其合作的组织策略主要分为两类,即虚拟运作策略和实体运作策略。虚拟运作策略的特点是组织成本低,可不断强化合作各方最具优势的功能和弱化非优势功能。如美国施乐公司、斯坦雷公司和联合技术公司三家组成的钢材采购集团,虽然施乐公司的钢材用量仅是其他两家公司用量的 1/4，但其获得了这两家公司大规模采购带来的低价好处。美国波音公司为降低其零部件采购成本，提高其民用飞机的竞争实力，根据其零部件转包商原材料的采购状况，制定了在全球范围内统一全部约 750 个转包商的原材料采购和运输业务，以整合这些转包商的原材料采购渠道及价格。其目的是通过降低转包商的原材料采购成本，进而达到降低其零部件的采购成本，降低其飞机的整机成本，提高其飞机竞争能力的目的。

3. 跨国公司内部设立全球采购部门。以组建内部采购部门的方式来统一归口其分布于世界各地分支机构的采购业务，减少采购渠道，通过批量采购获得价格优惠。如美国一家工业煤气公司普克塞尔公司重新改组了原有的采购体系，成立了 5 个采购部门，分别负责为分散在世界各地的办事处采购电信设备、运输燃料、计算机和办公设备等。

这种企业间的合作正在世界范围内盛行。采购联合已超过了企业界限、行业界限，甚至国界。不同国家、不同行业的企业间的联合正悄然兴起，而合作的原则是把每一项采购业务及相关工作都交给成本最低的一方去完成，使合作者的整体运作成本低于原各方单独运作的成本之和。目前，我国一些企业为解决采购环节中存在的问题，正在探讨企业间联合的可能性。企业在采购及其相关环节的联合将为企业降本增效、提高企业的竞争力开创良好的前景。

（二）利用 EXCEL 计算经济订货批量

假定商店所销售的某种商品的年需求量为 8 000 件，该商品一次订货的订货成本为 30 元，一件商品保持一年的储存成本为 3.8 元，试研究与此商品的经济批量有关的问题。

此案例涉及的相关理论点为：

$$\text{年订货成本 } T_1 = S \times \frac{A}{Q}$$

$$\text{年储存成本 } T_2 = C \times \frac{Q}{2}$$

$$\text{全年总成本 } TC = S \times \frac{A}{Q} + C \times \frac{Q}{2}$$

上述公式中，A 为某种商品全年需用量，Q 为每次订货数量，S 为每次订货成本，C 为单位商品年储存成本，TC 代表全年订储成本之和。若用 Q^* 代表经济订货批量，则经济订货批量的最基本模型为：

$$Q^* = \sqrt{\frac{2SA}{C}}$$

$$\text{全年最佳订货次数 } N^* = \frac{A}{Q^*} = \sqrt{\frac{AC}{2S}}$$

$$\text{全年最低订储总成本 } TC^* = \sqrt{2ASC}$$

步骤 1：首先输入数据，见图 2－4。

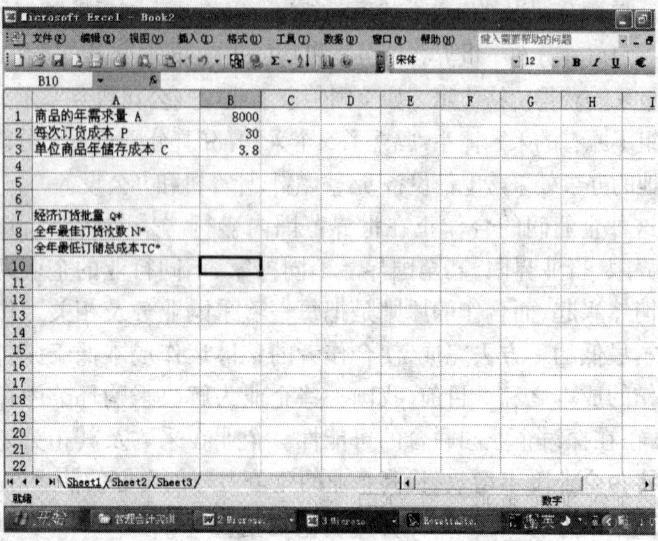

图 2－4　输入数据

步骤 2：在 B7 单元格中输入公式“＝SQRT(2＊B1＊B2/B3)”，此公式的输入方法为：在输入“＝”后，点击工具栏中 fx 按钮，出现“插入函数”对话框，在“或选择类别”窗口中选“数学与三角函数”，在“选择函数”窗口中选“SQRT”，如图 2－5 所示。

点击“确定”，出现“函数参数”对话框，在“Number”窗口中输入“2＊B2＊B1/B3”，如图 2－6 所示。

点击“确定”，在 B7 单元格中，显示经济订货批量的计算结果为 355.409 3，如图 2－7 所示。

同理，在 B8 单元格中输入公式“＝B1/B7”，出现全年最佳订货

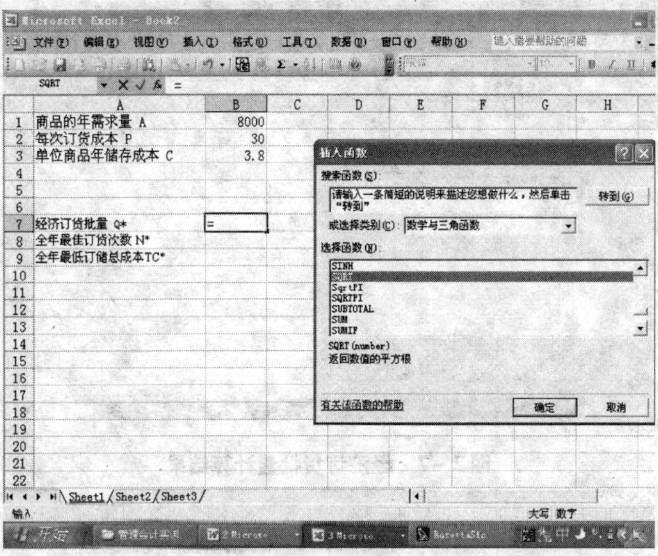

图 2-5 插入函数对话框

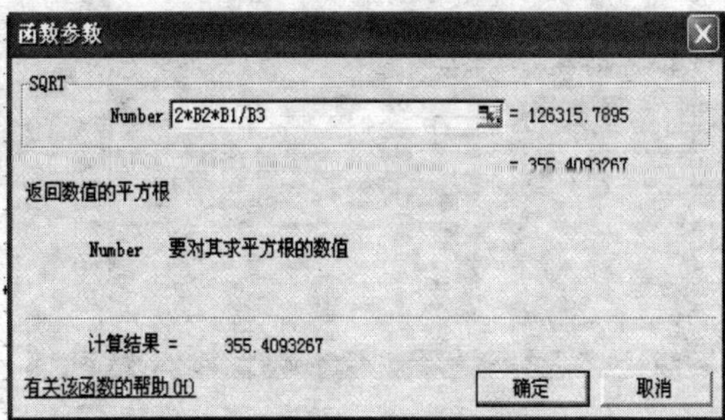

图 2-6 函数参数对话框

次数的计算结果。

在 B9 单元格中输入公式“ =SQRT(2 * B1 * B2 * B3)”,得到全年最低订储总成本的计算结果(见图 2-8)。

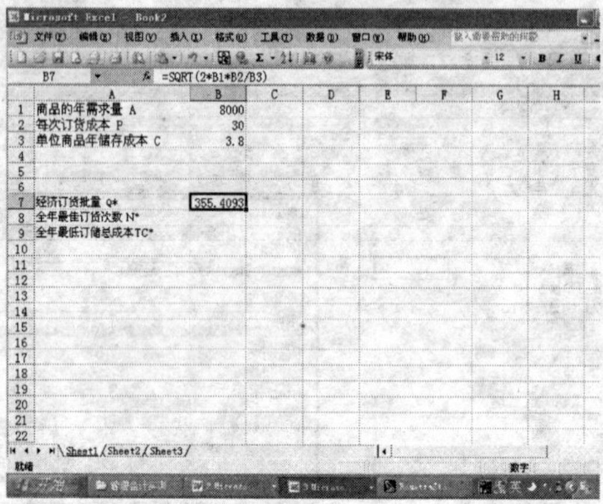

图 2-7　经济订货批量计算结果

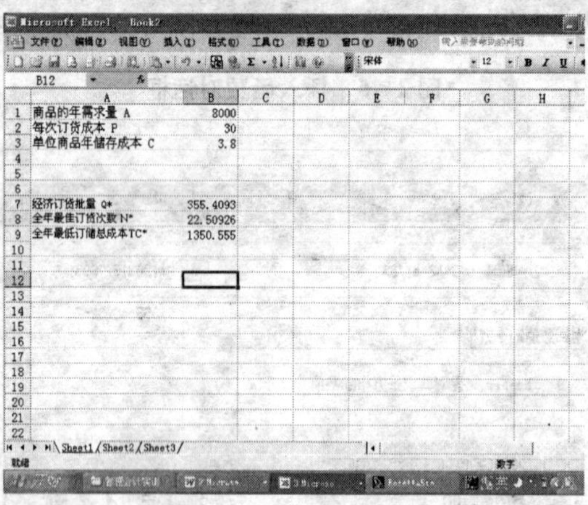

图 2-8　计算结果显示

本章要点归纳

本章主要介绍了采购与采购管理的含义、内容、原则及方式等；阐述了科学采购方式及其实现方式；在采购实务管理中主要介绍了采购管理的运作模式、工作流程与采购管理策略等。

综合测试

一、名词解释

1. 采购

2. 科学采购

3. 准时采购

二、判断题

1. 采购是一个物流过程。(　　)

2. 传统采购过程中的信息是对称的。(　　)

3. 采购管理的目标就是保证供应。(　　)

4. 订货点制定的依据是需求变化和订货提前期的变化。(　　)

5. 品种占20%而所订物资的资金占80%的供应商应为重点供应商。(　　)

三、问题分析

1. 定量订货方式与定期订货方式的适应条件是什么?

2. 目前,机关与事业单位的设备、物资采购均采用政府采购方式,请分析政府采购的优缺点,如何提高政府采购的服务水平?

第三章　生产物流管理

【知识目标】

掌握生产物流的含义和特点

掌握现代物流生产运营方式的基本原理

【技能目标】

能够依据生产类型选用适当的企业生产物流组织形式

能够根据实际要求进行车间和设备的布置

掌握流水生产线的组织设计方法

引导案例

上海通用汽车公司的柔性生产与精益物流

毋庸置疑,上海通用汽车公司(简称上海通用)的生产物流是中国乃至全世界柔性生产与精益物流的典范。可以想象,在上海通用的车间,无数各式各样的零部件汇聚到部件装配车间或者总装配车间,被准确无误地送入自动化生产线,又被丝毫不差地安装到不同类型的汽车上,组成一辆辆具有人类灵气和生命力的汽车。整个生产过程如此复杂而又如此精益,这就是现代企业生产物流的无限魅力。

柔性化生产源自汽车业发达的欧美,是20世纪末国际上先进的生产理念,是“以客户为中心”的理念在生产上的延伸,是多品种、小批量产品生产的最优方法,其所带来的时间与成本优势能快速将具有价格竞争力的优质产品送送市场上。国内许多生产厂家,如东风汽车公司也在尝试进行柔性生产。上海通用项目设计规划之初,投资双方就决心改变国人对汽车厂家的看法，以现代国际化企业的要求进行汽车厂的建设，从而为中国汽车消费者生产出最具吸引力的产品，因此必须引进柔性生产系统。上海通用汽车生产线投产后，不同品种、不同规格的各型各款轿车实现了共线生产，成为通用公司全球范围内柔性最强的生产线之一，在世界汽车制造业中也屈指可数。

柔性生产的前提条件是生产线物料及时、准确地供给。如果把资金比做公司的血液，那么，物料供应无疑就是生产线的血液，物料供应系统就是生产线的供血系统。与公司的营销体系相对应，上海通用实行的是拉动式的物料供应系统，这是目前国际上较为先进的拉动式经营策略，是保持生产过程中库存量最小的系统。也就是说，公司根据收到的客户订单安排生产，与此同时，生成相应的物料计划传递给各个供应商。这样，既保证生产时有充足供货，又不会因库存而占用资金和仓库。

如何保证生产线的物料供应及时、准确呢？这同样也是依靠高科技信息系统支持的、简单实用的看板拉动式体系来完成。当生产线工人发出物料需求指令时，该指令由处于物料箱内带有条码的看板来传递。当工人开始使用一箱零件时，就把看板卡放在工位旁的固定地点；物料人员定时收取看板卡，使用条码、扫描仪和光缆通信等工具排出下一次供料时间；司机根据看板卡从临时仓库取出新的物料，并在每一箱中放入一张看板卡，然后将新的物料送至操作工处。此外，生产线工人还可通过物料索取系统，使用按钮、灯板等设备作为电子拉动信号，传递对消耗物料进行补充的信息。当生产线货架或货盘中用到仅剩最后 n 个零件时，操作工按动按钮，物料索取灯启动，司机立即将索取卡送到物料存储区，取出物料送到工位，并将物料索取灯关闭，确认物料发送。这套电子拉动系统确保了信息的准确性，基本上消灭了由于数据传递失误引起的物料短缺现象。

另一部分物料，如保险杠、坐椅等较大的选装零件通过联网计算机系统将即时的需求计划传递给供应商，其中包括交货时间、排序信息及交货数量，供应商将经过排序的物料准确、及时地送到生产线旁。为了配合柔性生产的需求，物料系统还作了其他调整。其中之一就是对部分零部件实施排序配送。举例来说，3 种不同尺寸的车窗玻璃由同一个工人共线装配，如果不对玻璃进行排序，生产线旁必须安放 3 个不同的料架，而工人也必须花费时间进行辨别，根据车型的不同从不同料架上取货。因此，排序法对节省生产线物料空间，提高工作效率有很大作用。此外，物料部门还增加了车间的货物窗口，采用新型料架，改进物料摆放，提高了配送柔性化程度。

上海通用物流系统对柔性生产的支持更多地体现在一点一滴的细微之处。无论是生产线大量使用的空中悬链输送系统、随行夹具、标准多样的物流容器等，还是大量使用的地面有轨平移输送车、自动回转输送台以及为生产线配送物料的电动牵引拖挂车等，无一不体现着标准、规范、精益之特色。可以说，正是大量物料输送装置的精心设计、标准精巧的物料集装器具的充分使用、现场整齐规范的物料摆放等，为上海通用实施精益物流管理打下了良好基础。

通过精益物流管理，上海通用取得了降低库存、节省占地空间、减少搬运、便于操作、简洁系统、使用最少设备等效果，既保障了柔性生产线的正常运行，也促进了对产品质量的不断提高，从而强化了企业的核心竞争力。

通过阅读此案例，请思考如下问题：

(1)什么是柔性生产？

(2)生产物流管理的目标是什么？

第一节 企业生产物流管理概述

一、生产物流及其特点

(一)生产物流的概念

企业生产物流是指伴随企业内部生产过程的物流活动,即按照工厂布局、产品生产过程和工艺流程的要求,实现原材料、配件、半成品等物料在工厂内部供应库与车间、车间与车间、工序与工序、车间与成品库之间流转的物流活动。

广义的生产物流涉及包括厂址的选择、工厂总平面的布置、车间布置、设备布置、工艺流程设计、生产过程的时间及空间组织、物料搬运等内容。狭义的生产物流则一般是指在企业的生产过程中所发生的有关物料移动、加工成半成品、成品到最终成品入库的一系列有关原材料、配件等的空间移动的过程。

生产物流和生产流程同步,是从原材料购进开始直到产成品发送为止的全过程的物流活动。原材料、半成品等按照工艺流程在各个加工点之间不停顿地移动、转移,形成了生产物流,如生产物流中断,生产过程也将随之停顿。

生产物流研究的重点是如何对生产过程中的物料流进行科学的规划、管理与控制。生产物流区别于其他物流系统的最显著的特点是它和企业生产紧密联系在一起。只有合理组织生产物流过程,才有可能使生产过程始终处于最佳状态,如果物流过程的组织水平低,达不到基本要求,即使生产条件和设备再好,也不可能顺利完成生产过程,更谈不上取得较高的经济效益。

(二)生产物流的特征

生产物流的特征也就是合理组织生产物流的基本要求具体表现在以下几个方面:

1. 生产物流过程的连续性。生产物流过程的连续性是指物料处于不停的运动之中,而且流程尽可能短,它包括空间上的连续性和时间上的连续性。时间上的连续性是指物料在生产过程的各个环

节自始至终处于连续状态,没有或很少有不必要的停顿与等待现象。空间上的连续性要求生产过程的各个环节在空间布置上合理紧凑,使物料的流程尽可能短,没有迂回往返现象。

提高生产物流过程的连续性可以缩短产品的生产周期,降低在制品库存,加快流动资金的周转,提高资金利用率。

2. 生产物流过程的平行性。生产物流过程的平行性是指物料在生产过程中实行平行交叉作业。一个企业通常生产多种产品,每一种产品又包含着多种零部件,加工装配式生产使实现物流生产过程的平行性成为可能。平行作业是指相同的零件同时在数台相同的机床上加工;交叉作业是指一批零件在上道工序还未加工完时,将已完成的部分零件转移到下道工序加工。显然,平行交叉作业可以大大缩短生产物流过程的周期。

3. 生产物流过程的节奏性。生产物流过程的节奏性是指产品在生产过程的各个阶段,从投料到最后完成入库,都能保证按计划、有节奏、均衡地进行,能够在相等的时间间隔内完成大体相等的工作量。节奏性与均衡性的含义基本相同,只不过它的时间间隔取得较小。均衡性一般取月、旬、日,节奏性则以小时、分、秒计。节奏性一般用于大量大批生产。

生产物流过程不均衡会造成忙闲不均,既浪费资源,又不能保证质量,还容易引起设备和人身事故。

4. 生产物流过程的比例性。生产物流过程的比例性是指生产过程各个环节的生产能力要保持适合产品制造的比例关系,它是生产顺利进行的重要条件。如果比例性遭到破坏,则生产物流过程必将出现"瓶颈"。瓶颈制约了整个生产物流系统的产出,造成非瓶颈资源的能力浪费和物料阻塞,也破坏了生产物流过程的连续性。

5. 生产物流过程的适应性。生产物流过程的适应性是指生产过程的各个阶段和各个工序都按后续阶段和工序的需要生产。即在需要的时候按需要的数量生产所需的零部件。生产物流过程的适应性将企业与用户紧密联系起来,用户需要什么样的产品企业就生产什么样的产品,需要多少就生产多少,何时需要就何时提供,要做到让用户满意。

(三)生产物流的发展阶段

企业生产物流的发展主要经历了以下几个阶段:

1. 人工物流。初始的物流是从人们的举、拉、推和计数等人工操作开始的。虽然第一代物流是人工的,但即使在今天,人工物流仍存在于几乎所有的系统中。

2. 机械化物流。由于机械结构的引入,人类的能力和活动范围都扩大了。现代化设备能让人们举起、移动和放下更重的物体,速度也更快。机器延伸了人们的活动范围,使物料堆得更高,在同样的面积上可以储存更多的物料。从19世纪中叶到20世纪中叶的一个世纪里,这种机械系统一直起主导作用。同时,它在当今许多物流系统中也仍是主要的组成部分。

3. 自动化物流。自动存取系统(AS/RS)、自动导引车(AGV)、电子扫描器和条形码是自动化物流系统的主要组成部分。同时,自动化物流也普遍采用机器人堆垛物料和包装、监视物流过程及执行某些操作,大大提高了物流效率。

4. 集成化物流。在自动化物流的基础上,进一步将物流系统的信息集成起来,从物料计划、物料调度直到将物料运输到达生产的各个过程的信息都通过计算机网络相互沟通。这种系统不仅使物流系统各单元间达到协调,而且使生产与物流之间达到协调。

5. 智能型物流。将人工智能集成到物流系统中,在生产计划作出后自动生成物料和人力需求,查看存货单和购货单,规划并完成物流。目前,这种物流系统的基本原理已在一些实际的物流系统中逐步得到了实现。

(四)现代生产物流的特点

物流与生产制造的关系如同人体中血液循环与内脏器官的关系,物流是生产制造各环节组成的有机整体的纽带,也是生产过程延续的基础。传统的生产物流,物流设备是以手工、半机械化或机械化为主,效率低、工人劳动强度大。传统的物流信息管理也十分落后,信息分散、不准确、传送速度慢。落后的生产物流制约了生产的高速发展,随着生产制造系统规模的不断扩大以及生产的柔性化水平和自动化水平的日益提高,要求生产物流也要相应的发展,使之与现代生产制造系统相适应。

现代生产物流的发展主要体现在以下 3 个方面：

1. 现代化的物流设备。生产物流现代化的基础首先是采用快速、高效、自动化的物流设备。最典型的现代化物流设备有：

(1) 自动化立体仓库。改平面堆放为立体、空间堆放，既有利于物料周转，有利于自动化的管理，又节约了库房面积。

(2) 自动导引运输车（AGV）。快速、准确的运输，运输路径柔性化，便于计算机管理与调度。

(3) 自动化上下料机器。装卸料采用机器人，与加工设备同步协调，安全、快捷，便于计算机管理与控制。

2. 计算机管理。与现代化生产制造相适应的物流系统一般都有结构复杂、节奏快、路线复杂、信息量大、实时性要求高等特点。因此，必须采用计算机管理，才能对物流系统进行动态管理与优化。同时，通过计算机与其他系统实时联机，发送和接收信息，使物流系统与生产制造等系统有机地联系起来，可以提高物流系统的效益。

3. 系统化与集成化。生产物流系统的结构特点是点多、线长、面宽、规模大。如果说，传统生产物流设备落后、搬运效率低下是影响生产整体效益提高的主要原因之一的话，那么，传统生产物流的分散化和个体化则是制约生产发展的另一重要原因。现代生产物流是把物流系统看成一个整体，从系统化与集成化的概念出发去设计、分析、研究和改进生产物流系统，追求系统整体的优化和高效。

二、企业生产物流的类型

企业的生产类型是生产的产品产量、品种和专业化程度在企业技术、组织和经济上的综合反映和表现，它在很大程度上决定了企业和车间的生产结构、工艺流程和工艺装备的特点，生产过程的组织形式及生产管理方法，同时也决定了与之匹配的生产物流类型。通常情况下，企业生产的产品产量越大，产品的品种则越少，生产专业化程度也越高，而物流过程的稳定性和重复性也就越大。反之，企业生产的产品产量越小，产品的品种则越多，生产的专业化程度越低，而物流过程的稳定性和重复性亦越小。可见，物流类型与决定生产类型的产品产量、产品品种和专业化程度有着内在的联系，并对生产组织产生不同的影响和要求。

（一）从生产专业化角度的分类

按生产和物流的稳定性和重复性的不同，可以把各类生产过程分为大量生产、成批生产和单件生产。3 种生产类型的特点如表 3－1所示。

表 3－1　大量生产、成批生产和单件生产的特点

项目＼生产类型	大量生产	成批生产	单件生产
产品品种	单一或很少	较多	很多
产品产量	很大	较大	单个或很少
工作地工序数目	1～2 道工序	较多	很多
设备的布置	按对象原则，采用流水生产线或自动线	按对象原则排列，又按工艺原则排列	基本按工艺原则排列
工艺装备	采用高效或自动化专用工艺装备	专用和通用装备并有	基本采用通用工艺装备
生产设备	广泛采用专用设备	专用和通用设备并存	基本采用通用设备
设备利用率	高	较高	低
应变能力	差	较好	很好
要求工人技术水平	低	较高	很高
劳动定额的制定	详细	有粗有细	粗略
劳动生产率	高	较高	低
计划管理工作	比较简单	比较复杂	复杂多变
生产控制	容易	难	很难
产品成本	低	较高	高
产品设计	易于按标准化、通用化、系列化“三化”设计	“三化”程度较低	按用户需求单独设计
经济效益	高	较高	低

1. 大量生产。大量生产的企业中，每个工作地固定地完成一道或少数几道工序，工作地专业化程度很高，生产品种单一，产量大，

生产重复程度高，一般这类产品在一定时期内具有相对稳定的需求，生产与物流设备的专用性强。

2. 成批生产。成批生产的企业中，工作地为成批、轮番地进行生产，一批相同零件加工完成以后，调整设备和工装，再加工另一批其他零件，因此，成批生产的工作地专业化程度和连续性都比大量生产低。成批生产又根据产品生产规模和生产重复性的不同，可分为大批、中批和小批生产，大批生产接近于大量生产，有大批大量之称；小批生产接近于单件生产，有单件小批之称。

3. 单件生产。生产品种繁多，但每种仅生产一件，生产重复度低，生产与物流设备必须采用通用设备。

（二）从接受生产任务方式角度的分类

根据接受任务方式的不同，可分为订货生产和存货生产两类。

1. 订货生产。订货生产即根据用户提出的订货要求进行产品的生产。生产出的各产品在品种、数量、质量和交货期等方面都是不同的。由于按合同规定立即向用户交货，所以基本上可以消灭库存。生产物流管理的主要任务也只是抓住交货期就可以了，从而保证产品的如期交货。

2. 存货生产。存货生产即在对市场需求量进行科学预测的基础上，有计划地组织生产。这种方式要伴随着库存的出现，所以生产物流管理的重点是抓住产、供、销之间的衔接，防止库存积压和脱销。要按“量”组织生产过程中各环节之间的平衡，以保证计划的顺利完成。

三、企业生产物流的组织形式

生产物流的组织是相对于企业的生产区域而言的，目标是如何缩短物料在工艺流程中移动的距离。企业生产物流一般有 3 种专业化组织形式：

第一，按工艺专业化形式组织生产物流。工艺专业化形式也称为工艺原则，即按照生产工艺的特点设置生产单位。在工艺专业化的生产单位内，集中着同种类型的生产设备和同工种的工人，对企业生产的各种产品或零件进行相同工艺方法的加工（如图 3 - 1 所示）。

工艺专业化形式的优点如下：

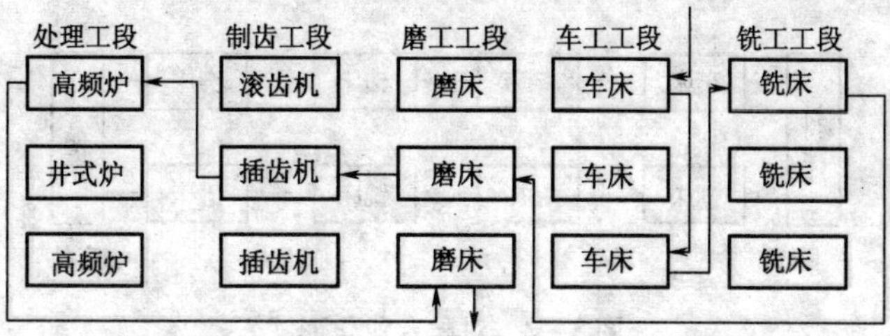

图 3－1　工艺专业化形式

(1)对产品品种的变化和加工顺序的变化适应能力强,不必重新布置工作地和调整设备与工艺装备。

(2)便于充分利用生产设备和生产场地,设备的利用率高。

(3) 由于每个生产单位只进行同一种工艺的加工,这就便于工艺管理和工人技术水平的提高。

工艺专业化形式的缺点如下:

(1)零件在车间之间往复搬运多次,加工路线长,运输费用高。

(2)零件大量停放,使生产周期延长,流动资金占用量增加。

(3)各车间之间的关系复杂,使计划管理、质量管理、在制品管理、生产控制等工作复杂化。

工艺专业化形式的适用条件是:在企业生产规模不大,生产专业化程度低,产品品种不稳定的单件、小批生产条件下,适宜于按工艺专业化组织生产物流。

第二,按对象专业化形式组织生产物流。对象专业化也称为对象原则,就是以产品(零件、部件)为对象设置生产单位。在对象专业化的生产单位内,集中了为制造某种产品所需要的各种不同类型的生产设备和不同工种的工人,对其所负责的产品进行不同工艺方法的加工。每一个生产单位基本上能独立完成该种产品的全部或大部分工艺过程,不用跨其他的生产单位(如图 3－2 所示)。

对象专业化形式的优点如下:

(1)由于在一个车间内就可以完成或基本完成零件的全部加工工序,这就大大缩短了产品的加工路线,节约了运输的劳动量,减少了生产场地和仓库的面积。

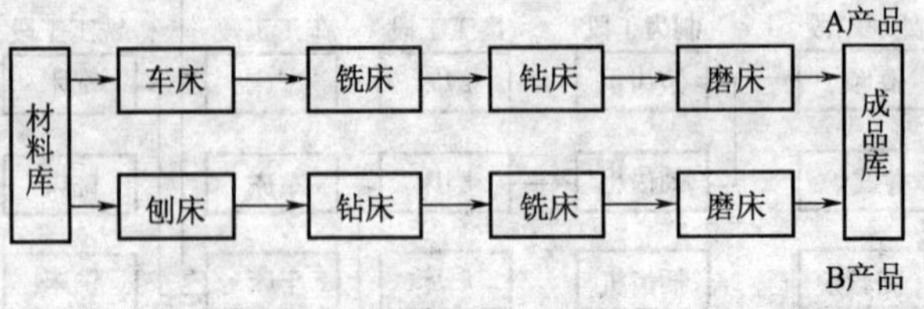

图 3－2　对象专业化形式

(2)可以减少零件的停运时间,提高生产的连续性,缩短产品的生产周期,减少在制品占用,节约流动资金。

(3)减少各车间之间的生产联系,简化计划、管理等工作,有利于提高产品质量和加强车间管理。

对象专业化形式的缺点如下:

(1)不适应市场对产品要求的变化,应变能力低。

(2) 需要较多的生产设备,投资费用多,而且由于分散使用,设备的利用率较低,当产量不够大时,会出现生产场地和设备能力不能充分利用的情况。

对象专业化形式的适用条件是:在企业专业方向已经确定,产品品种比较稳定,生产类型属于大量、大批生产,设备比较齐全并能有充分负荷的条件下,适宜于按对象专业化组织生产物流。

第三,按成组工艺形式组织生产物流。成组工艺形式是结合了上述两种形式的特点,按成组技术原理,把具有相似性的零件分成一个成组生产单元,并根据其加工路线组织设备。其主要优点是:可以大大简化零件的加工流程,减少物流迂回路线,在满足品种变化的基础上有一定的批量生产,具有柔性和适应性的特点。

第二节　生产物流系统优化

一、生产物流系统优化概述

(一)生产物流系统的含义

企业生产系统是企业大系统中的一个子系统,是支撑企业生产过程运行的物质基础。生产系统由系统的硬件和软件两部分组成。

生产系统的硬件通常是指生产机器设备、工具器具、生产场地、厂房、运输车辆、通信设施等,它构成了生产系统的物质形式。生产系统的软件则是指生产组织形式、人员配备要求、工作制度、运行方式以及管理上的各种规章制度。企业的生产系统实质上也是一个物流系统。

生产物流的合理性与生产系统的设计有着直接的重要关系,特别是生产系统中的设施布局,它包括工厂总平面布置、车间内部作业单位平面布置以及生产线设备布置等。要提高生产物流系统的效率,一般有如下 3 条途径:

第一,通过最优的工厂布局,建立一条顺畅的物流线路,或者采用加工中心,实现工序集中,减少运输次数,缩短物流距离。

第二,成组搬运,直接减少搬运次数。

第三,确定最优的运输路线和运输速度,建成一条连续、短距、快捷的运输路线,减少运输中的停顿、路线交叉和倒流现象。

(二)生产物流系统优化的原则

生产物流系统的设计与优化融合在企业生产系统的设计中,其强调物流环节的整体效益,如仓储系统设计和搬运系统设计等。企业进行生产系统设计时,不仅要考虑生产系统的布置适应生产能力的需要,而且如进料,临时储存,生产系统前、中、后的搬运,调度,装箱,库存,运送等均应一并考虑。生产物流系统的设计应遵循如下 3 项原则:

1. 功最小原则。物流过程中不增加任何附加的价值,徒然消耗大量人力、物力和财力,因此,物流"距离"要短,搬运"量"要小。

2. 流动性原则。良好的企业生产物流系统应使流动顺畅,消除无谓的停滞,力求生产流程的连续性。当物料向成品方向前进时,应尽量避免工序或作业间的逆向、交错流动或发生与其他物料混杂的情况。

3. 高活性指数原则。采用高活性指数的搬运系统,减少二次搬运和重复搬运量。搬运活性的含义是,从物的静止状态转变为搬运运动状态的难易程度,即物资进行搬运作业的方便性。如果很容易转变为下一步的搬运而不需做过多的搬运前准备工作,则活性就高。为提高搬运活性，应把它们整理成堆或是包装成单件放在托盘上、车上或运输机上。由于搬运是在物流过程中反复进行的活动，因而其速度可以决定整个生产物流的速度，每次搬运的时间虽短，但多次搬运的累计效果则十分可观。活性指数分为 0 ~ 4 共 5 个等级（如表 3 - 2 所示）。

表 3 - 2　搬运活性指数表

放置状态	需要进行的作业				活性指数
	整　理	架　起	提　起	拖　运	
散放地上	V	V	V	V	0
置于一般容器	0	V	V	V	1
集装化	0	0	V	V	2
无动力车	0	0	0	V	3
动力车辆或传送带	0	0	0	0	4

二、生产物流系统优化的内容

生产物流系统优化以企业生产系统的空间静态结构（布局）为研究对象，从企业动态结构——物流状况分析出发，探讨企业平面布置设计目标和设计原则，着重研究设计方法与设计程序，使企业人力、财力、物力和物流、人流、信息流得到最合理、最经济、最有效的配置和安排，从根本上提高企业的生产效率，达到以最少的投入获得最大效益的目的。

生产物流系统优化的主要内容包括车间布置优化、设备布置优化、生产线设计优化、成组生产技术等。

（一）工厂总平面布置的原则

工厂总平面布置就是工厂的总安排，它是根据已选定的厂址地形，对组成工厂的各个部分，包括基本生产车间、辅助生产车间、仓库、公用设施、服务部门、绿化设施等进行合理布置，确定其平面和立面的位置，并相应的确定物料流程、运输方式和运输线路。所谓布置，就是对一个系统内所有占据空间位置的要素进行总体安排，使之在有限的空间范围内各得其所，相互协调地实现系统规定的共同目标。工厂总平面布置是一个大系统,它是由生产作业系统、技术开发系统、劳务供应系统、后勤系统、运输系统、动力系统、照明系统、给排水系统、安全系统等子系统组成的。这个大系统对外又属于一个更大规模的系统,即属于城市或地区规划的一个组成部分。各系统之间、一个系统内部各要素之间存在着相互制约、相互依存的关系,并处于变动状态,不断地有各种资源、信息的输入和输出。因此,工厂总平面布置必须从系统的观点出发,统筹兼顾,全面规划,合理部署,讲求整体的最优效果。工厂总平面布置的基本原则一般有以下4项

1. 满足生产要求,工艺流程合理。工厂总体布局应满足生产要求,符合工艺过程,减少物流量,同时重视各部门之间关系的密切程度。

2. 适应工厂内外运输要求,线路短、顺、直、快捷。工厂总平面布置要与工厂内部运输方式相适应。根据生产产品产量的特点,可以采用铁路运输、公路运输、带式运输或管道运输等,根据选定的运输方式、运输设备及技术要求等,合理地确定运输线路及与之有关的部门的位置。

3. 有利于提高经济效益。工厂总平面布置要注重实用,讲求经济效益,应用好"最大最小"的原理。这就是要尽量减少人的活动量和物的运输量,提高系统的生产(或处理)能力;要充分利用地面和空间面积;要使布置具有最大的灵活性和适应性;要使投资费用和投产后的运行费用最小。一般说来,工厂占地面积小,总平面布置紧凑,则建厂时的土方工程量就小,运输线路、工程管道和道路等的里程也较短,因而基建投资费用就低,建成投产后的生产成本也较低。

4. 有利于保证安全和增进职工的健康。

(二)工厂总平面布置的评价方法

进行工厂总平面布置首先要调查研究,了解企业与外界的联系,企业内部各组成部分之间的相互关系以及各个系统的目标和任务。通过调查研究,把收集到的各种资料和信息汇集起来,作为工厂总平面布置的依据。这些资料主要有:厂区的地形、地质、面积和

气候条件；厂区所在地的交通运输条件，厂内外货运量和运输；工厂组的生产类型、生产规模、产品结构和工艺特点；工厂组成部分及其所需要的面积；原材料、燃料、半成品、成品等的存储情况；人员配备和后勤服务的情况；特殊作业的情况；防火、安全、环保等要求。

工厂总平面布置评价方法可以采用物料流向图布置法。这种方法主要是按照原材料、在制品、成品等物资在生产过程中总的流动方向和搬运量来进行工厂布置，特别适用于物料运量很大的工厂。应用物料流向图法首先要有一个初步的工厂布置方案，根据初步方案和生产工艺的顺序绘制物料流向图，并计算各组成部分的搬运量。各组成部分之间的运输距离可通过实地测量或计算确定。搬运次数和搬运量要根据生产计划、生产批量、运输方式、工位器具等因素确定。通过对不同运输方案的计算与比较，确定一个最优方案，并根据它反过来修正原先的工厂布置方案，使工厂总平面布置更趋合理。最优化的运输方案就是要使全厂的搬运总量最小，特别是非相邻单位之间的量要最小。

（三）车间布置

1. 车间布置的含义。车间布置就是正确地、合理地确定各基本工段、辅助工段和生产服务单位的相互位置和工作地以及机床设备之间的相互位置。车间布置是生产物流组织的重要内容之一。

车间是进行产品生产的主要场所。不同的生产类型，车间的组成部分是不一样的。车间由哪些部分组成取决于车间的生产性质和生产规模。一般大型的生产车间由基本生产部分（如机械加工车间的各种机床设备，装配车间的装配生产线等）、辅助生产部分（如车间的机修组、电工组、检验室等）、仓库部分（如中间零件库、半成品库、工具室等）、车间管理部分（如管理办公室、资料室等）以及其他必须部分（如休息室、更衣室、盥洗室、各类通道等）组成。如何将这些部分在车间内布置好是车间布置的重要任务。车间布置的规模比工厂布置的规模小，但是更具体一些。

2. 车间布置应遵循的原则。车间布置一般应遵循以下原则：

(1)确定设备布置形式。根据车间的生产纲领，分析产品——产量关系，确定生产类型是大量生产、成批生产还是单件生产，由此决定车间设备布置形式是采用流水线式，或者是成组单元式，还是机群式。

（2）满足工艺流程要求。车间布置应保证工艺流程顺畅，物料搬运方便，减少或避免往返交叉物流现象。

（3）实行定置管理，确保工作环境整洁、安全。车间布置时，除了要对主要生产设备安排适当位置外，还需对其他所有组成部分包括在制品暂存地、废品废料存放地、检验试验用地、工人工作地、通道、辅助部门，如办公室、生活卫生设施等安排合理的位置，确保工作环境整洁及生产安全。

（4）选择适当的建筑形式。根据工艺流程要求及产品特点，配备适当等级的起重运输设备，进一步确定建筑物高度、跨度、柱距及外形。此外，还应注意采光、照明、通风、采暖、防尘、防噪声，并应使布置具备适当的柔性，以适应生产的变化。

（四）设备布置

1. 设备布置的原则。设备布置应遵循如下6项原则：

（1）按照生产过程的流向和工艺顺序布置设备，尽量使加工对象呈直线运动，路线最短，u减少倒流现象。

（2）注意运输方便，充分发挥运输工具的作用，如加工大型零件和长棒料的设备，应布置在车间入口处，大型加工设备应布置在有起重机的开间里。

（3）合理布置工作地，保证生产安全，并尽可能为工人创造良好的工作条件。

（4）考虑多机床看管工人作业的方便。

（5）合理利用车间生产场地，正确规定设备、墙壁、柱子、过道之间的距离。

（6）注意维护设备精度，照顾设备工作的特点，如精加工设备应布置在光线最好和振动影响最小的地方。

2. 设备布置的基本形式。车间设备布置的基本形式有两种：一种是把同类机器布置在一起，如按车床组、铣床组、磨床组等分区进行布置；另一种是按加工对象所需设备进行布置。这两种设备布置的优缺点与车间两种专业化形式的优缺点相同。

车间设备布置的具体形式很多，下面着重介绍按加工对象所需设备的布置。

在单一品种生产的条件下，设备的布置可采取直线式、蛇形式、U 字式、环形式和 Z 字式等。直线式是常用的方式，它排列比较简单，组织比较容易，流程比较畅通，如图 3－3 所示。

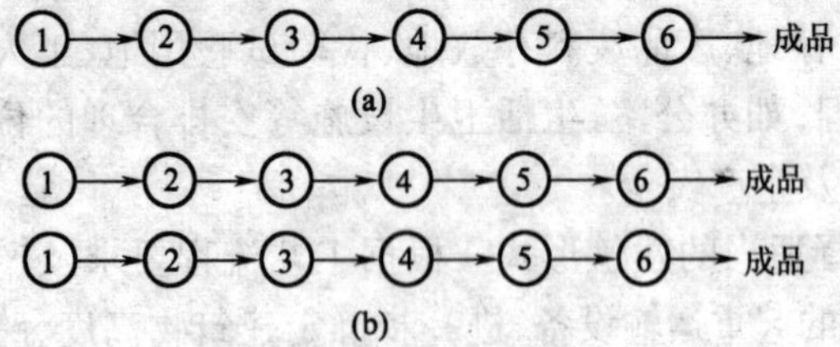

图 3－3　直线式

图 3－3(a)为单直线式，一般适用于工序的工作地较少的情况。图 3－3(b)为双直线式，一般适用于厂房宽度容纳得下，几种零件需要并行生产的情况。

蛇形式适用于厂房长度较短、宽度较大的情况，它可以缩短纵深流程，经济利用空间。蛇形式如图 3－4 所示。

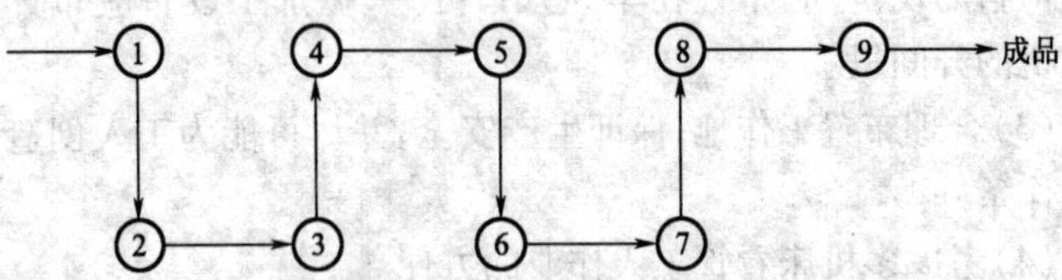

图 3－4　蛇形式

U 字式适用于受场地限制，材料进口与成品出口必须置于同一侧的场地，具体如图 3－5 所示。

环形式适用于辅助工具、容器、运输工具必须周而复始地送回起点。环形的中心可装置旋转式起重设备和工具存放设备。这种形式对工作地之间的联系比较方便(见图 3－6)。

Z 字式适用于空间狭窄、零件体积较小的情况(见图 3－7)。

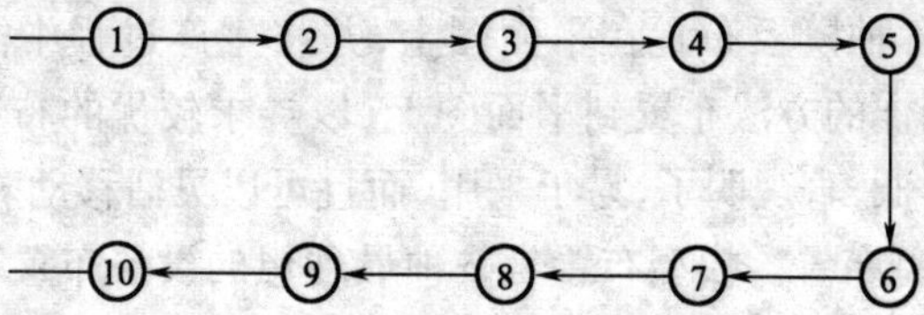

图3-5　U字式

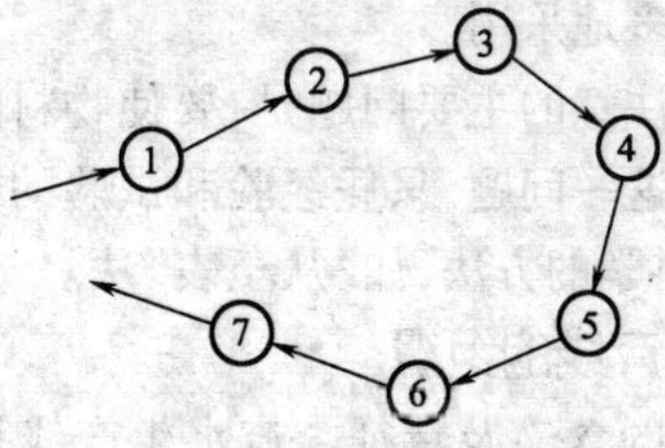

图3-6　环形式

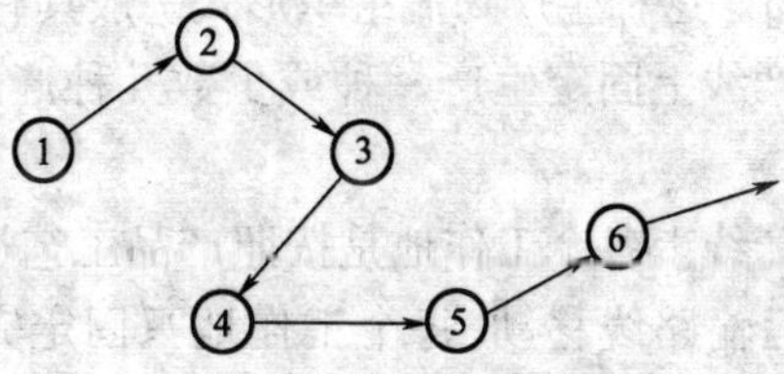

图3-7　Z字式

3. 设备布置的方法。车间内设备布置的工具很多，主要有以下几种：

(1)设备布置草图。设备布置草图是一种研究工艺过程和物料流向的预备性布置。设备布置草图可以是平面的，也可以是立体的。在图上用一定的代号将要布置的设备表示出来。应用这一工具有助于对车间进行更详细、更具体的布置作出决定。设备布置草图主要应用于预备布置上。

(2)模板布置。模板布置是一种较常用的设备布置工具，它是采用塑料或厚纸板制成各种设备的外形,并按一定的比例作出模板,然后将各种模板布置在平面图上,并将生产过程中需用的所有设施也用同样的方法布置到平面图上,以寻求较优的布置方案。这种工具成本低,直观明了,易于采用,而且可以灵活移动。

(3)模型布置。模型布置是一种最理想的设备布置工具。它是用塑料或木料等做成设备、设施的模型,按一定的比例缩小后布置在平面图上。这种布置工具既有模板布置的各种优点,又能显示出立体形状,尤其是泡沫塑料的应用,给其提供了更好的材料。实践中模型布置将被更多地采用。

设备布置中要注意的主要问题是,要使物料的运输路线最短和运量最小。要解决这一问题,只凭经验和试验的方法来进行是不够的,还要采用一些科学的方法,如"从至表"法。

(五)流水生产线的组织

1.流水生产线的含义及特征。流水生产线是一种先进的生产物流组织形式。它是按照产品(零部件)生产的工艺顺序排列工作地,使产品(零部件)按照一定的速度,连续、有节奏地经过各个工作地,直到生成产品。这种生产物流组织形式一般具有以下特征:

(1)流水生产线上固定生产一种或少数几种产品(零件),其生产过程是连续的。

(2)流水生产线上各个工作地是按照产品工艺过程的顺序排列的,产品按单向运输路线移动,每个工作地只固定完成一道或少数几道工序,工作地的专业化程度很高。

(3)流水生产线按照规定的节拍进行生产。所谓节拍,就是流水生产线上前后出产两件相同产品之间的时间间隔。

(4)流水线上各工序之间的生产能力是平衡的、成比例的,即各道工序的工作地(设备)数同各道工序单件作业时间的比例相一致。

(5)流水生产线上各工序之间的运输采用传送带、辊道等传送装置,使各工序上完工的制品能及时运送到下道工序继续进行加工。

流水生产线的上述特征决定了它具有多个优点:整个生产过程平行连续,协调均衡;有利于机器设备和人力的充分利用;最大限度地缩短生产周期；缩短运输路线，工序间在制品数量很少；由于工作地专业化程度高，能采用专用设备与工具，有利于提高劳动生产率。

总之，流水生产线能满足合理组织生产物流过程的要求，使企业的许多技术经济指标得到改善。

2. 流水生产线的设计。流水生产线的设计包括技术设计和组织设计两个方面。这里主要讲述流水生产线的组织设计。组织设计的内容一般有：流水线节拍的确定；组织工序同期化；计算工作地数量；流水线负荷系数；配备工人；设计运输工具；流水线的平面布置等。

(1)确定流水生产线的节拍。流水生产线节拍的计算公式为：

节拍 = 计划期的有效工作时间(分) ÷ 计划期的产品产量(件)

计划期的有效工作时间是指制度规定时间减去必要的停歇时间，如维修设备、更换工具、工人休息等时间。计划期的产量包括计划出品产量和预计废品量。

(2)进行工序同期化。工序同期化是使流水生产线各工序的单件时间等于节拍或节拍的整数倍，这是保证各工序按节拍进行工作的重要因素。

在手工作业中，实现工序同期化是比较容易的，一般采用的方法是：把工序分成更小的组成部分，然后按照同期化的要求把各个相邻的组成部分重新组成工序，这些工序的时间就可接近于节拍或节拍的倍数。此外，也可以合理调配劳动力，如组织相邻工序的工人协作，将熟练工人调到高负荷工序上工作等。

在机器作业中，实现工序同期化的方法主要是采用更完善的设备和工具，改进工艺方法，提高公认的熟练程度以及改进劳动组织等。

(3)计算最小工作地的数量。工作地数量的具体计算公式为：

$$N_{min} = \left[\frac{T}{r} \right]$$

式中：N_{min}为最小工作地数；

T为单位产品总装配时间；

r为流水线的节拍；

[ ]表示大于或等于$\frac{T}{r}$的最小整数。

(4)组织工作地。按同期化的要求,将各工序分配到工作地。所谓同期化的要求,是指向每一个工作地分配工序时必须满足以下条件:①保证各工序之间的先后顺序关系;②每个工作地分配到的工序作业时间之和不能大于节拍;③各工作地的单件作业时间应尽量相等和接近节拍;④应使工作地的数目最少。

(5)计算流水线的负荷系数。流水线的负荷系数越大,表明流水线的生产效率越高。一般而言,机器工作流水线的负荷系数不应低于0.75,以手工为主的装配流水线的负荷系数则应在0.85~0.9以上。流水线负荷系数的计算公式为:

$$\eta = \frac{T}{N \times r}$$

式中:η 为流水线负荷系数;

T 为单位产品总装配时间;

N 为流水线平衡后实际采用的工作地数量;

r 为流水线节拍。

(6)配备工人。在以手工操作为主的流水线上,需要配备的工人总数等于流水线上所有各个工作地的工人人数之和。每个工作地需要的工人人数可按下列公式计算:

每个工作地需要的工人数 = 工作地上同时工作的工人数 × 工作班次

在以机器工作为主的流水线上,配备工人时要考虑工人实行多设备看管和兼作的可能性以及配备后被公认的必要性。

(7)设计运输工具。流水线上采用的运输工具种类很多,主要取决于加工对象的重量与外形尺寸、流水线的类型和实现节拍的方法。通常在流水线上工序间的传送大多采用传送带,这是一种比较先进的运输装置。传送带有多种形式,典型的是带式运输装置,此外,还有吊运式运输装置、旋转工作台、重力滑道、专用小车等不同形式。传送带的长度一般可按下列公式计算:

传送带长度 = 2 × 流水线上各工作地长度之和 + 技术上需要的长度

(8)流水线的平面布置。流水线的平面布置应当有利于工人操作,有利于在制品运输路线最短和生产面积的充分利用,同时还要考虑流水生产线之间的相互衔接,尽可能做到零件加工完毕处恰好是部件装配开始处,部件装配完毕处正是总装开始处,从而使所有流水生产线的布置符合产品生产过程的流程。

【例3－1】假设某流水线的节拍为8分钟,由13道小工序组成,单位产品的总装配时间为44分钟,各工序之间的装配顺序和每道工序的单件作业时间如图3－8所示。图3－8中,圆圈中的数字表示工序号;圆圈上方的数字表示该工序的单件作业时间;有箭头的连线表示装配的先后关系;没有箭头的连线表示没有先后装配关系。请设计该产品的流水生产线。

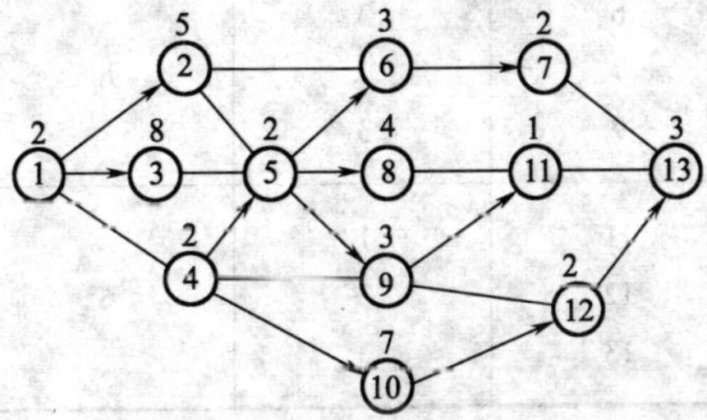

图3－8　装配顺序图

解:

(1)计算流水线需要的最小工作地数。

$$
\begin{aligned}
N_{\min} &= \left[\frac{T}{r}\right] \\
&= [44/8] \\
&= 6
\end{aligned}
$$

(2)组织工作地。从第一道工序开始,根据工序先后顺序的要求,将能和第一道工序组合在一起的、作业时间之和等于或接近于节拍的工序编为一组,分配给一个工作地。在列举各种编组方案时,除去不合理的编组,如各工序作业时间之和超过节拍或远小于节拍,违反工序之间的先后顺序等。如发现有作业时间相同的多个编组时,则可保留一个。在列出第一个工作地的编组方案的基础上,按上述步骤进行第二个工作地的编组,如此反复进行,直至把所有的工序都分配完为止,如表3－3所示。

表 3－3　流水线的组织

工作地顺序号	工序号	工序单件作业时间	工作地单件作业时间	工作地空闲时间
1	1 2	2 5	7	8－7＝1
2	3	8	8	8－8＝0
3	4 5 8	2 2 4	8	8－8＝0
4	10	7	7	8－7＝1
5	6 7 9	3 2 3	8	8－8＝0
6	11 12 13	1 2 3	6	8－6＝2

(3)计算流水线的负荷系数。

$$\eta = \frac{T}{N \times r} = \frac{44}{6 \times 8} = 0.916\,7$$

（六）成组技术

1. 成组技术的含义。成组技术是一种建立在以相似性原理为基础上的合理地组织生产技术准备和产品生产过程的方法。随着生产的发展和科学技术的进步，成组技术不断完善，应用范围日益扩大，它涉及企业产品的设计、标准化工作、工艺设计、工艺装备制造、生产组织、劳动定额、计划管理、设备选择与布置等许多方面。成组技术与电子计算机相结合，开辟了生产过程自动化和生产管理自动化的新途径。成组技术也是企业生产物流的一种技术组织形式。

2. 成组技术的主要内容。成组技术的内容包括：

（1）对企业生产的所有零件，按照几何形状、尺寸大小、加工方法、精度要求、毛坯种类等的相似性，依照一定的分类系统进行零件的分类编码和划分零件组。

（2）根据零件组的划分情况，建立成组生产单元或成组流水线。成组生产单元是完成一组零件全部工艺过程所设置的一组机床和工艺装备，这些设备按典型的工艺过程布置。成组生产单元形式上与流水线相似，但它不受节拍时间的限制。成组流水线是具有生产连续性和节奏性的更高级的生产组织形式。

（3）按照零件的分类编码来进行产品设计和零件选用。把零件的分类编码同标准化、通用化工作结合起来，按照成组工艺的要求编制工艺规程，设计制造工艺装备，改装或选用机床设备，再按照成组工艺规程和成组生产单元安排零件的加工。

3. 成组技术的生产组织形式。根据零件的相似性程度，成组技术的生产组织形式有以下 3 种：

（1）成组工艺中心。成组工艺中心是将一些结构相似的零件在某一种设备上加工构成的，它是比较初级的生产组织形式。由于类似零件集中加工，采用这种形式可以减少设备调整的时间和工人训练的时间，有利于工艺文件编制工作合理化，还能逐步实现计算机辅助工艺设计。

（2）成组生产单元。成组生产单元是按一组或几组工艺上相似零件共同的工艺路线配备和布置设备，它是完成相似零件全部工序的成组技术的生产组织形式。建立成组生产单元时，需要考虑单元内部和单元之间的生产能力平衡。工段和生产小组可以是一个生产单元，也可以是由几个类似的生产单元组成的。在开始推行成组技术时，生产小组以大一些为好，以便于调整人力和设备，灵活组织生产。

（3）成组流水线。成组流水线是具有流水生产线特征的成组生产单元，是成组技术的高级生产组织形式。成组流水线可分为顺序生产成组流水生产线、平行生产成组流水生产线和顺序按批生产成组流水线 3 种。

顺序生产成组流水线的特点是：一个零件组一个零件组地进行

加工；组内各零件不是平行地加工，而是顺序地加工；零件组在各道工序的加工时间与流水线节拍相等或成整数倍比关系，转换加工零件时，不需对设备和工装进行调整。

平行生产成组流水线的特点与顺序生产成组流水线有所不同，主要表现在组内各零件不是顺序地加工，而是平行地加工，各工序加工的零件中必须有一种零件的单件工时定额与流水线节拍相等或成整数倍比关系，每道工序的设备需要量按工时定额最大的零件计算。

顺序按批生产成组流水线的特点是：在一组零件中，每种零件都有相当的批量，不要求零件组严格的工序同期化，这是它与顺序生产成组流水线的不同之处。由于顺序按批生产成组流水线具有较为复杂的生产过程，因此，必须通过建立流水线作业进度表来安排生产。

第三节　现代生产物流运营方式

一、以 MRP、MRPⅡ、ERP 原理为指导的生产物流运营方式

（一）物料需求计划

1. MRP 的产生过程。在物料需求计划（Material Requirement Planning，MRP）产生之前，库存计划通常采用订货点法，但该法只能保证稳定、均衡消耗情况下不出现短缺，不能保证消耗多变情况下不出现短缺。一个制造企业，一种产品往往是由多种部件组装而成的，每种部件又由多种零件和材料制造而成，这样，产品和零部件及材料之间就构成了连动需求关系，因此，必须把企业产品中的各种物料分为独立物料和相关物料，将这种需求关系纳入计算机系统，并按时间段确定不同时期的物料需求，从而解决库存物料订货与组织生产问题。围绕所要生产的产品，针对如何在正确的时间、正确的地点、按照规定的数量得到真正需要的物料问题，在 20 世纪 60 年代，美国生产管理和计算机应用专家奥利弗·怀特提出了 MRP，IBM 公司首先在计算机上实现了 MRP 处理。

2. MRP 的原理。MRP 是基于产品结构的物料需求组织生产,即根据产品结构的层次从属关系,以产品零件为计划对象,以完工日期为计划基准倒排计划,按各种零件与部件的生产周期反推出它们的生产与投入时间和数量,按提前期长短区别各个物料下达订单的先后顺序,从而保证在生产需要时所有的物料都能配套齐备。不到需要的时刻不要过早积压,进而达到减少库存量和减少占用资金的目的。

MRP 的原理是:由主产品进度计划(MPS)和主产品的层次结构逐层逐个地求出产品所有零部件的出产时间与出产数量。如果是自己加工,就形成了加工任务单;如果是向外采购,就形成了采购任务单。因此,MRP 的基本任务是:①从最终产品的生产计划(独立需求)导出相关物料(原材料、零部件等)的需求量和需求时间(相关需求);②根据物料需求时间和生产(订货)周期确定其开始生产(订货)的时间。MRP 的基本任务是编制零件的生产计划和采购计划。MRP 的依据是主产品进度计划(MPS)、物料清单(BOM)和产品库存文件(PIF),它们之间的逻辑流程关系如图 3-9 所示。

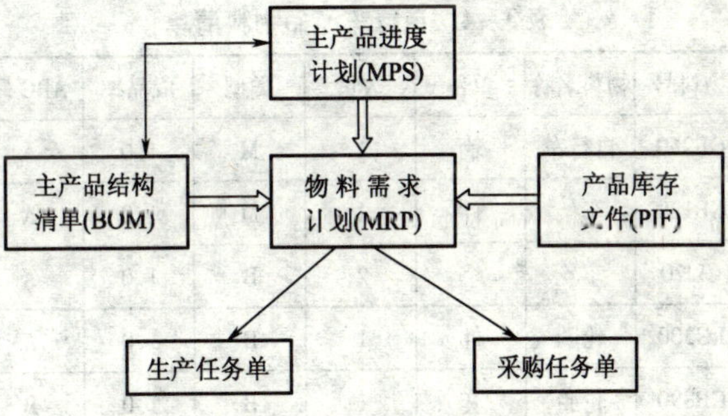

图 3-9 MRP 逻辑流程关系图

(1)主产品进度计划(Master Production Schedule, MPS)。主产品进度计划是确定每一具体的最终产品在每一具体时间段内生产数量的计划。这里的最终产品是指企业最终完成、要出厂的完成品,它要具体到产品的品种、型号;这里的具体时间段,通常以月为单位,在有些情况下也可以是日、旬、月。主产品进度计划详细规定生产什么、什么时段应当产出,它是独立需求计划。主产品进度计划根据客户合同和市场预测，把经营计划或生产大纲中的产品系列具体化，使之成为展开物料需求计划的主要依据。

（2）主产品结构清单（Bill of Materials，BOM）。主产品结构清单主要反映了主产品的层次结构、所有零部件的结构关系和数量组成。根据这一清单，可以确定主产品及其各个零部件的需要数量、需要时间和它们相互间的装配关系。

图 3－10 表示了一个简化了的自行车产品结构图，表 3－4 则是一张简单的与自行车产品结构相对应的物料清单。

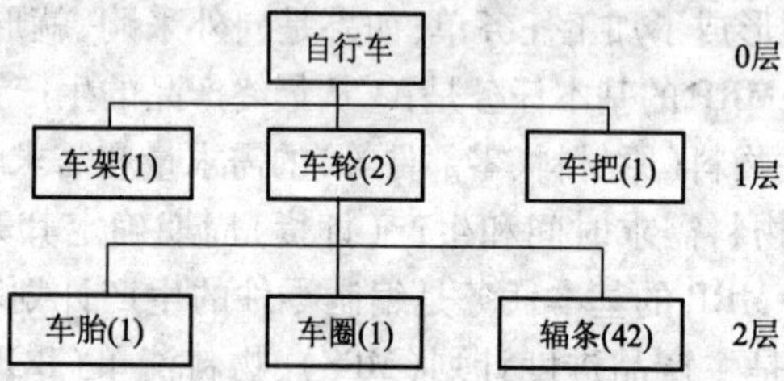

图 3－10　自行车产品结构图

表 3－4　自行车产品物料清单

层次	物料号	物料名称	单位	数量	类型	成品率	ABC 码	提前期
0	GB950	自行车	辆	1	M	1.0	A	2
1	GB120	车架	件	1	M	1.0	A	3
1	CL120	车轮	个	2	B	1.0	A	2
2	LG300	轮圈	件	1	B	1.0	A	5
2	GB890	轮胎	套	1	B	1.0	B	7
2	GBA30	辐条	根	42	B	0.9	B	4
1	113000	车把	套	1	B	1.0	A	4

说明：类型中“M”为自制件，“B”为外购件。

（3）产品库存文件（Product Inventory File，PIF）。产品库存文件包括主产品和其所有的零部件的库存量、已订未到量和已分配但还未提走的数量。

某项物料的净需求量可按下列公式计算：

净需求量 = 毛需求量 + 已分配量 - 已定未到量 - 现有库存量

3. MRP 的特点。MRP 的特点如下：

(1)需求的相关性。不仅需求之间相关,需求与资源也相关;不仅品种数量相关,而且需求时间也相关。

(2)需求的确定性。MRP 的需求都是根据主产品进度计划、主产品结构清单、库存文件和各种零部件的生产时间或订货、进货时间精确计算出来的,其需要的时间和数量都是明确规定的,而且不能够改变。

(3)计划的精细性。MRP 计划有充分的根据,从主产品到零部件,从需求数量到需求时间,从出产先后到装配关系都作了明确的规定,无一遗漏或偏差。计划还全面规定和安排了所有的生产活动和采购活动。不折不扣地按照这个计划进行,就能够保证主产品出产计划的如期实现。

(4)计算的复杂性。MRP 计划要根据主产品出产计划、主产品结构文件、库存文件、生产时间和采购时间,把主产品所有零部件的需要数量、需要时间、先后关系等准确计算出来,其计算量是非常庞大的。特别是当主产品复杂、零部件数量特别多时,如果用人工计算简直望尘莫及。所以,MRP 的产生和发展,计算机技术的发展和应用是一个非常重要的原因。

(二)制造资源计划

1. MRPⅡ的含义。制造资源计划(Manufacturing Resource Planning,MRPⅡ)是从整体最优的角度出发,运用科学的方法,对企业的各种制造资源和企业生产经营各环节实行合理有效的计划、组织、控制和协调,达到既能连续、均衡生产,又能最大限度地降低各种物品的库存量,进而提高企业经济效益的管理方法。

2. MRPⅡ的产生与发展。MRPⅡ是在 MRP 的基础上发展起来的。20 世纪 70 年代末,一些企业提出,希望 MRP 系统能同时反映财务信息,如产品销售计划用金额来表示,说明销售收入;对物料以货币计价,以计算成本,方便定价;采购计划以金额来表示,以用于预算;库存以金额表示,以反映库存资金占用情况。此外,货币信息还必须符合企业长远的经营目标,满足销售和利润要求。也就是说，在系统的执行过程中，既要反映出发生的成本，又要把企业的经营规划和销售与生产规划作为系统的宏观层。这样，MRP 进一步发展，将经营、财务与生产管理子系统相结合，形成了制造资源计划，即 MRPⅡ。由于 MRPⅡ将经营、财务与生产系统相结合，涵盖了进行生产制造活动的设备、物料、资金等多种资源，并且有模拟功能，因此，它不仅能对生产过程进行有效的管理和控制，还能对整个企业计划的经济效益进行模拟，这对辅助企业高级管理人员进行决策具有重大意义。

现代的 MRPⅡ系统完善于 20 世纪 80 年代，一般分为生产控制（计划、制造）、物流管理（分销、采购、库存管理）和财务管理（账务、成本、资金）三大子系统。生产控制子系统将按照预测的销售前景，并考虑销售单的实际情况来编制生产大纲，再按主生产计划的排程编制物料需求计划，据此采购原材料和零件，并安排部件生产，以期将在制品、原材料及成品控制在最优水平上。此外，根据物料需求计划的结果来核算能力，调整主生产计划，尽量维持生产平衡，生产线（车间管理或重复生产）的信息反馈也可以与财务系统和物流管理系统集成。物流管理系统将向供销部门和库房管理部门提供灵活的日常业务处理功能，并能自动将信息传递到财务部门和其他有关部门。财务管理系统除对各往来账目和日常发生的货币支付账目进行处理外，根据销售部门的销售单、发票和采购单，库存资金还能够向管理人员提供目前库存资金占用情况和企业运营情况方面的信息。

3. MRPⅡ与 MRP 的比较。虽然 MRPⅡ的核心是基本 MRP，但 MRPⅡ在功能上已与 MRP 有了很大的不同。如果说 MRP 只是一个物料需求计划，那么，MRPⅡ已经是一个全面的生产管理系统了。

（1）MRPⅡ增加了对生产能力资源的管理。生产能力包括人力、物力和财力，具体体现为工时、台时等。MRPⅡ就是要回答在系统中是否有足够的生产能力以及怎样利用现有的生产能力，进而实现能力与需求之间的平衡问题。

（2）MRPⅡ加强了车间管理。MRPⅡ接受 MRP 投放的生产任务单制订能力需求计划，安排落实生产任务。

(3)MRPⅡ加强了仓库管理。MRPⅡ将库存文件改进为库存管理,不仅提供库存状态数据,而且进行物料入库与出库登记、库存更新和统计等工作。

(4)MRPⅡ增加了成本管理的内容。MRPⅡ包含了成本会计和财务功能,可以由生产活动直接产生财务资料,把实物形态的物料流动直接转化为价值形态的资金流动,保证生产与财务资料的一致。财务部门把及时得到的资金信息用于控制成车,通过资金流动状态反映物料和经营情况,随时分析企业的经济效益,参与决策,指导和控制经营和产生活动。

4. MRPⅡ的实施。实施 MRPⅡ 系统的关键因素有 3 个,即人、数据和技术。MRPⅡ系统不能以手工方式实现,有了计算机系统,还必须有准确的数据,才能使MRPⅡ系统得以正常工作。在 MRPⅡ的实施过程中,人的因素是最重要的,优秀的员工可以使 MRPⅡ系统越来越完善,而再好的 MRPⅡ系统,交给素质低下的人也难以发挥作用。对大多数企业来说,实施 MRPⅡ系统一般分为 3 个阶段来完成:

第一个阶段是基本实现 MRP。这一阶段应完成的任务包括:生产规划和主生产计划的编制,客户订单录入,制订物料需求计划,库存记录和物料清单的准确性等。

第二个阶段是实现闭环 MRP。这一阶段应完成的任务包括:车间作业管理,能力需求计划,投入产出控制,工艺路线的确定,对供应商实现采购计划法。

第三个阶段是实现财务管理和模拟功能。

并非每个企业实施 MRPⅡ都要经过上述 3 个阶段,随着经济的发展,MRPⅡ的应用范围从原来的以机械制造业为主,扩展到化工、烟草、制药等其他行业。

(三)企业资源计划

1. 企业资源计划(Enterprice Resources Planning,ERP)的含义。企业的资源是有限的,如何利用有限的资源,即以较少的人力、物力和财力生产出尽可能多的产品,是企业管理者必须考虑的问题。20世纪 90 年代以来,随着信息技术,尤其是计算机网络技术的迅猛发展,统一的世界市场正在形成,MRPⅡ管理系统经过扩充与进一步完善而发展为企业资源计划,即 ERP。

企业的资源包括硬件资源和软件资源。硬件资源如厂房、生产线、加工设备、检测设备、运输工具等;软件资源如人力、管理、信誉、融资能力、组织结构、员工的劳动热情等。在企业运行发展中,上述资源相互作用,形成企业进行生产活动、完成客户订单、创造社会财富、实现企业价值的基础,反映了企业在竞争发展中的地位。

简要地说,企业的所有资源包括三大流:物流、资金流和信息流。ERP 就是对这三种资源进行全面集成管理的管理信息系统。概括地说,ERP 是建立在信息技术基础上,利用现代企业的先进管理思想,全面集成了企业所有资源信息,为企业提供决策、计划、控制与经营业绩评估的全方位和系统化的管理平台。

对 ERP 作进一步的理解,可以从管理思想、软件产品、管理系统 3 个层次加以定义:

(1)ERP 是由美国著名的计算机技术咨询和评估集团加特纳公司(Garter Group Inc.)提出的一整套企业管理系统体系标准,其实质是在 MRPII 基础上进一步发展而成的面向供应链(Supply Chain)的管理思想。

(2)ERP 是综合应用了客户机/服务器体系、关系数据库结构、面向对象技术、图形用户界面、第四代语言(4GL)、网络通信等信息产业成果,以 ERP 管理思想为灵魂的软件产品。

(3)ERP 是集合了企业管理理念、业务流程、基础数据、人力、物力以及计算机硬件和软件于一体的企业资源管理系统。

2. ERP 的产生。ERP 是由美国加特纳公司在 20 世纪 90 年代初首先提出的,其核心管理思想是供应链管理,即在 MRPⅡ的基础上,通过前馈的物流与反馈的资金流和信息流,把客户需求和企业内部的生产活动以及供应商的制造资源整合在一起,体现完全按用户需求制造的一种供应链管理思想的功能网络结构模式。ERP 强调企业间的合作,强调对市场需求的快速反应、高度柔性的战略管理以及降低风险成本、实现高收益目标等优势,从集成化的角度管理供应链问题。

3. ERP 的特征。一般而言，ERP 具有以下几种特征：

(1)ERP 是一个面向供应链管理的管理信息集成。除了传统 MRPⅡ系统的制造、供销、财务功能外，ERP 还增加了以下功能：支持物料体系的运输管理、仓库管理；支持在线分析处理、售后服务及质量反馈，实时准确地掌握市场需求的脉搏；支持生产保障体系的质量管理、实验室管理、设备维修和备用件管理；支持跨国经营的多国家或地区、多工厂、多语种、多币制需求；支持多种生产类型或混合型制造企业，汇合了离散型生产、流水作业生产和流程型生产的特点；支持远程通信、电子商务、电子数据交换；支持工作流（业务流程）动态模型变化与信息处理程序命令的集成。此外，ERP 还支持企业资本运作和投资管理、各种法规以及以标准管理等。事实上，当前一些 ERP 软件的功能已远远超出了制造业的应用范围，成为一种适应性强、具有广泛应用意义的企业管理信息系统。但是，制造业仍然是 ERP 系统的基本应用对象。

(2)系统功能模块化。ERP 的第二个特点是运用应用程序模块对供应链上的所有环节实施有效的管理。这些模块可以分成 3 类：物流、财务与人力资源。它们相互协作，共同作用，处理企业中的经营管理任务。"物流"模块实现对供应、生产、销售整个过程和各个环节的物料管理；"财务"模块提供一套通用的记账系统，保证资产负债表与损益表的及时更新，除此之外，ERP 还能够进行资产管理，提供有关经营成果的报告，使企业管理决策建立在客观、及时的信息基础之上，协助完成企业的整体控制；"人力资源"模块可以提供一个综合的人力资源管理系统，它综合了诸如人事计划、新员工招聘、工资管理和员工个人发展等各项业务活动。

(3)采用计算机和网络通信技术的最新成就，实现信息的高度共享。网络通信技术的应用和信息的高度共享是 ERP 的又一个显著特点。ERP 系统除了已经普遍采用的诸如图形用户界面技术（GUI）、SQL 结构化查询语言、关系数据库管理系统（RDBMS）、面向对象技术（OOT）、第四代语言/计算机辅助软件工程、客户机/服务器和分布式数据处理系统等技术之外，还要实现更为开放的不同平台之间的相互操作，采用适用于网络技术的编程软件，加强了用户自定义的灵活性和可配置性功能,以适应不同行业用户的需要。网络通信技术的广泛应用使 ERP 系统得以实现供应链管理的信息高度集成和共享。

(4)ERP 系统同企业业务流程重组是密切相关的。信息技术的发展加快了信息传递的速度和实时性,扩大了业务的覆盖面和信息的交换量,为企业进行信息的实时处理与作出相应的决策提供了极其有利的条件。为了使企业的业务流程能够预见并顺应环境的变化,企业的内外业务流程必须保持信息的快捷、通畅。正如局限于企业内部的信息系统是不可能实时掌握瞬息万变的全球市场动态一样,多层次、臃肿的组织结构也必然无法迅速实时地对市场动态变化作出有效的反应。因此,提高企业供应链管理的竞争优势必然会带来企业业务流程、信息流程和组织机构的改革。这个改革已不限于企业内部,而是把供应链上的供需双方合作伙伴包罗进来,系统考虑整个供应链的业务流程。ERP 系统应用程序使用的技术和操作必须能够随着企业业务流程的变化而相应的调整。只有这样,才能把传统 MRPⅡ系统对环境变化的“应变性”上升为 ERP 系统通过网络信息对内外环境变化的“能动性”。ERP 的概念和应用已经从企业内部扩展到企业与需求市场和供应市场整个供应链的业务流程和组织机构的重组方面。

4. ERP 的管理思想。ERP 的管理思想具体包括如下内容:

(1)ERP 体现了对整个供应链资源进行管理的思想。现代企业的竞争已经不是单一企业与单一企业间的竞争,而是一个企业供应链与另一个企业的供应链之间的竞争,即企业不但要依靠自己的资源,还必须把经营过程中的有关各方,如供应商、制造工厂、分销网络、客户等纳入一个紧密的供应链中,才能在市场上获得竞争优势。ERP 系统正是适应了这一市场竞争的需要,实现了对整个企业供应链的管理。

(2)ERP 体现了精益生产、同步工程和敏捷制造的思想。ERP 系统支持混合型生产方式的管理,其管理思想具体表现在以下两个方面:其一是“精益生产”(Lean Production,LP)思想,即企业把客户、销售代理商、供应商、协作单位纳入生产体系,同它们建立起利益共享的合作伙伴关系，进而组成一个企业的供应链。其二是“敏捷制造”（Agile Manufacturing，AM）思想。当市场上出现新的机会，而企业的基本合作伙伴不能满足新产品开发生产的要求时，企业组织一个由特定的供应商和销售渠道组成的短期或一次性供应链，形成“虚拟工厂”，把供应和协作单位看成企业的一个组成部分，运用“同步工程”（SE）组织生产，在最短的时间内将新产品打入市场，时刻保持产品的高质量、多样化和灵活性，这就是“敏捷制造”的核心思想。

（3）ERP体现了事先计划与事中控制的思想。ERP系统中的计划体系主要包括企业战略规划、生产计划大纲、主生产计划、物流需求计划、能力计划、采购计划、销售执行计划、利润计划、财务预算和人力资源计划等，而且这些计划功能与价值控制功能已完全集成到整个供应链系统中。ERP系统通过定义事务处理（Transaction）相关的会计核算科目与核算方式，在事务处理发生的同时自动生成会计核算分录，保证了资金流与物流的同步记录和数据的一致性，从而实现了根据财务资金现状可以追溯资金的来龙去脉，并进一步追溯所发生的相关业务活动，便于实现事中控制和实时作出决策。

5. ERP对企业资源的作用以及给企业带来的效益。ERP系统的管理对象是企业各种资源及生产要素，通过ERP的使用，使企业的生产过程能及时、高质地完成客户的订单，最大限度地发挥这些资源的作用，并根据客户订单及生产状况作出调整资源的决策。

企业发展的重要标志便是合理调整和运用企业的资源，在没有ERP这样的现代化管理工具时，企业资源状况及调整方向不清楚，要做调整安排是相当困难的，调整过程会相当漫长，企业的组织结构只能是金字塔形的，部门间的协作交流相对较弱，资源的运行难以比较、把握并做出调整。信息技术的发展，特别是针对企业资源进行管理而设计的ERP系统正是针对这些问题设计的，其成功推行的结果必然使企业能更好地运用资源。

据美国生产与库存控制学会（APICS）的统计，使用一个ERP/ERP系统，平均可以为企业带来如下经济效益：

(1)库存下降30%~50%。它可以使一般用户的库存投资减少1.4~1.5倍,库存周转率提高50%。

(2)延期交货减少80%。当库存减少并稳定的时候,用户服务的水平提高了,使用ERP的企业准时交货率平均提高了55%,误期率平均降低了35%,这就使销售部门的信誉大大提高了。

(3)采购提前期缩短50%。采购人员有了及时、准确的生产计划信息,就能集中精力进行价值分析和货源选择,研究谈判策略,了解生产问题,进而缩短了采购时间,节省了采购费用。

(4)停工待料减少60%。由于零件需求的透明度提高了,计划也作了改进,能够作到及时与准确,零件也能以更合理的速度准时到达,因此,生产线上的停工待料现象将会大大减少。

(5)制造成本降低12%。由于库存费用的下降、劳动力的节约、采购费用的节省等一系列人、财、物的效应,必然会引起生产成本的降低。

(6)管理水平提高。管理人员减少10%,生产能力提高10%~15%。

另外,企业应用ERP系统后还将带来如下间接效益:

(1)使企业的基本数据管理更加完备、精细,准确度大为提高。

(2)使企业高层的决策更加快捷、科学,企业对市场的应变能力和速度得到提高。

(3)使企业员工从繁琐的手工管理中解脱出来,从而能有更多的时间从事真正的管理工作。

(4)理顺了企业的业务流程,打破了企业各部门之间条块分割的格局,增强了员工的全局性观念,使企业部门间的协同工作成为可能。

(5)使企业的管理更加规范,减少了企业管理中的随意性,提高了企业管理的计划性。

二、JIT生产物流运营方式

(一)JIT的含义

JIT(Just In Time)一般译为即时生产或准时生产,该技术是在日本丰田汽车公司生产方式的基础上发展起来的一种先进的管理模式。随着这一管理模式的不断完善，JIT 不仅是一种组织生产的新方式，而且是一种旨在消除无效劳动与浪费、实现企业资源优化配置、全面提高企业经济效益的物质资源配置技术。

（二）JIT 的基本原理

企业的生产线是由一系列工序构成的，这些工序依次组成了相互衔接的供需链状结构，并由一系列的“供需节点”组成。在通常的工艺中，包括前面所说的 MRP 系统中，货物一般是根据既定的计划由供应方到需求方逐个地流动的，需求方是根据供应的产品数量和到达时间进行加工的。可以想象，这时的需方是一种被动式的接受方式，供方来多少就要接受多少，不管需方是否马上需要，都要接受下来，如果不马上需要，就只有送仓库储存起来，这样必然导致库存量增加、费用增多。

JIT 技术就是要改变这种做法，改由供方向需方的推进式计划为由需方向供方的拉动式计划，即需方居主动地位。需方需要什么品种、需要多少、什么时候需要、什么地点需要，完全由需方向供方发出指令。供方根据需方的指令，将需方所需的品种按需求的数量，在所需的时间运送到指定的地点，不多送，也不少送；不早送，也不晚送。运送的品种要保证质量，不能有废品。这种思想是以需定供的，这种物资的配置技术在物资资源配置上体现了以下几个要点：

一是在品种的配置上，保证了品种的有效性，拒绝不需要的品种。

二是在数量的配置上，保证了数量的准确性，拒绝了多余的数量。

三是在时间的配置上，保证了所需的时间，拒绝了不按时的供应。

四是在供应产品的质量方面，保证了产品质量，拒绝了次品或废品的供应。

这一供应方式的优点主要表现如下：

第一，JIT 技术可以实现线边零库存。生产线需要多少就供应多少，生产线运行结束时，线边没有多余的库存品。

第二,JIT 技术可以实现最大的节约。生产不需要的或多生产的物资就是一种浪费,不但浪费材料和工时,还要花费装卸、搬运以及库存费用。

第三,JIT 技术可以最大限度地消除废品损失,提高工作效率。JIT 能最大限度地限制废品流动造成的损失;废品只停留在供应方,不可能进入生产线继续流动而贻害后面各个工序,因为每一个需方都只接受合格产品,拒绝废品。所以,这样做的结果大大提高了工作效率和经济效益。

(三)JIT 的目标

对整个系统的总装线来说,JIT 的目标是彻底消除无效劳动和浪费,具体包括以下多个目标:

1. 废品量最低(零废品)。JIT 要求消除各种引起不合理加工的原因,在加工过程中,每一道工序都要求达到最高水平。

2. 库存量最低(零库存)。JIT 认为,库存是生产系统设计不合理、生产过程不协调、生产操作不良的证明,因此库存量要保持在一个较低的水平,甚至实现零库存。

3. 准备时间最短(零准备时间)。准备时间长短与批量选择相联系,如果准备时间趋于零,准备成本也趋于零,就有可能采用极小批量。

4. 生产提前期最短。短的生产提前期与小批量相结合的系统应变能力强,柔性好。

5. 减少零件搬运,搬运量低。零件搬运属非增值操作,如果能使零件和装配件运送量减少,搬运次数减少就可以节约装配时间,进而减少装配中可能出现的问题。

6. 机器损坏低。

7. 批量小。

(四)JIT 的特点

JIT 技术具有如下一些特点:

1. JIT 技术具有普遍意义。JIT 技术既适用于任何类型的制造业,也可应用于服务业中的各种组织。JIT 能够以有效和可靠的方式消除生产经营过程中的浪费,改善质量,提高用户需求的满意度。

2. JIT 的核心是消除无效劳动和浪费。在市场竞争环境中,获取更多利润的有效途径之一就是降低成本,而降低成本的关键就在于杜绝浪费。JIT 技术要求,凡是对产品不起增值作用,或不增加产品附加值但增加成本的劳动都要加以控制。例如,多余的库存,多余的搬运和操作,造成返修品、次品和废品的作业,停工待料,没有销路的超产等正是 JIT 技术控制的对象。

3. JIT 非常重视人的因素。JIT 技术强调全员授权参与管理。JIT 把企业员工看成是主动创新的主力,认为最了解管理中存在问题的是企业的一线员工,因而应当首先由他们提出解决问题的办法。为此,一般由上级提出目标和处理问题的原则,提供信息和培训,并对员工进行授权,各级员工在自己的权限内处理工作范围中的问题。

4. JIT 重视员工多种技能的培训。员工必须是多面手,能操作与维护不同的设备,因而要减少因人员缺勤造成的停工,同时增加工人对职业的荣誉感。在实施 JIT 的过程中,要成立合理化建议小组和质量控制小组,提供合理化建议,将体力劳动与脑力劳动结合起来。

5. JIT 追求尽善尽美。JIT 要求不懈进取,遇到问题就一定要找出问题发生的根源,并运用工业工程和其他方法,将问题彻底解决,使之不再发生。JIT 认为,不懈进取与一个组织的整体效果的提高有着密切的关系,必须为组织的每一位员工所接受,以有效、连续地改进其生产操作和为用户服务。

6. JIT 着重对物流的控制。JIT 采用成组成单元、U 形机床布置;改进工装设计,压缩准备时间,减小批量;组织标准化生产,采用拉式作业,保持各生产单元之间的物流平衡。

7. JIT 强调全面质量管理。仅靠检验只能发现而不能防止和消除缺陷,即使补救,也已造成浪费,因此必须建立质量保证体系,从根本上保证产品质量。同时,坚持预防性设备维护制度,一旦出现设备故障就全线停工,群策群力查明事故根源,一次性彻底解决问题。

8. JIT 追求最优的质量成本比。JIT 致力于开发旨在实现零缺陷的工艺流程,表面看来,这似乎是个不合现实的目标,但是从长远的角度来看,由于消除了一些冗余的功能,就可使企业大大降低成本费用,实现最优的质量成本比。

第四节 生产物流管理实训与拓展

一、问题互动

1. 什么是生产物流？生产物流管理要解决哪些问题？

2. 举出生产物流的具体案例,并进行讨论和交流。

二、技能训练

（一）生产企业的调研

1. 训练目的：

通过对生产企业的调研,了解生产物流的内容、表现形式和存在的问题。

2. 训练内容及活动安排：

把学生分成若干小组,到机械加工企业进行调研,主要了解生产工艺流程、企业生产单元布局、车间布置情况、物料流动情况,要求写出调查报告,并派代表进行 PPT 演示。

（二）案例分析：“丰田看板管理”

丰田公司的看板管理是一种生产现场管理方法,它是利用卡片作为传递作业指示的控制工具,将生产过程中传统的送料制改为取料制,以“看板”作为“取货指令”、“运输指令”和“生产指令”进行现场生产控制。看板作为可见的工具,通过系统的物流,使企业生产各工序、车间之间按照卡片作业指示,协调一致地进行连续生产;同时,促使企业的产、供、销各部门密切配合,有效和合理地组织输入、输出物流,满足市场销售需要,实现整个生产过程的准时化、同步化和库存储备最小化,即所谓零库存,保证企业获取良好的经济效益。

1.“看板管理”的原理。由图 3－11 可以看出，“看板管理”是由代表客户需求的订单开始，根据订单，按产品结构自上而下进行分解，得出完成订单所需零部件的数量。生产控制人员检查现有零部件库存是否能满足订单的要求，如果不足，就由最后一道加工工序开始，反工艺顺序地逐级“拉动”前面的工序。在此过程中，看板起到指令的作用，通过看板的传递或运动来控制物流。

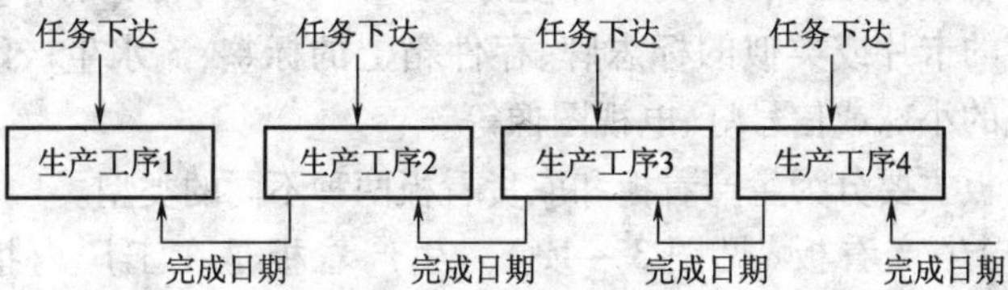

图 3－11 “看板”原理示意图

2.“看板管理”的过程。日本丰田公司利用看板进行生产现场管理的过程如图 3－12 所示：

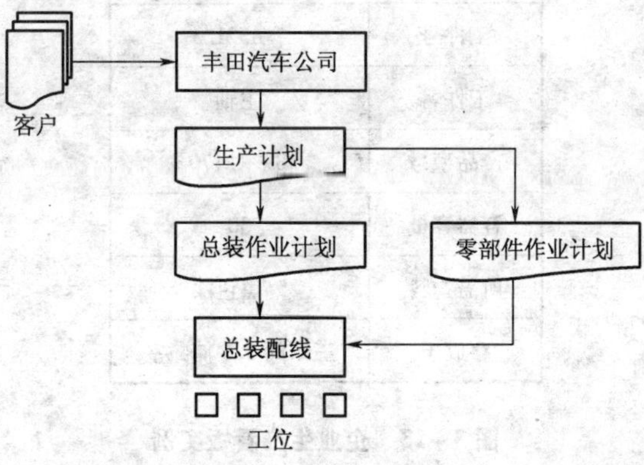

图 3－12 “丰田看板管理系统”运作示意图

图 3－12 中，在总装配线上有许多工位，每个工位有相应的存料点。各加工线上有多个工序，每个工序附近有两个存料点：一为进口点存料点，用以存贮上一工序已加工完毕、本工序准备加工的零部件；二为出口点存料点，用于存贮本工序已加工完毕、供下道

工序随时提取的零部件。当总装线收到一个作业计划后，它按该计划要求的品种和数量进行作业，在各工位存料点中抽取总装配所需的零部件，使各工位存料点库存减少。各工位存料点为补充库存，就到各子装配线出口存料点提取零部件。各出口存料点为保持定额，又从相应的工序按照生产需要取走一定数量的零部件。这样就形成了一条向上游工序的"链"，使整个物流按总装配的要求同步运动。

3. 看板的形式和分类。看板的形式多种多样，常见的有塑料夹内装着的卡片或类似的标志牌、存件箱上的标签、流水生产线上各种颜色的小球或信号灯、电视图像等。

看板主要分为生产看板和取货看板两种不同的类型。

(1)生产看板(见图3－13)。生产看板是在工厂内指示某工序加工制造规定数量工件所用的看板。生产看板的内容包括需加工工件的件号、件名、产品型号、工件存放位置、工件背面编号、加工设备等。

生产看板	
工件号	A52L
工件名	主轴
产品型号	Bw—2170
容器容量	30
所需物料	5#黑色漆
存放于	三车间3.6储藏室

图3－13　企业生产看板实例

(2)取货看板(见图3－14)。取货看板是后工序的操作者按看板上所列件号、数量等信息到前工序领取零部件的看板。取货看板指出了应领取的工件件号、件名、产品型号、工件存放位置、工件背面编号、前加工工序号、后加工工序号等。

取货看板	
工件号	G423
工件名	曲轴
产品型号	BM—3615
容器容量	20
供应时间	9：00—10：30
存放于	6D－13－6
前道工序	机加工
后道工序	喷漆

图3－14　企业取货看板实例

请问:看板管理的基本思想是什么？要实行看板管理需要具备哪些条件?

三、知识拓展

精益物流

精益物流是以实现客户的最大价值为出发点,剔除物流过程中的一切无效和不增值作业,用尽量少的投入满足客户需要,从而获取高效益的现代物流方式。

精益物流的目标可概括为:企业在提供满意的客户服务水平的同时,把浪费降到最低程度。企业物流活动中的浪费现象很多,常见的有:不满意的客户服务、无需求造成的积压和多余的库存、实际不需要的流通加工程序、不必要的物料移动、因供应链上游不能按时交货或提供服务而等候、提供客户不需要的服务等。努力消除这些浪费现象是精益物流最重要的内容。

(一)精益物流的前提:正确认识价值流

价值流是企业产生价值的所有活动过程,这些活动主要体现在3个关键的流向上:从概念设想、产品设计、工艺设计到投产的产品流;从客户订单到制定详细进度到送货的全过程信息流;从原材料制成最终产品到送到客户手中的物流。因此,认识价值流必须超出企业这个世界上公认的划分单位的标准去考察创造和生产一个特定产品所必需的全部活动，弄清每一步骤和环节，并对它们进行描述和分析。

（二）精益物流的保证：价值流的顺畅流动

消除浪费的关键是让完成某一项工作所需的步骤以最优的方式连接起来，形成无中断、无绕流和排除等候的连续流动，让价值流顺畅流动起来。具体实施精益物流时，首先要明确流动过程的目标，使价值流动朝向明确；其次要把沿价值流的所有参与企业集成起来，摒弃传统的各自追求利润最大化而相互对立的观点，以最终客户的需求为共同目标，共同探讨最优物流途径，消除一切不产生价值的行为。

（三）精益物流的关键：客户需求作为价值流动力

在精益物流模式中，价值流的流动要靠下游客户的拉动，而不是靠上游来推动，当客户没有发出需求指令时，上游的任何部分都不要生产产品，而一旦客户的需求指令发出后，则快速生产产品，提供服务。当然，这不是绝对的现象。在实际操作中，要区分是哪几种类型的产品，如是需求稳定、可预测性较强的功能型产品，可以根据准确预测进行生产；而对需求波动较大、可预测性不强的创新型产品，则要采用精确反应、延迟技术，缩短反应时间，提高客户服务水平。

（四）精益物流的生命：不断改进，追求完善

精益物流对物流活动的改进和完善是不断循环的，每一次改进消除一批浪费，形成新的价值流的流动，同时又存在新的浪费而需要不断改进。这种改进使物流总成本不断降低，提前期不断缩短而使浪费不断减少，实现这种不断改进需要全体人员的参与，上下一心，各司其职，各尽其责，达到全面物流管理的境界。

本章要点归纳

本章主要内容包括生产物流的含义及其特点，企业生产物流的组织形式，生产物流系统优化的含义及其方法，以MRP、ERP、JIT原理为指导的生产物流运营方式等。

综合测试

一、名词解释

1. 生产物流

2. 工艺专业化

3. 对象专业化

4. 成组技术

5. JIT 生产

二、判断题

1. 装卸搬运活性指数越高,二次搬运量越小。(　　)

2. 对象专业化适用于单件小批量生产。(　　)

3. 生产的平行性是指在相同的时间内,安排不同工艺的加工。(　　)

4. 流水生产线按节拍组织生产。(　　)

5. 成组技术不是考虑零件的相似性。(　　)

6. MRP 为企业资源计划,是根据产品结构的层次从属关系制定各零件的需求。(　　)

三、问题分析

1. 学生自主搜集"5S 现场管理"的资料,对其含义、运作与实施的要求等进行分组讨论。

2. 对一个生产企业的车间布置进行研究,分析影响车间布置的主要因素、基本原则和主要方法。

第四章　销售物流管理

【知识目标】

1. 理解企业销售物流的含义及销售物流系统的组成
2. 掌握销售物流管理的内容
3. 掌握 DRP 的含义和工作程序
4. 掌握逆向物流的概念、成因及管理

【技能目标】

1. 能正确运用销售物流管理的方法解决实际问题
2. 能够拓展思维，对销售物流案例进行分析，并给出解决方案

引导案例

沃尔玛在物流方面的投入

沃尔玛 1999 年在物流方面的投资是 1 600 亿美元，因为现在的业务还要继续增长到 1 900 亿美元，所以在物流方面的投资也要同时增长。只要了解过去几年中沃尔玛的发展情况，就会明白物流配送在沃尔玛公司中的重要性，也会明白为什么沃尔玛要花费很大的精力在物流投资方面。

沃尔玛在物流配送体系运作方面具有独特的操作方法：

(1) 注重与第三方物流公司形成伙伴关系。

(2) 挑战"无缝点对点"物流系统。包括 ①为顾客提供快速服务；②提供给顾客其真正需要的服务；③高效的物流循环的过程；④严格的物流业务指导原则。

(3)自动补发货系统。沃尔玛之所以能够取得成功，是因为沃尔玛有一个补发货系统。每一个商店都有这样的系统，包括在中国的商店。

(4)零售链接系统。沃尔玛还有一个非常有效的系统，叫做零售链接系统，这一系统可以使供货商们直接进入到沃尔玛的系统中。

(5)物流运输系统。包括：①车队的管理。沃尔玛对汽车的选择很严格，沃尔玛采用一种尽可能大的卡车，为16米加长的货柜，比集装箱运输卡车要更长或者更高，因为这样非常有助于沃尔玛降低成本；沃尔玛采用全球定位系统对车辆进行控制；沃尔玛的口号是"安全第一，礼貌第一"，对沃尔玛来说，卡车不出事故就是节省公司的费用，就是降低成本。②运输战略和策略。沃尔玛在运输方面的战略和策略是：把卡车装得非常满，所有的产品从卡车的底部一直装到顶部，填得满满的。③运输费用的分担。供货商怎样来帮沃尔玛一起分担整个过程当中的费用呢？因为沃尔玛的运输成本比供货商独自运输要低，如果供应商用沃尔玛的卡车来运输货物的话，这些供货商也可以节省费用，所以大多供应商选择沃尔玛的运输系统来完成自己的运输。

讨论：对沃尔玛销售物流运作体系进行分析，讨论物流运作体系在企业经营活动中的重要作用。

第一节 销售物流概述

一、企业销售物流与销售物流系统

(一)企业销售物流的含义

企业销售物流又称分销物流(Physical Distribution)，是指生产企业或流通企业出售商品时，物品在供方与需方之间的实体流动。

销售物流是企业物流系统的最后一个环节，是企业物流与社会物流的又一个衔接点,它与企业销售系统相配合,共同完成产成品或商品的销售任务。企业的产品只有经过销售才能实现其价值,进而创造利润,实现企业的价值。销售物流是企业在销售过程中,将产品的所有权转移给客户的物流活动,是产品从生产地到客户的时间和空间的转移,是以实现企业销售利润为目的的经营活动。销售物流是包装、运输、储存、配送等环节的统一,是企业物流的最后一个环节,也是企业物流与社会物流的转换点。

(二)企业销售物流系统

1.销售物流系统的功能。销售活动的作用是企业通过一系列营销手段出售产品,满足消费者的需求,实现产品的价值和使用价值。销售物流系统的主要功能具体体现在以下几个方面:

(1)市场调查和需求预测,为企业的产品开发和生产技术系统提供准确的市场信息。调查和预测的对象包括国内外的传统市场、新市场和潜在市场。

(2)开拓市场和制定销售产品的方针和策略,包括销售渠道、促销组合、产品定价等。

(3)编制销售计划,正确确定计划期产品销售量和销售收入两个指标,满足社会需要,保证产品衔接。

(4)组织和管理订货合同,包括组织签订合同、检查执行合同和处理执行合同中的问题。

(5)组织产品促销,包括产品的商标与装潢设计、广告宣传、试销试展、派员推销以及市场信息反馈等。

(6)组织对用户的服务工作,包括产品安装调试,使用与维修指导,实行“三包”,提供配件以及售前、售后征求用户意见等。

(7)成本分析。对销售费用与销售成本进行分析,不断提高销售的经济效益和销售管理工作的水平。

2.销售物流的基本要素。为了保证销售物流的顺利完成,实现企业以最少的物流成本满足客户需要的目的,企业需要在产成品包装、储存、发送运输、订单及信息处理、装卸搬运等方面做好工作。

(1)包装。包装是企业生产物流系统的终点,也是销售物流系统的起点。包装具有防护功能、仓储功能、运输功能、销售功能和使用功能，也是物流系统中不可缺少的一个环节。

产品包装，尤其是运输包装在物流销售过程中要起到便于保护、便于仓储、便于运输和便于装卸、搬运的作用。因此，在包装材料和包装形式上，既要考虑储存、运输等环节的方便，又要考虑材料及工艺的成本费用。

(2)成品储存。客户对企业产成品(商品)的可得性非常敏感，缺货不仅使客户需求得不到满足，而且会提高企业进行销售服务的物流成本。当企业推出一种新产品或举办特殊促销活动期间，或是客户急需的配件不能立即供货时，这种情况更是如此。产成品的可得性是衡量企业销售物流系统服务水平的一个重要参数。

为了避免缺货，企业一方面可以提高自己的存货水平，另一方面可以帮助客户进行库存管理。当一个客户的生产线上需要流进成百甚至上千种不同的零部件时，其供应阶段的库存控制任务是非常复杂的，这种情况下，企业帮助客户管理库存不仅十分必要，而且能够稳定客源，便于与客户的长期合作。

(3)订单及信息处理。为使库存保持最低水平，客户会在考虑批量折扣、订货费用和存货成本的基础上，合理地频繁订货。企业若能为客户提供方便、经济的订货方式，就能吸引更多的客户，因此，免费电话订货服务、预先打印好订货表，甚至为客户提供远程通信设备等服务应运而生。同时，客户更关心交货日期及其可靠性，希望供货方能够将订单处理与货物装运的进程及时通知客户，特别是当与预期的服务水平已经或将要发生偏差时更是这样。因此，企业的订单及信息处理能力更是客户关心的问题。

(4)发送运输。不论销售渠道如何，也不论是消费者直接取货，还是生产者或供应者直接发货给客户(消费者)，企业的产成品都要通过运输才能到达客户(消费者)指定的地点，而运输方式的确定需要参考产成品的批量、运送距离、地理位置等条件。

根据由生产者或供应者送货情况的不同，发货批量大小问题将直接影响到物流成本费用，因此，配送是一种较先进的形式。在保证客户(消费者)需要的前提下，配送不仅可以提高运输设备的利用率，降低运输成本，还可以缓解交通拥堵，减少车辆废气对环境的污染。

(5)装卸搬运。客户希望在物料搬运方面的投资最小化,例如,客户要求供应商以其使用尺寸的托盘交货,也有可能要求将特殊货物集中在一起装车,这样它们就可以直接再装运,而不需要重新分类。装卸搬运物流要考虑装卸搬运机器和器具、装卸搬运方式、省力化、机械化、自动化以及智能化等。

二、企业销售物流合理化

现在越来越多的企业不是让批发商承担本企业产品的销售物流,而是建立直接的销售物流系统,向位于流通最后环节的零售店直送产品。因此,企业越来越关注销售物流合理化的问题。目前,销售物流合理化的形式是多种多样的,有大量化、计划化、商物分离化、差别化、标准化、共同化等形式。

第一,大量化。大量化是通过增加运输量使物流合理化的一种做法,一般通过延长备货时间来实现,如企业把“当日配送”改成“次日配送”,或由“每日配送”改为“周日指定配送”等。这样能够掌握配送货物量,大幅度提高配送的装载效率。现在,以延长备货时间来增加货运量的做法已被越来越多的厂商广泛采用。

大量化运输策略是一种增大一次物流批量折扣收费的办法,它与过去那种按体积折扣收费的做法不同,是一种通过“大量发货减成收费”奖励对方的手段,如某洗涤剂厂与销售公司商定,如果以托盘装载的货车、大型卡车或双轮拖车为单位订货,则按货物的批发价格减1%收费,这被称为“集装货物减成收费”。特约经销商如果以卡车和货车为单位向平板玻璃厂订货,则根据订货数量减成收费,这被称为“大量发货减成收费制”。这种因实行物流合理化而节约的金额由双方合理分享,对销售物流合理化是特别重要的。

第二,计划化。通过巧妙地控制客户的订货,使发货大量化、稳定化,是实行计划运输和计划配送的前提。为此,必须对客户的订货按照某种规律制订发货计划,并对其实施管理。例如,按线路配送、按时间表配送、混装发货、利用归途车等各种措施被用于运输活动之中。由于发货、配送等活动都能按计划进行,这样就节约了费用,并简化了订货手续,同时还做到了有计划的生产。但这种计划化销售物流要看需求预测的准确程度如何。如果计划不准确,就可能导致客户增大库存或失去销售良机。因此,计划化是以商标绝对可靠、商品在客户中占优势地位为前提的。

第三,商物分离化。商物分离化是订货活动与配送活动相分离,这样就把自备卡车运输与委托运输乃至共同运输联系在一起了。而且,利用委托运输可以压缩固定费用的开支。由于共同运输提高了运输效率,从而大幅度节省了运输费用。

此外,还有销售设施与物流设施在功能方面的商物分离。这种商物分离有以下两种情况:一种是在同一企业内部的,另一种是与交易对象之间的。前者是把负责一定范围的物流据点合并起来,以加强公司内部物流管理的一种措施。这样做可以压缩流通库存,解决交叉运输等问题,同时也有利于生产企业货物运输的大批量化。但是,因设施集中合并,扩大了配送距离,也产生了因库存压力大影响销售积极性、紧急配送困难等不利因素。后者则是通过与交易对象的合作,力求减少中途物流环节。例如,原来是生产厂——销售经营部仓库——代理商仓库——顾客的流通路线,现在由于两者的合作,把销售经营部仓库和代理商仓库合并为区域配送中心,流通路线缩短为生产厂——区域配送中心——顾客。这种商物分离的做法把批发和零售从大量的物流活动中解放出来,可以把这部分力量集中到销售活动上,这样,生产厂的整个流通渠道不仅实现了物流效率化,流通的系统化也进一步得到了加强。

第四,差别化。差别化的一种方法是根据商品周转的快慢和销售对象规模的大小,把保管场所和配送方式区别开来,这就是利用差别化方法实现物流合理化的策略,即实行周转较快的商品群分散保管,周转较慢的商品群尽量集中保管的原则,以做到压缩流通阶段的库存、有效利用保管场地、库存管理简单化等。差别化的另一种方法则是根据销售对象决定物流的方法。例如,供货量大的销售对象从工厂直接送货;供货量分散的销售对象通过流通中心供货,使运输和配送方式区别开来。对供货量大的销售对象,每天送货;对供货量小的销售对象,集中一周配送一次等,灵活掌握配送的次数。无论采取哪一种形式，在采取上述方针时，都把注意力集中在解决降低物流费用与提高服务水平之间的矛盾关系上。

第五，标准化。标准化对销售批量规定了订单的最低数量，这样会明显地提高配送效率和库存管理效率。如化妆品企业采用了对小卖店不批发单一品种商品，只批发成套商品的“限制制度”，这样就显著地减少了拣配和配货作业人员，大幅度提高了订单处理和库存管理等物流管理效率。这种标准化所带来的物流合理化在今天的制药企业中处处可见。

第六，共同化。物流合理化中，最有效的措施是共同化。从各主体之间的关系来看，共同化可分为由本行业企业组合而形成垂直方向的共同化和与其他行业公司之间联合而形成的水平方向的共同化两类。前者的目的在于，通过集团企业内的物流一元化，实现物流活动效率化。如家电行业中，生产商和销售公司的共同保管和共同配送等做法就属于这一类型。后者为水平方向结合起来的共同化，大体分为以单一企业为主导的共同化和以行业为中心的共同化，这类共同化的动机是减少物流设施投资或实现质量管理方面的法律制度化等，其前提是：存在发挥主导作用的主体及对象物品销售上具有同一性和质量上的一致性等。

第二节　销售物流管理实务

一、销售物流管理的内容及其目标

（一）销售物流管理的内容

销售物流管理具体包括以下内容：

1. 收集、掌握和分析市场需求信息（包括需求量、需求分布和需求变化规律）、供需态势和竞争态势，制定市场战略和物流战略。

2. 规划销售物流方案，规划物流网络布局，根据物流网络规划设计策划销售物流总体运作方案。

3. 规划销售物流总体运作方案，设计规划各个物流网点、进行网点建设方案、网点内部规划（库区规划、货位规划等）和网点运作方案。

4. 策划设计运输方案和配送方案。

5. 策划设计库存方案。

6. 策划设计包装装卸方案。

7. 策划设计物流运作方案实施的计划和措施。

8. 物流运作过程的检查、监督、控制、统计和总结。

9. 物流业绩的检查、统计和小结。

10. 物流人员的管理与激励。

11. 物流技术的开发和运用等。

（二）影响销售物流管理工作的因素

一般而言，以下几个因素会对企业销售物流管理工作的开展造成较大影响：

1. 人的因素。一是要培养人，抓紧对人员技术素质和社会素质的培养；二是要充分激励与发挥人的积极性，实现人尽其才、人尽其用。

2. 市场营销观念。要从企业营销战略和目标市场需要出发，规划和评价企业销售物流系统。脱离市场营销战略孤立地评价一个物流系统的效能是毫无意义的。企业销售物流决策必须纳入企业的营销战略进行综合管理，即围绕目标市场需要，与企业的产品开发、定价、促销，特别是渠道选择等基本策略结合起来。

3. 客户服务水平。物流过程中向客户提供的服务水平是影响客户购买和连续购买企业产品的关键因素，为客户服务的水平越高，预期的销售量水平就越高。服务水平的提高同时意味着产生的费用上升。企业应在较低的费用与客户满意的服务之间进行抉择。

4. 管理技术。制定物流作业方案，规划物流网络、开发物流管理系统等都是物流管理技术。企业要开发自己的核心竞争技术，提高员工的管理技术水平。

5. 信息化。当代物流管理的显著特点是以系统化、计算机化的信息管理为基础。

（三）销售物流管理的目标

销售物流管理的目标就是保证销售物流有效、合理地运行。销售物流是指商品由生产企业至用户或消费者之间的分销物流，是企业物流系统的最后一个环节。销售物流的顺畅将使企业迅速、及时地将产品送到用户或消费者手中,进而达到扩大商品销售、加速资金周转、降低流通费用的目的。销售物流管理就是对销售物流活动的计划、规划、策划、组织和指挥、协调和控制,具体要做好以下各项工作:

1. 在适当的交货期准确地向顾客发送商品。

2. 对顾客的订单,尽量减少商品缺货。

3. 合理设置仓库和配送中心,保持合理的商品库存。

4. 使运输、装卸、保管和包装等操作省力化。

5. 维持合理的物流费用。

6. 从接受订单到发货的信息传递及时、顺畅。

7. 将销售额信息迅速提供给采购部门、生产部门和销售部门。

二、销售物流计划管理

(一)分销需求计划的原理

DRP 是分销需求计划(Distribution Requirement Planning)的简称,它是流通领域中的一种物流技术,是物料需求计划(MRP)在流通领域中的延伸与应用。该技术主要解决分销物资的供应计划和调度问题,其基本目标就是合理进行分销物资和资源配置,达到既保证有效地满足市场需要,又使配置费用最低的目的。

DRP 思想实际上是一种"准时"供应的思想,而准时供应的实现以大范围内的物流系统实时控制为基础,是计算机集成物流系统中决策支持系统的主要方法和原则之一。准时制物流要求将用户所需产品准时、保质、保量送至用户,制订物流计划的关键也就集中在订货需求与库存控制计划上。分销物资资源配送调度计划方法是物流系统管理计划导向的结果。DRP 主要在以下两类企业中应用:

1. 生产企业。大多数中小企业生产的产品是交给经销商或零售商去销售,自己没有销售网络。但是有的生产企业,特别是大型生产企业有自己的销售网络和储运设施,自己生产出来的产品,或完全自己销售,或部分交流通企业销售。这样的生产企业是面对市场生产产品,既搞生产又搞流通,它们的分销业务通常由企业的流通部门承担,具体组织储、运、销活动,而由企业的生产部门提供物资资源。

2. 流通企业。流通企业特别是一些含有物流业务的企业，如储运公司、配送公司、物流中心等，这些企业最基本的特征是，有可能亲自搞销售，也有可能不搞销售，但是必然有储存和运输的业务，也就是有进货或送货的业务。

上述两类企业的共同特征有 3 个：一是接受社会需求，并以满足社会需求为本企业全部工作的宗旨；二是依靠一定的物流能力（包括仓储、运输、包装、装卸、搬运等能力），以物流活动作为基本手段来满足社会的物资需求；三是为满足社会需求要从生产厂（物资资源市场）组织物资资源。

DRP 原理如图 4－1 所示：

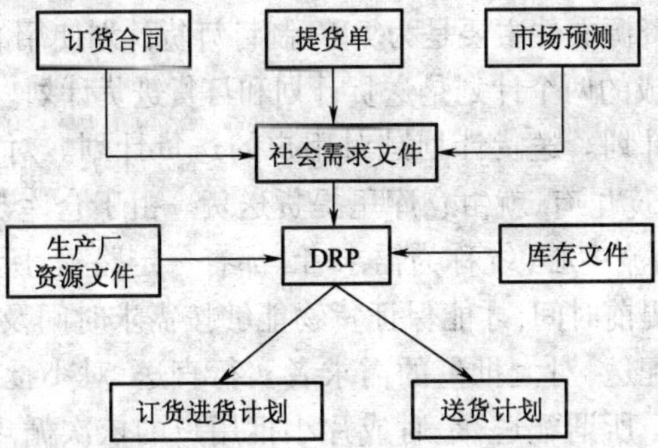

图 4－1　DRP 原理示意图

（二）DRP 的实施

实施 DRP 时要输入 3 个文件，产生两个计划。DRP 输入的 3 个文件分别是社会需求主文件、库存文件和生产厂资源文件。

1. 社会需求主文件。社会需求主文件是指所有的用户订货单、提货单或供货合同，也包括下属各子公司、下属各地区物流中心的订货单。将这些需求按品种和需求日期进行统计构成一个文件，制定出社会需求文件。若社会需求没有这些预先签订好的订货单、供货合同等，则社会需求量就要靠预测来确定。物流中心的人员根据自己过去的供货记录来预测未来每天（或周）的需求量，从而形成社会需求文件。

社会需求文件是进行 DRP 处理的依据，是 DRP 处理的最主要文件，没有这个文件就不可能进行 DRP 处理，因此又将其称为社会需求主文件。

2. 库存文件。库存文件是物流中心的仓库里所有库存物资量的列表。之所以需要这个文件，是因为物流中心需要根据它确定什么物资可以从仓库里提货送货、送多少，什么物资需要订货进货。仓库里有的物资从仓库里提货送货，送货的数量不能超过现有的库存量；仓库里没有的就应订货进货。所以，仓库文件也是制订 DRP 计划必需的文件。

3. 生产厂资源文件。生产厂资源文件是物资生产厂的可供资源文件。该文件包括可供的物资品种，也包括生产厂的地理位置情况。生产厂资源文件主要是为 DRP 制订订货计划使用的。

DRP 生成的两个计划是送货计划和订货进货计划。

1. 送货计划。送货计划是对用户的送货计划。对用户需求的物资，如果仓库里有，就由仓库里提货送货。由于仓库与用户、下属子公司、子物流中心（统称为需求者）都有一定路程，所以提货送货需要有一个提前时间，才能保证货物能够按需求时间及时送达。送货分直送和配送，对大批量的需求者实行直送，对小批量的需求者则实行配送。所谓配送，是对成片小批用户的依次循环送货，配送方式在保证用户需求的同时又可以减少车次，节省费用。

2. 订货进货计划。订货进货计划是指生产厂的订货进货计划。对用户需求的物资，如果仓库届时没有库存量，则需要向生产厂订货进货。因为订货进货需要占用时间，所以也需要设定订货提前期。订货进货计划要根据具体厂家来设定提前期，这由生产厂资源文件提供。

（三）DRP 的应用

如果要决定某种商品的需求量，首先需要查询该产品的预测需求量，然后检查该商品的库存量，并计算库存能够维持多长的时间。如果需要维持一个安全库存，就必须将它从计算维持时间的库存中扣除。假设没有在途商品，这里计算的日期是仓库缺货的日期（如果考虑安全库存，则是低于安全库存的日期）。如果考虑在途商品，必须将在途商品加入库存,以决定库存能够维持的时间,这样,库存商品与购进在途商品数量之和所需的日期就是下次订货进货到达的最佳日期。商品到达物流中心的日期与中央订货供应点的装运配送日期可能不一致,这就必须考虑从中央供应点订货进货的提前期。这段时间包括:由本物流中心将订货信息传输到中央供应点的时间,加上由中央供应点到本物流中心的装运、运输的时间以及本物流中心的验货收货的时间等。进货批量应当是规定的订货批量。同样,对本中心送货方的处理也应当参考送货提前期来确定送货日期,即由用户的需求日期倒退一个送货提前期,以确定本物流中心向用户的送货日期。这样既确定了本物流中心向供货方的订货进货日期和数量,又确定了本物流中心向需求方送货的日期和数量,如此,物流中心的工作计划就可以确定了。这个过程正是 DRP 在物流中心的运作过程。

【例 4-1】假设 W 物流中心有某种商品的库存 1 000 件,安全库存 400 件,每周的需求量在 160 ~240 件之间(如表 4-1 所示)。

表 4-1 DRP 需求与库存处理逻辑表

W 物流中心　　　　　　　　　　　　　供货单位:中央供货点

	前期	第 1 周	第 2 周	第 3 周	第 4 周	第 5 周	第 6 周	第 7 周	第 8 周
需求主计划		200	240	180	220	240	200	160	240
送货在途到货									
计划库存	1 000	800	560	380	160	-80	-280	-440	-680
进货在途到货									
到货计划									
订货进货计划									
送货计划									

注:品种 D1,订货批量 600,送货提前期 1,进货提前期 2,安全库存 400。

从表4-1中可以看到，计算逻辑是现有库存减去每周的预测需求量。第1周，期初库存1 000件，本周预测需求量是200件，则下周期初的计划库存为800件，以此类推，直到第3周计划库存低于安全库存量400件（第3周的计划库存是380件），而物流中心可能在第5周以后出现缺货。本例没有考虑在途商品（在以后的例子中再增加这一条件）。

分析表4-1可知，如果不从中央供应点运送商品到W物流中心的话，物流中心经理在第3周必须补货才能避免库存降低到安全库存以下，到第5周必须得到更多的补货，否则将出现缺货。在本例中，进货提前期是2周，而正常的进货批量是600件。2周时间是从中央供应点到物流中心的进货时间。600单位正好是两个满负荷运输台班。因此，物流中心经理应把批量600单位的商品于第3周运达物流中心，这批商品则必须在第1周从中央订货点装运发出。

表4-2　DRP订货进货与库存处理逻辑表

W物流中心　　　　　　　　　　　　供货单位：中央供货点

	前期	第1周	第2周	第3周	第4周	第5周	第6周	第7周	第8周
需求主计划		200	240	180	220	240	200	160	240
送货在途到货									
计划库存	1 000	800	560	380	160	-80	-280	-440	-680
进货在途到货									
到货计划				600		600			
订货进货计划		600			600				
送货计划		240	180	220	240	200	160	240	

注：品种D1，订货批量600，送货提前期1，进货提前期2，安全库存400。

如表4-2所示，第3周的货物送达后，需重新计算计划库存，发现第 6 周的计划库存 320 又低于安全库存，所以物流中心的经营者要求第 6 周必须有一批商品到货，同样，这批商品必须在第 4 周从中央供应点装运发出。

另外，还可用同样的方法求出送货计划，即由用户的需求日期提前一个送货提前期就可以确定送货日期。送货量等于用户的需求量（这里假设用户需求量要求全部配送，如果不是全部配送，则送货量就不等于需求量，可以进行人工临时调整）。本中心该产品的送货提前期为 1 周，所以把每周的需求量提前 1 周就得到送货日期和送货量。考虑到送货提前期一般很短，而且有很大的随意性，所以应给送货计划以很大的独立性，它只依赖于需求计划，并且不是由它来影响库存，而是由计划需求量来影响库存。

就送货方而言，将用户需求日期和需求量提前一个送货提前期，就得到了送货期和送货量，从而确定送货计划。就供货方而言，当库存量下降到等于或小于安全库存量时，应当有一个订货批量的订货量参与本期的需求使用，并得到一个新的本期库存量。而根据供货方的订货提前期，由这一期开始倒退一个提前期才能确定从供货方的订进日期和订进数量，从而确定订货进货计划。

在考虑在途物资的情况下该如何确定送货计划和订货进货计划呢？详见表 4－3。

表 4－3　DRP 在途物资的处理逻辑表

W 物流中心　　　　　　　　　　　　　　供货单位：中央供货点

	前期	第 1 周	第 2 周	第 3 周	第 4 周	第 5 周	第 6 周	第 7 周	第 8 周
需求主计划		200	240	180	220	240	200	160	240
送货在途到货		200							
计划库存	1 000	1 000	1 360	1 180	1 160	720	520	960	920
进货在途到货			600						
到货计划				600				600	

续 表

	前期	第1周	第2周	第3周	第4周	第5周	第6周	第7周	第8周
订货进货计划		600			600				
送货计划		240	180	220	240	200	160	240	

注：品种D1，订货批量600，送货提前期1，进货提前期2，安全库存400。

假设本中心该产品这个计划期的期前送货在途量为200，预计在计划第1周送达用户，而期前订货进货在途量为600，预计在第2周送达物流中心。因为送货在途将冲减用户需求，从而提高本中心该期库存量，而在途货物将增加本中心库存，减少订货进货次数，这样计算，可以得到如表4－3的结果。从表4－3中可以看到，第1周送达的货物在途200冲减了第1周的用户需求，从而提高了库存量（由原来800升为1 000，即期初库存量－本期需求量＋本期送货在途到货量）。而第2周的订货进货在途到货提高了库存量，由原来的760升高到1 360，使原来第3周的第一次订货进货就自然取消了。

上面的例子中，计划期是假设为8周，而在实际的DRP系统中，计划期可以延长到1年或更长。

以上考察的是W物流中心的一个产品D1的DRP计划操作方法。DRP计划的最终成果有两个：其一是产品D1的送货计划；其二是D1的订货进货计划，如表4－4、表4－5所示。送货计划是和特定的产品、特定的用户群相联系的，而订货进货计划都是与特定供货单位、特定产品相联系的。

表4－4　D1送货计划

W物流中心　　　　品种D1送货计划

	第1周	第2周	第3周	第4周	第5周	第6周	第7周	第8周
D1送货计划	240	180	220	240	200	160	240	

表 4－5　D1 订货计划

W 物流中心　　　　　　　　　　　　　　　　　　　　　　品种 D1 订货计划

	第 1 周	第 2 周	第 3 周	第 4 周	第 5 周	第 6 周	第 7 周	第 8 周
D1 订货计划						600		

一个物流中心通常有多个品种的物资，每一个品种都可以通过运行 DRP 得到类似的送货计划和订货进货计划。这样，把品种的送货计划汇集起来，就可以得到 W 物流中心总的送货计划表；把各个品种的订货进货计划汇集起来，就可以得到 W 物流中心总的订货进货计划表。

DRP 计划制订出来，其后的问题就是执行 DRP 计划。DRP 计划的执行要求组织车辆统一进行运输，包括进货和送货，既要保证每天运输任务的完成，又要使总费用最少，这样就必须采用物流优化方法。例如，对大批量用户采取大批量直送方式，对小批量用户采用配送方式。此外，也可以运用网络理论求出最短路径和最佳运输方式组织运输。

三、销售物流决策

企业销售物流的特点就是通过产品的包装、储存、运输、配送等一系列物流服务来协助企业实现产品的销售，因此，企业销售物流运作过程中涉及包括销售渠道设计与选择、客户服务水平、产品的包装形式、运输的最佳路线等一系列的决策工作。

（一）企业销售渠道设计与选择

1. 企业销售渠道的概念。企业销售渠道是指企业的产品从生产者转移到消费者过程中所经过的通道。商品或服务要从生产企业通过销售环节转移到消费者手中，并最终满足消费者的需要，必须借助一定的渠道，它是由一系列的中间机构和个人组成的，而这些中间机构或个人在销售渠道中的位置以及发挥的作用各不相同，使销售渠道表现为不同的结构层次，这些中间机构或个人也表现为不同的类型，而销售物流活动需要通过销售渠道来实现物品的转移。

2. 企业销售渠道的类型。企业的销售渠道可以按不同的标准划分为不同的类型。

(1)按企业的销售活动是否有中间商参与,可分为直接渠道与间接渠道。这种划分是看企业在其分销活动中是否通过中间商。直接渠道是商品从生产领域转移到消费领域不经过任何中间商转手的分销渠道;间接渠道则是商品从生产领域到消费者或用户手中经过若干中间环节的分销渠道。间接渠道是两个以上层次的分销渠道模式。

(2)按中间环节的多少,可分为长渠道和短渠道。零级渠道最短、三级渠道最长。所谓零级渠道,是指没有中介机构,即由企业→顾客(用户),故也称为直接分销渠道;一级渠道是含有一个中介机构,即由企业→中间商→顾客(用户);二级渠道则是含有两个中介机构,即有企业→中间商 1→中间商 2→顾客(用户);三级渠道是含有三个中介机构,即企业→中间商 1→中间商 2→中间商 3→顾客(用户)。更高层次的销售渠道较少见。

(3)按渠道中每个层次的同类中间商数目的多少,可分为宽渠道与窄渠道。宽渠道是指物流企业同时选择两个以上的同类中间商向顾客实施物品销售服务;窄渠道则是指物流企业在某一地区或某一产品门类中只选择一个中间商为自已实施物品独家销售服务。

(4)根据生产者所采用的渠道类型的多少,分销渠道可以分为单渠道和多渠道。有些生产者采用的渠道比较单一,而有的生产者则根据不同层次或地区消费者的不同的情况而采用不同的分销渠道。如果企业将所有的产品由自己直销或全部交给批发商经销,则称之为单渠道;如果企业在同一层次中利用不同类型的销售组织,则称之为多渠道分销。

3. 销售渠道的功能。销售渠道的功能主要包括 5 个方面:

(1)整理。由中间商负责完成的整理功能是指中间商要将不同产品分类、集合、分配、组合的活动,使所提供的产品能够符合顾客的需要。

(2)大量分销。大量分销可以达到成本的规模经济效益,进而才有可能赢利。

(3)联系顾客。联系顾客是指与消费者的接触和沟通,可发生在销售前、销售中及销售后。

(4)信用。信用是指资金的取得及周转,以满足销售工作的各项成本需求。

(5)市场调查。市场调查是指搜集与传递有关市场环境的各种信息,以供规划和促成交易。

4. 销售渠道设计。销售渠道设计是指企业为实现销售目标,对各种备选渠道结构进行评估和选择,从而开发新型的销售渠道或改进现有销售渠道的过程。正确选择和运用销售渠道,合理组织销售物流,可使企业迅速、及时地将产品传送到用户手中,以达到扩大商品销售、加速资金周转、降低流通费用的目的。每一个企业都需要设计和选择自己的销售渠道,没有物流销售渠道的策划和设计,盲目地开拓市场,结果市场是有了,但有可能导致原材料供应不上,产品供应不上,或者供应上来但成本很高。所以,企业在设计和选择销售渠道时,必须综合分析多方面的因素,以便作出科学的决策。

销售渠道设计决策的基本步骤是分析市场上消费者的服务需求,设定渠道的目标和限制,然后找出可能的渠道方案,评估主要的备选销售渠道。

5. 销售渠道选择。选择合适的销售渠道需要做好以下几项工作:

(1)综合分析影响销售渠道的各种因素。具体包括以下 4 个因素:

①产品因素。物流服务主要是借助运输工具和信息技术帮助顾客实现货物在空间上的位移。不同种类、不同品种、不同包装的产品以及生命周期不同阶段的产品都需要采用不同的物流服务。物流服务一般采用直销的方式,许多时候也会采用中间机构。

企业要根据产品的特性来选择销售渠道,主要考虑以下方面因素。

一是产品的大小和重量。体积过大或过重的产品应选择直接渠道或中间商较少的间接渠道。

二是产品的单个价值。一般而言，产品单个价值越小，渠道越多，路线越长；反之，单价越高，渠道越少，路线越短。

三是产品的耐腐性。对式样、款式变化快或容易腐烂、容易损坏的产品，应多利用直接销售渠道，避免不必要的损失。

四是技术性和售后服务。具有高度技术性或需要经常服务与保养的产品，如大型机电设备、现代办公用品等，销售渠道要短。

五是产品的数量。产品数量大往往要通过中间商销售，以扩大销售面。

六是产品生命周期。产品在生命周期的不同阶段，对销售渠道的选择是不同的。例如，为了使新产品较快地投入市场并占领市场，应采用直接渠道或利用原有渠道，而进入衰退期的产品就要压缩销售渠道。

②市场因素。市场因素具体包括以下几个。

一是目标市场的分布。任何企业的资源都是有限的，如何使用有限的资源并进行有效组合，为顾客提供服务，关系到企业经营的成败。通过市场细分，企业可以认识到每个细分市场上物流需求的差异，竞争者未进入或竞争对手很少的市场是客观存在的市场机会。抓住这样的市场机会，结合企业资源状况，从中形成并确立适合自身发展和壮大的目标市场，并以此为出发点设计相应的销售组合策略与物流策略。

二是目标顾客的习惯。顾客是企业服务的对象，是企业一切销售活动的出发点和最终归宿。物流服务必须坚持以顾客为中心，识别当今物流市场上各种顾客的特征，以便为顾客提供优质、高效、便捷的物流服务。在设计销售渠道时，必须了解所选定的目标顾客购买什么产品、在什么地方购买、为何买、何时买以及如何买，同时还要弄清楚顾客在购买产品时想得到的和所期望的服务类型与水平。

三是销售的季节性。物流服务会随着某些产品生产和消费的季节性而出现淡季和旺季之分。一般来说，在销售旺季，企业可采取间接渠道，而在销售淡季则可采用直接渠道。

四是竞争者的渠道选择。一般来说，企业要尽量避免和竞争者使用同样的销售渠道，或不得已使用和竞争者同样的渠道模式，但也要创造出自己的服务特色，以在竞争中获胜。

③企业自身的因素。企业自身的因素具体包括以下几个：

一是经营实力。企业如果拥有雄厚的资金实力和良好的声誉，就可以根据自身发展的要求，自由地选择销售渠道，采用间接渠道或建立直销渠道；而资金实力比较弱、名声不大的企业则适宜采用间接渠道，依靠中间商的力量来开拓市场。

二是营销能力。企业的营销能力强，营销人员的经验丰富，就可以依靠自身的实力，采用直接渠道；反之，则利用间接渠道。

三是对渠道控制的愿望。企业如果希望加强对销售渠道的有效控制，就应建立直接渠道，但是这对企业的要求较高；企业如果不具备控制渠道的能力，则适合采用间接渠道。例如，自建配送中心可以从批发商手上夺回配送的主动权，能随时掌握在途商品、库存货物等数据，对财务信息和供应商的其他信息也能加以掌握。

④环境因素。对企业而言，影响渠道的环境因素既多又复杂，具体可概括为社会文化环境、经济环境、法律环境等。

(2)明确渠道目标，确定中间商的数目。明确渠道目标是企业选择中间商的前提之一，主要有两个层次的目标：一是基本目标，即选择中间商，建立销售渠道要达到什么样的销售效果；二是手段目标，即要建立怎样的销售渠道，它在实现第一层目标的过程中应当发挥什么作用。企业明确了渠道目标，就要根据目标决定中间商的数目。企业销售渠道中的不同层次使用中间商数目的多少决定了销售渠道的宽度。企业按在每一渠道层次中使用中间商数目的多少可以形成3种可供选择的销售渠道策略，即集中性销售渠道、选择性销售渠道和密集性销售渠道。

(3)明确各渠道成员的合作方式及权责。企业把中间商作为销售渠道的成员，各成员之间是通过一定的方式联系在一起的，这就形成了企业的销售渠道系统。企业渠道成员是指为企业推销产品的中间商，成员之间的合作方式和权责要明确。

(4)评估各种备选渠道方案。企业如果有几种渠道方案可供选择，就必须根据某些标准来评价每一个渠道方案，从中选出最佳方案。一般来说，渠道方案的评价标准有3个，即经济性标准、可控性标准和适应性标准。

（二）客户服务水平的决策

企业进行产品销售工作时是与客户层近距离接触的，企业的客户服务水平会直接影响企业产品销售的实现状况。企业经营管理的主要目标就是获取利润，成本—收益核算是企业经营决策的主要环节，而企业所确定的客户服务水平的决策在企业经营过程中占据着重要的位置。

1. 客户服务的内容。客户服务的范围十分广泛，只要是能够促进企业销售工作进行的一切服务性活动，都可以被认为是客户服务，它们贯穿于企业销售工作的始终。这里将客户服务分为3部分，即销售前的客户服务、销售中的客户服务和销售后的客户服务。

销售前的客户服务不是直接面对客户的服务，而是按照客户为企业销售服务的活动。销售前的客户服务主要是企业对销售过程中需要向客户提供的服务进行前期的准备工作，其中包括确定客户服务水平和政策、企业现有资源的安排和利用、销售人员的组织以及技术等辅助设施的准备。

销售中的客户服务是促成企业产品销售的关键性活动，包括企业销售工作中产品送到消费者手中的一系列服务活动，如企业生产的产品进行流通前的包装，在工厂、仓库、销售商之间的运输和储存等，这些活动与企业的物流决策有着紧密的关系。如果企业保有的现货库存水平比较高，企业就可以直接从成品库向客户发送货物，提高交货效率，缩短交货周期；如果企业的现货库存不足以供货，就可能延长交货的周期，而且有可能影响企业销售量的增加。

销售后的客户服务也就是我们通常所说的售后服务。企业提供售后服务的主要目的是增强客户对其产品的忠诚度，保持现有客户对企业产品的偏好，同时利用这些客户对产品的忠诚来影响潜在客户，进而达到宣传产品、帮助扩大产品销售的目的。销售后的客户服务主要包括帮助客户进行产品的安装、试用，残次产品的更换以及产品的维修等。

2. 销售物流服务的要素。销售物流具有很强的服务性，是以满足用户的需求为出发点，从而实现销售和完成售后服务的。销售物流过程的终结标志着商业销售活动的终结，人们越来越认识到销售物流服务已经成为企业销售系统，甚至成为整个企业成功运作的关键，它是提高销售收入、提高客户满意度、留住客户的重要因素。

销售物流服务有 4 个要素，即时间、可靠性、通信和方便性。这些要素无论对卖方还是买方的成本都有影响。

(1)时间。时间要素通常是指订货周期时间。客户订货周期(Customer Order Cycle Time)是指从客户确定对某种商品有需要到需要被满足之间的时间间隔，也称为提前期(Lead Time)。时间要素主要受几个时间变量的影响，即订单传输时间、订单处理和配货时间、额外补充存货时间以及订货装运时间。企业只有有效地管理与控制这些时间，才能保证订货周期的合理性和可靠性，提高企业的客户服务水平。

①订单传输时间。订单传输时间是指从客户发出订单到卖方收到订单的时间间隔。

订单传送时间与订单传输方式有关，它可以从电话的几分钟到邮寄的数天。随着卖方订单传送速度的提高，提前期缩短了，但是订单传送成本提高了。

客户可以通过供应商的销售代表、直接邮寄、打电话或通过电子设备向供货方订货。3 种订货方式各有优缺点：向供货方的销售人员订货和直接邮寄订货，速度较慢且可靠性差；电话订货速度较快，但可靠性较差；利用传真进行订货，速度较快且可靠性较高。

电子商务技术的发展使订单传送方式发生了变革，供求双方的联系非常紧密，买方可以直接登录到卖方计算机，根据卖方所提供的产品及其他诸如装运日期等信息，有针对性地订货，或者通过网络直接订货，这种方式大大提高了订货效率，逐渐被更多的企业所采用。

②订单处理和配货时间。订单处理时间是指处理客户订单并准备装运的时间，这一功能涉及客户资信调查、销售记录的处理、订单移交到仓库以及装运文件的准备。订单处理可以通过有效地利用电子数据处理设备来同时进行各项工作。一般来说，运行成本的节约总量要超过利用现代技术设备的资本投资。

配货时间涉及挑选订货并包装以备装运。从简单的人工系统到高度自动化系统，不同的物料搬运系统对订货的准备有不同的影响，企业的物流管理者需要考虑各项成本与效益。挑选与包装时间主要受下列因素影响：系统的自动化程度；客户订货的复杂性；分拣设备的大小及复杂性；是否托盘化或者托盘尺寸是否匹配。

③额外补充存货时间。额外补充存货时间是指当不能立即得到所订购的货物时，就会出现分割订单的问题，即需要额外补充存货的时间。就库存产品而言，即使库存水平相当高，订单不完全履行的概率可能也会很高。

例如，一份订单包括5种产品，而每一种产品的在库概率均为0.90，则这份订单履行的概率只有：

$$FR = 0.90 \times 0.90 \times 0.90 \times 0.90 \times 0.90 = 0.59$$

这就需要利用备用货源部分履行订单，因此，要完全履行订单，就需要额外补充存货时间。

④订货装运时间。订货装运时间是指从将订货装上运输工具到买方在目的地收到订货的时间间隔。这一时间的长短与装运规模、运输方式、运输距离等因素有关。

货物全部运输时间的长短主要取决于不同的运输方式，再者是运输距离的长短。由于以上4个方面的每一项改进都要付出很高的代价，因此，管理者可以先改进一个方面问题，而其他方面的问题以现有水平运行。

客户订货周期的缩短标志着企业销售物流管理水平的提高，但是，如果没有销售物流的可靠性作保证，客户订货周期的缩短则是毫无意义的。

(2)可靠性。可靠性是指根据客户订单的要求，按照预定的提前期安全地将订货送达客户指定的地方。对客户来说，在许多情况下，可靠性比提前期更重要。如果提前期是固定的，客户可将其库存调整到最低水平，不需要保险存货来避免由于波动的提前期造成的缺货。

①提前期的可靠性。提前期的可靠性对客户的库存水平和缺货损失有直接影响，可靠的提前期可以降低客户面临的供应不确定性。如果生产企业能向客户保证预定的提前期，加上少许偏差，那

么，该企业就使它的产品与竞争者的产品明显区别开来，企业提供可靠的提前期能使客户的库存、缺货、订单处理和生产计划的总成本最小化。

②安全交货的可靠性。安全交货是销售物流系统的最终目的，如果货物破损或丢失，客户不仅不能如期使用这些产品，还会增加库存以及生产和销售成本。收到破损货物意味着客户不能将破损的货物用于生产或销售，这就增加了缺货损失。为了避免这种情况，客户就必须提高库存水平。这样，不安全交货使买方提高了库存成本，这种情况对采用及时生产方法的企业来说是绝对不允许的。另外，不安全交货还会使客户承担向承运人提出索赔或向卖方退回破损商品的费用。

③正确供货的可靠性。当客户收到的订货与所订货物不符时，将给客户造成脱销或停工待料等损失。销售物流领域中订货信息的传送和订货挑选将影响企业的正确供货。在订货信息传递阶段，使用 EDI 可以大大降低出错率，产品标志及条形码的标准化可以减少订货挑选过程中的差错。另外，EDI 与条形码结合起来还能够提高存货周转率、降低成本、提高销售物流系统的服务水平。

物流管理者必须连续监控以上 3 个方面的可靠性，包括认真做好信息反馈工作，了解客户的反应及要求，提高客户服务系统的可靠性。

(3)通信。与客户通信是监控客户服务可靠性的关键手段。设计客户服务水平必须包括客户通信。通信渠道应对所有客户开放并准入，因为这是销售物流外部约束的信息来源。没有与客户的联系，管理者就不能提供有效及经济的服务。然而，通信必须是双向的，卖方必须能把关键的服务信息传递给客户，例如，供应方应当把降低服务水平的信息及时通知客户，使买方能够作必要的调整。另外，许多客户需要了解装运状态的信息，询问有关装运时间、运输路线等情况，因为这些信息对客户的运行计划是非常必要的。

(4)方便性。市场学的一个研究领域是市场细分（也称为市场细分化），这是根据消费者之间需求的差异性，把一个整体市场划分为两个或更多的消费者群体，从而确定企业目标市场的活动过程。

由于消费者需求的变化，企业只能满足市场上一部分消费者的需求，因此，企业可以有针对性地提供不同的产品。细分的标准包括地理环境、客户状况、需求特点以及购买行为等因素。

进行企业销售物流管理也需要将客户进行细分，方便性就是指服务方式必须灵活多样。从销售物流服务的观点来看，所有客户对系统有相同要求，有一个或几个标准的服务方式适用于所有客户是最理想的，但这是不现实的。例如，某个客户要求所有货物用托盘装运并由铁路运输，另一个客户可能要求汽车运输，不使用托盘，或者个别客户要求特定的交货时间。因此，客户在包装、运输方式及承运方面就必须确认客户的不同要求，为不同客户群设计适宜的服务水平，这样可以使管理者针对不同客户、以最经济的方式满足其需求。管理者必须将方便性因素摆在适当的位置，销售物流功能会由于过多的服务水平政策而不能实现最优化。服务水平政策需要具有灵活性，但是必须限制在容易识别客户组的范围内，在每一个特定情况下都必须考察服务与成本之间的关系。

3. 服务成本与服务水平。企业销售利润可以通过销售收入与销售成本的差额来衡量，而企业向客户提供服务而产生的成本是企业销售成本的一部分，随着企业所确定的客户服务水平的提高，服务成本总体上呈现增长趋势。所以，客户服务水平决策要综合考虑销售收入和服务成本的变化，而不是仅针对其中一个因素进行，我们把销售收入和服务成本的差额（利润）作为决策的关键变量，即将利润最大所对应的客户服务水平作为经营运作的客户服务水平。

（三）产品包装材料和包装形式的决策

产品的包装活动预示着企业生产环节的结束和企业销售工作的开始。由于当今产品开发研制速度越来越快，产品包装的设计开发也随之展开，新的包装材料、新的包装技术和新的包装形式广泛出现，这就为企业产品包装的开发开拓了广阔的前景。

1. 产品包装对材料的选择。包装材料与包装功能存在不可分割的联系。无论包装材质的选择，还是包装技术的实施，都是为了保证和实现包装的保护性、方便性等。包装材料在产品包装中占有重要的地位，所以我们必须慎重考虑包装材料的性能，合理选择包装材料。包装材料的选择主要取决于产品的类型、所需的运输和保护要求,应综合考虑多方面因素。

2. 产品包装对尺寸的选择。产品包装的尺寸影响着运输包装的尺寸,而运输包装又要根据企业选择的运输方式、运输工具等因素来调整其尺寸。企业进行如此复杂、繁琐的决策工作,无非是通过物流运作的成组化来提高企业产品销售物流的工作效率。托盘、集装箱等集运容器的使用也迫使企业进行产品包装尺寸的选择,使其与企业所选用的运输工具能够提供空间无缝隙装运,同样节省产品的运输、仓储空间,节约运输、仓储等相关费用。此外,企业在决定产品包装尺寸时也必须考虑一些安全因素。

(1)包装材料的承重能力。包装材料的承重能力是指包装内所装产品的总重量不应当超过材料允许的重量限制,否则容易造成产品的损坏。通常产品的单位重量是不变的,根据包装材料承重能力的限制决定产品包装的尺寸,也就是决定包装内的最佳产品数量。同时,企业在确定数量时还需要考虑到安全承重余量。也就是说,产品可能会由于受潮、发生化学反应等原因而使自身的重量增加。因此,在确定包装内产品数量时,不应当按照包装承重能力的上限来确定,而应当在上限的基础上减去一个安全余量,这样确定的产品数量才是最佳的和安全的。

(2)对于偏重的产品,企业在组合产品时还需要考虑卸货的方便性,以免造成企业销售工作的额外费用支出。

(3)除了运输工具以外,企业还需要考虑产品仓库的堆垛。因此,企业可以根据产品在整个流通领域的单位载荷决定产品包装,这样可以方便产品的搬运,同时也能降低货损出现的概率。

(四)销售运输决策

销售运输是产品增加空间价值的主要手段,产品的运输在企业经营管理中也是很重要的环节,需要企业对其进行详细的研究和分析,最后作出决策。销售运输决策的内容包括对运输方式的选择、运输承运人的选择和运输策略问题。

1. 运输方式的选择。运输方式的选择对销售物流系统的运作效率和成本控制起着十分关键的作用。管理者首先要根据销售系统的要求从铁路、公路、航空、水路、管道运输等方式或联合运输中作出选择，其中包括对不同方式的运价和服务水平的评价。

由于运输成本在总物流成本中占有重要比例，而且不同运输方式的运价相差很大，因此，运价是选择运输方式的一个非常重要的因素。但是，运输成本最低的运输方式通常会导致物流系统中其他部分成本的上升，难以保证整个物流系统的成本最低。由此看来，尽管运价是影响决策的一个因素，但它绝不是唯一的因素，企业必须考虑运输服务的质量以及这种服务带来的对整个销售物流系统运作成本的影响。不同运输方式下的运输时间将对物流系统各节点所要求的存货水平造成不同的影响，即较长的运输时间需要较高的存货水平。运输方式的可靠性和安全交货的程度也会影响各结点的存货水平、物料搬运设备和劳动力的使用、货损赔偿以及通信的时间与成本。运输方式的选择要根据物流系统的总体要求，结合不同运输方式的成本与服务特点进行。

2. 承运人的选择。尽管某一运输方式下大多数承运人的运价和服务是相似的，但其服务水平存在很大的差异。同一运输方式下承运人的成本结果相同，则同一运输行为的运价也十分相似，所以，运输价格并不是选择具体承运人的最重要标准，而承运人的服务质量将成为同一运输方式下选择具体承运人的决定因素。因此，当从一种运输方式中选择承运人时，承运人服务水平的高低是企业进行选择的最重要因素。

3. 运输策略的选择。

(1)影响企业产品销售运输策略的主要因素。

①外部环境。企业的销售运输策略要受到企业外部运输环境的影响，企业所处的地理环境、运输条件、国家的运输政策都直接影响着企业的运输策略。例如，在运输业受到垄断和管制的环境中，基本不需要太多的运输策略，不需要与承运人进行价格的谈判，重要的是适应运输业的各种政策规定，而在运输业放松管制的环境中，由于各运输方式之间、各承运人之间相互竞争，运价更多地受到市场的调节，因此，与承运人签订合同或协议就显得尤为重要。

②库存水平。企业的销售运输策略还受到库存水平的影响。

随着生产方式的转变,许多企业由大批量生产转为小批量、多品种生产,有的企业甚至采用准时生产方式。这种生产方式使库存水平大大降低,但对运输质量的要求则大大提高了。对企业整体而言,低存货和高服务的企业策略与低运输成本策略发生了矛盾。为了防止低库存水平下的缺货,必须改变运输策略,采用频繁的小批量、快速运输才能满足企业的需要,但这将导致运输成本的提高。

(2)提高企业销售物流中的运输效率和效益的方法。具体包括:①实行集约化管理;②减少承运人数量;③使用自有车辆运输;④订立运输合同等。

四、订单管理

订单管理分为向供应商采购货物的订单管理和接受顾客订货的订单管理两部分。在向供应商下采购订单时,要考虑货物未来的需求、安全库存、缺货率、服务水平、每次订货量等因素。接受顾客订单管理则比较复杂,一般接受订单的方式有电话订购、传真订购、电子媒体或者 EDI 方式等,还有物流中心以外包方式,由信息公司统筹所有的接单事宜,包括订单的确认、分类和整理,然后直接下拣货单给物流中心出货。订单管理的内容包括订单传递、订单处理、订单分拣和集合。

(一)订单管理要注意的问题

要做好订单管理工作,一般应注意以下几个问题的处理:

1. 接受订单时,先检查顾客的信用,以便减少风险;确定没有风险以后再检查库存,包括现有库存、已采购和入库的数量以及已接受订单但还未出货的数量,以决定是否有足够的货物满足顾客的需求;如果库存不足,要告诉客户可能送达的时间,或征求客户的意见,是否可以将现有的货物先出货,并将客户反馈的意见记录下来,作为以后改进工作的依据。

2. 在确定库存以后,便要计算出货配送的能力。首先要计算出每张订单从拣货到出货所要花费的时间。如果接受的订单超过了出货能力,则不能按照顾客的需求及时将货物送达,或不接受订单,或询问顾客是否能延迟送货时间。另外还要考虑配送能力,如配送区域、路线，如果同一路线上订单超过配送能力，而且没有闲置的车辆，配送时间便会受到影响，进而影响货物送达顾客的时间。因库存不足或运输配送能力不足等而无法及时送货的订单应当由专人处理，并及早通知客户采取补救措施，以减少顾客的抱怨。此外，还应当对整个物流作业的过程进行监控，及时掌握作业进行的进程，以便顾客查询。

3. 进行订单管理，应当尽量简化订单处理的流程，提高效率，尽量缩短订货周期，减少缺货现象。

4. 不要忽略小客户，小客户的订货虽小，但可能是大批订货的“前奏”，而且大客户也有小批量的时候。最重要的是，当客户与企业建立了稳定而信任的供销关系以后，将为以后的继续订购打下良好的基础。

5. 注意控制和解决订单处理中的波峰现象。所谓波峰现象，就是大量的客户几乎集中在同一时间发出订货单，使订单处理系统超负荷而延误订单的及时处理，从而造成整个订货周期时间的延长，企业客户服务订单水平下降。解决波峰现象的关键是控制客户发出订单的日期，企业如果影响客户的订货日期，就能使订货平衡，减少订单处理工作中的波峰和波谷现象。

（二）订单处理流程

根据企业的营运方式，接受订单的处理模式可区分为两大类：“订单生产方式的订单”与“存货生产方式的订单”。订单生产方式的订单是以客户的订单来组织生产，基本上库存为零，或者只能给客户提供参考样品；存货生产方式则是根据销售部门对市场的预测得出的结论来组织生产，销售人员销售的是已经生产出来的产品。

订单生产方式的订单处理流程如下：

1. 销售部在同意客户订单之前，必须了解生产部门的生产设计能力，获得生产部门的确认。

2. 销售部在接到客户的订单样品及询价单价后，将样品交由设计部门设计打样。

3. 市场部根据制作完成的产品样品，与生产部门讨论制造流程及可能需要的生产日程后，拟定样品成本分析报告，呈报总经理核准。

4. 销售部将制作完成的产品样品及设计图样交给客户，由其认可并商议交货期。

5. 客户同意交货期并同意接受所制成的样品后，则由销售部组织报价工作。

6. 若客户对样品不满意，则由设计部门依据客户意见再予修改。

7. 若客户不同意交货期，则由销售部与生产部及实际生产作业部门研究后，再与客户洽商。交货期的确定必须协调客户需求与企业的制造生产能力。

8. 客户同意样品及交货期后，销售部根据样品成本分析报告，再加上运费、保险费、各项费用及预期利润计算出售价，并列表呈总经理核准。

9. 总经理同意并签字后，由销售部负责承办人员向客户报价。

10. 若客户接受报价，销售部接到客户正式订单后，首先检查订单各项条件齐全与否，订购内容是否清楚，若有涂改，应盖章注记。

对存货生产方式，重点在于销售预测的能力与准确性，市场部门要通过销售预测确定可能的销售量；生产部门则根据市场部门的预测来安排采购与生产工作。

（三）订单处理要考虑的因素

有许多因素会加快或延缓订单处理的时间，这些因素源于运营过程、客户服务政策以及运输操作等多个方面。

1. 订单处理的先后顺序。某些公司会排定客户清单的先后顺序，用这种方法把有限的时间、生产设备能力以及人力资源配置到更有利可图的订单上。在此过程中，它们将改变订单处理的时间。享有较高优先等级的订单会被优先处理，而那些优先等级较低的订单则要留待稍后进行处理。另一排序方法是，企业按照订单收到的先后次序进行处理。尽管后者看起来似乎对所有的客户更加公平，但其实并没有必要这样做，而且将所有的客户同等对待的做法还可能延长订单的平均处理时间。有些企业虽然可能不会明确指出订单处理的先后顺序，但总会实际执行一些心照不宣的处理原则。

2. 并行处理与顺序处理。有时精心安排订单处理流程中的各项工作能显著缩短订单处理的时间。如果完全依次来完成各项工作,订单处理时间是最长的;如果几项工作同时进行,总的订单处理时间就会缩短。如果仅仅做一个微小的改动,即可将一份订单复制多份,这样,销售经理在查看其中一份副本的同时,便可进行订单信息转录和客户信用核查(并行处理)工作,从而缩短了订单处理时间。

3. 订单履行的准确度。如果公司能够准确无误地完成客户订单的处理周期,不产生任何错误,那么,订单处理时间很有可能是最短的。尽管错误可能在所难免,但是如果公司将订单处理时间看成是经营管理的首要因素,就应当严格控制出错的次数。

4. 订单的批处理。把订单收集成组进行批处理,可以降低处理成本。如果待持有的订单达到一定批量时再处理,则会增加订单的处理时间,对那些先收到的订单尤其如此。

5. 合并运输。与订单批处理类似,企业也可能保留客户订购的货物,直至达到一定的经济运输批量,即将几个小订单的货物集中在一起,组成较大的运输批量,以降低运输成本。这样虽延长了订单处理时间,却减少了运输成本。

五、客户关系管理

(一)客户关系管理的定义

客户关系管理(Customer Relationship Management,CRM)是指企业为提高核心竞争力,达到竞争制胜、快速成长的目的,树立以客户为中心的发展战略,并在此基础上开展的包括判断、选择、争取、发展和保持客户所需实施的全部商业过程;是企业以客户关系为重点,通过开展系统化的客户研究,通过优化企业组织体系和业务流程,提高客户满意度和忠诚度,提高企业效率和利润水平的工作实践,也是企业不断改进与客户关系相关的全部业务流程,在最终实现电子化、自动化运营目标的过程中所创造并使用的先进的信息技术、软硬件和优化的管理方法以及解决方案的总和。

所谓客户关系管理,就是把物流的各个环节作为一个整体,从整体的角度进行系统化的客户关系梳理，在企业的层面选择企业的客户、不断优化客户群，并为之提供精细服务的管理过程。

客户关系管理是在客户需求的拉动下，为了增强物流竞争力而借助信息技术和管理技术，将物流业务流程相互集成，实现产品设计、原料采购、产品制造、仓储配送、分销与零售集成化，并进行优化管理，进而实现客户价值最大化的管理模式。这种管理模式实际上是一种"客户拉动"的管理模式，也就是以客户服务、客户满意为价值取向的模式。客户需求是现代物流的起点和动力，客户需求的满足也是一个过程的终点和企业目标的实现，其重要性在于客户价值超过了产品价值本身。由于搞好客户关系管理首先就要了解客户的需求，实现快速反应，提供个性化需求的满足，在此基础上通过规模的扩大来提高利润，而不仅仅是通过压缩成本开支来机械地增加利润。

客户关系管理是从"以产品为中心"向"以客户为中心"转变过程中的必然产物，它使企业的关注焦点从企业内部运作扩展到与客户的关系上来。

（二）客户关系管理的重要性

客户关系管理对企业的市场营销活动是至关重要的，它可以大规模、全方位收集和分析客户信息，能够为市场营销提供越来越丰富的数据资源。通过客户调查和测试结果，能够使企业对新商品、新广告策略、新兴市场等有准确的定位，从而在正确的时间，以正确的价格，向正确的客户销售正确的商品，辅助企业提高服务水平，提供主动、完善的服务。

1. 客户关系管理重要性的体现。

(1)有效整合客户的关键信息。记录客户的详细信息及以往与客户的联络情况，包括客户档案管理、联络记录管理等。其中，客户档案除包括客户名称、所属行业、地址等基本信息外，还将客户按不同标准分类，以便于对客户信息的准确把握和物流需求的预测；联络记录详细记载了每次与客户联系的时间、方式、情况、结果等，同时对客户资料进行分析、处理和归档，在信息技术的支撑下使企业既能根据客户的特点提供服务，又能对客户的赢利性进行评估。

(2)为客户提供个性化产品服务,增强客户对企业的忠诚度。企业能够将其服务业务扩展到互联网上,使客户能够通过 Internet 选择并购买具有个性化配置的产品或服务,真正实现定制的个性化服务。客户通过浏览网页了解感兴趣的产品,提出服务请求、查阅产品常见问题的答案、在线订购所需服务并检查服务状况、查看和支付账单等。企业通过客户购买服务的数据,能够针对不同客户创建个性化的促销和服务建议,并通过 Internet 向客户发出这些建议,推荐有关物流方案。

(3)提高售前工作的效率和质量。对有关物流基础方案的信息及销售、库存等情况的查询与分析,可以使营销人员对市场营销活动有效地作出计划、执行、监视和分析。根据客户需求设计和分发宣传品,对有购买意向的客户跟踪、分配和管理等。这些功能可以帮助企业实施针对性强、效率高的市场营销活动,从而争取和保留更多的目标客户。

(4)企业对市场条件的变化作出即时反应。依据大量与客户服务及产品销售有关的数据,根据历史记录预测未来他们的购买意向及市场销售的趋势,包括竞争对手档案管理等信息,详细记录竞争对手的优势与不足,用来帮助营销人员在制定营销战略时扬长避短,从而最终在竞争中获胜。这为企业在改进客户满意度和企业自身赢利、扩展新的市场和商业渠道、降低销售周期和销售成本方面均提供了全方位和强有力的支持。

2. 客户服务的目标体现。客户服务反映了一种新型的营销观念,也是客户关系管理的主要载体,旨在改善与优化企业与客户之间的地位。客户服务主要实施于企业的营销、服务与技术支持等与客户有关的领域。其目标一方面是通过提供更快速、周到的优质服务,吸引和保持更多的客户;另一方面是通过对企业业务流程的全部重组和管理,降低企业成本。其实施目标具体体现在以下几个方面:

(1)通过提供更快速和周到的服务,吸引和保持更多的客户。

(2)通过对业务流程的全面管理,降低企业的成本。

(3)客户服务的自动化。

（三）客户关系管理的环节和方式

1. 客户关系管理的环节。

(1)客户关系管理的目标。客户关系管理是以客户为中心的包括销售、市场营销和客户服务的企业业务流程自动化系统，通过改进和提高客户满意度来提高企业的经营效率和赢利能力。它不仅是一种技术，更是一种管理理念。客户关系管理的目标归纳起来主要有以下3个方面：

①提高效率。通过采用信息技术，可以提高业务处理流程的自动化程度，实现企业范围内的信息共享，提高企业员工的工作能力，并有效减少培训需求，使企业内部的管理更高效。

②拓展市场。通过新的业务模式（如电话、网络等）扩大企业经营活动范围，及时把握新的市场机会，以便占领更多的市场份额。

③维系顾客。客户可以选择自己喜欢的方式与企业进行交流，在方便地获取信息的同时得到更好的服务。客户的满意度提高了，就可以帮助企业维系客户关系，保留更多的老顾客，并更好地吸引新客户。

客户关系管理系统不仅是一个管理理念，更是一套人机交互系统和一种解决方案，其中贯穿着系统管理、企业战略、人际关系资源的合理利用等思想，它能帮助企业更好地吸引潜在的客户和留住最有价值的客户。通过客户关系管理，企业可以迅速发现潜在客户，对客户进行全面的观察和管理，更好地了解客户需求，对客户及其发展前景进行有效的预测，对其当前和潜在的利益进行科学的分析，进而维系二者之间的关系，并使从客户身上的赢利实现最大化。因此，企业必须对不同的客户采取不同的策略，CRM 正是达到这一目的的最好工具。

(2)客户关系管理系统的组成部分。一般来说，一个企业级的 CRM 系统通常包括销售管理、市场管理、客户服务与支持3个部分。

①销售管理。CRM 能帮助销售部门有效地跟踪诸多复杂的销售路径，用自动化的处理过程代替原有的手工操作过程，这样既缩短了销售周期，又减少了许多错误和重复性的工作。利用这一工具，销售人员可以将客户信息装入一个“配置引擎”及一个可共享的

"市场推销百科全书"中,为每一位销售人员提供获取产品和市场竞争的信息,以便及时掌握市场动态,获取最大的销售利润。同时,企业也不会由于某位销售人员的离去而丢失重要的销售信息。销售管理还为使用者提供了各种销售途径和工具,如电话销售、移动销售、远程销售、电子商务等。通过它们,销售人员无论何时何地都可及时地获得有关产品、定价、配置和交货的信息。

②市场管理。CRM 具有市场分析、市场预测和市场活动管理功能。市场分析能帮助市场人员识别和确定潜在的客户和市场群落。例如,通过人口统计、地理区域、收入水平、以往的购买行为等信息,更科学、更有效、更正确地制定出产品和市场策略,同时还可以提供企业业务为何出现盈亏的信息,使管理者更好地监视和管理企业当前的运营。预测能力既可以为新产品的研制、投放市场、开拓市场等决策提供准确的依据,又可以为制定销售目标和定额提供参考,还可以进行基本市场及市场群落分析、客户分析、产品分析等,并能把相关的信息自动传递到各有关部门,以加强监控,实现协调运转。市场活动管理则能为市场主管人员提供制订预算、计划、执行步骤和人员分派的工具,并在执行过程中实行监控、快速反馈及响应,以不断完善其市场计划;同时,还可以对企业投放的广告、举行的会议、展览、促销等活动进行事后跟踪、分析和总结。

CRM 所提供的营销自动化模块作为对销售自动化的补充,为营销提供了独特的能力,如营销活动(包括以网络为基础的营销活动或传统的营销活动)计划的编制和执行、计划结果的分析、清单的产生和管理、预算和预测、营销资料管理(关于产品、定价、竞争信息等的知识库)以及对有需求客户的跟踪和管理。营销自动化模块和销售自动化模块的不同在于,它们提供的功能不同,而且功能的目标也不同。营销自动化模块不局限于提高销售人员活动的自动化程度,其目标是为营销及其相关活动的设计、执行和评估提供细致的框架。在很多情况下,营销自动化和销售自动化的模块是互为补充的。

③客户服务与支持。在很多情况下,客户的保持以及客户利润贡献度的提高依赖于优质的服务。客户只需轻点鼠标或打一个电

话就可以转向物流企业的竞争者。因此，客户服务和支持对很多公司都是极为重要的。在 CRM 中，客户服务与支持主要是通过呼叫中心和互联网实现的。CRM 系统中强有力的客户数据使通过多种渠道(如互联网、呼叫中心)的纵横向销售成为可能，当把客户服务与支持功能同销售、营销功能比较好地结合起来时，就能为企业提供更多的机会，向企业的客户销售更多的产品。客户服务与支持的典型应用包括客户关怀、纠纷处理、订单跟踪、现场服务、问题及其解决方法的数据库、维修行为的安排和调度、服务协议和合同、服务请求管理等。

2. 客户关系管理的方式。一个典型的物流企业 CRM 管理流程通常包括 4 个阶段，如图 4 -2 所示。

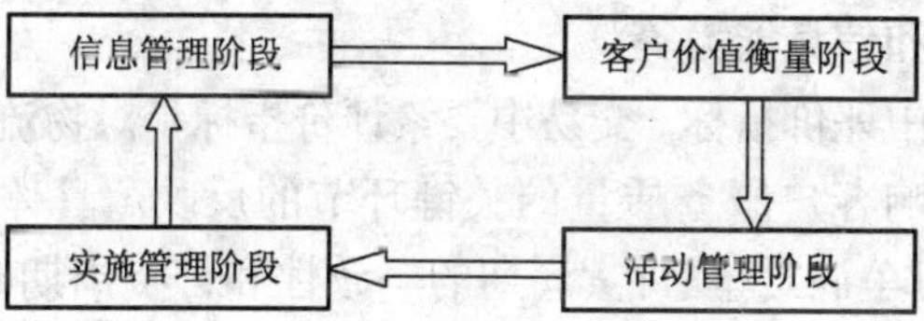

图 4 -2　CRM 流程循环

(1)信息管理阶段。CRM 系统需要从企业的业务系统、EPR 系统、MIS 系统、OA 系统抽取有关客户的数据，然后进行进一步转换、清理和加工。

(2)客户价值衡量阶段。在数据加工的基础上，用数据仓库和数据挖掘工具对数据进行整理，生成有用的客户信息。

(3)活动管理阶段。根据取得的客户信息设定一些企业的市场推广活动，比如，要促销企业的新产品时，就要进行客户细分，分析哪些客户最有可能成为企业的促销对象，做到有的放矢。

(4)实施管理阶段。它是上一个阶段活动的具体化，促销活动设计完成以后，需要通过各种渠道，如呼叫中心、网站发布、发送 E-mail等方式进行具体的实施。

这 4 个阶段构成了企业 CRM 闭环流程，使其紧密衔接、环环相扣。

(四)客户服务绩效评价

定期对客户服务系统进行绩效评价,有利于企业发现问题,改进服务,在竞争中占据优势。对客户服务的绩效水平进行评价,可以运用4个方面的指标:客户满意度、交易前评价指标、交易中评价指标和交易后评价指标。

1. 客户满意度。客户满意度是经常被提及的一项评价指标,反映了企业对客户满意程度的重视。客户满意度采用问卷调查、回访、座谈等方法来获得客户满意与否的相关信息,但由于操作性较差,在客户服务绩效评价的过程中,应当尽量将这一指标分解为诸多的分指标,同时结合企业的市场份额、企业的形象、声誉、客户忠诚度等指标,力争能够从不同侧面全面、真实地反映客户的满意程度。

2. 交易前评价指标。交易前要素评价指标包括库存可得率、目标交付时间和信息能力等。

3. 交易中评价指标。交易中要素评价指标是对物流服务提供过程中可能影响客户服务质量的关键环节的反映。具体包括下订单的方便性、订单满足率、订货周期的一致性和订货周期时间、订单处理正确率、订单跟踪、灵活性、货损率等。

4. 交易后评价指标。交易后要素评价指标是对物流服务作业活动结束后一些可能影响客户服务质量的关键因素的反映。具体包括票据的及时性、退货或调换率、客户投诉率和客户投诉处理时间等。

企业在进行客户服务的绩效评价时,应结合自身的特点,对上述4个指标进行修改和完善,并根据评价的结果找出与企业目标的差距,采取必要的纠正和改进措施,不断提高客户服务质量。

第三节　逆向物流管理

一、逆向物流概述

随着市场经济的深入发展,物流的重要性普遍得到人们的认可,并开始重视逆向物流的重要性。逆向物流(Reverse Logistics)是指商品从最终的消费目的地回流企业的全部物流活动,其目的是适当处理逆向物流商品，并获得价值和利润。

在我国，由国家质量技术监督局发布、2001 年 8 月 1 日起正式实施的《中华人民共和国国家质量标准物流术语》中所定义的“逆向物流”是狭义的逆向物流，它不包括废弃物物流，具体表述为：回收物流（Returned Logistics）是指不合格物品的返修、退货以及周转使用的包装容器从需方返回到供方所形成的物品实体流动。比如，回收用于运输的托盘和集装箱、接受客户的退货、收集容器、原材料边角料、零部件加工中的缺陷在制品等销售方面物品实体的反向流动过程。废弃物物流（Waste Material Logistics）是指将经济活动中失去原有使用价值的物品，根据实际需要进行收集、分类、加工、包装、搬运、储存等，并分送到专门处理场所时形成的物品实体流动。

综上所述，逆向物流有狭义和广义之分。狭义的逆向物流（Returncd Logistics）是指对那些由于环境问题或产品已过时的原因而导致的产品、零部件或物料回收的过程；广义的逆向物流（Reverse Logistics）除了包含狭义的逆向物流之外，还包括废弃物物流的内容，其最终目标是减少资源使用，并通过减少资源使用达到减少废弃物的目标，同时使正向以及回收的物流更有效率。

（一）逆向物流的成因

逆向物流涉及的范围较广，产生的原因也很复杂。对企业而言，逆向物流往往出于 3 方面的动机：环境管制、经济利益（体现为废弃物处理费用的减少、产品寿命的延长、原材料和零部件的节省等方面）和商业考虑。其主要原因一方面是最终消费者，另一方面是供应链的合作伙伴引发的逆向物流。

由最终消费者产生的逆向物流主要是被消费者认为有问题的产品或不需要的产品、法定回流物品、回收及特殊处置的商品。

由产品供应链引发的逆向物流主要是基于以下几个原因：平衡库存的回流商品、营销性回流商品、由于生命周期性或季节性引发的回流商品以及由于运输损坏的回流商品。

（二）逆向物流的特点

逆向物流作为企业价值链中特殊的一环，与正向物流相比既有共同点，也有各自不同的特点。二者的共同点在于都具有包装、装卸、运输、储存、加工等物流功能。但是,逆向物流与正向物流相比又具有以下鲜明的特殊性。

1. 分散性。换言之,逆向物流产生的地点、时间、质量和数量是难以预见的。废旧物物流可能产生于生产领域、流通领域或生活消费领域,涉及任何领域、任何部门和任何个人,在社会的每个角落都在日夜不停地发生着。正是这种多元性,使逆向物流具有分散性,而正向物流则不然,按量、准时和指定发货点是其基本要求。这是由于逆向物流发生的原因通常与产品的质量或数量的异常有关。

2. 缓慢性。人们不难发现,开始的时候逆向物流数量少、种类多,只有在不断汇集的情况下才能形成较大的流动规模。废旧物资的产生也往往不能立即满足人们的某些需要,它需要经过加工、改制等环节,甚至只能作为原料回收使用,这一系列过程的时间是较长的。同时,废旧物资的收集和整理也是一个较复杂的过程,这一切都决定了废旧物资缓慢性这一特点。

3. 混杂性。回收的产品在进入逆向物流系统时往往难以划分为产品,因为不同种类、不同状况的废旧物资常常是混杂在一起的。当回收产品经过检查和分类后,逆向物流的混杂性随着废旧物资的产生而逐渐消失。

4. 多变性。由于逆向物流的分散性及消费者对退货、产品召回等回收政策的滥用,有的企业很难控制产品的回收时间与空间,这就导致了逆向物流的多变性。这一特性主要表现在以下 4 个方面:逆向物流具有极强的不确定性;逆向物流的处理系统与方式复杂多样;逆向物流技术具有一定的特殊性以及相对昂贵的成本。

(三)逆向物流的分类

按照不同的标准,可以对逆向物流作不同的分类。

1. 按照回收物品渠道的分类。按照回收物品特点的不同,可分为退货逆向物流和回收逆向物流两部分。退货逆向物流是指下游顾客将不符合订单要求的产品退回给上游供应商,其流程与常规产品的流向正好相反。回收逆向物流是指将最终顾客所持有的废旧物品回收到供应链上的各节点企业。

2. 按照逆向物流材料物理属性的分类。按照逆向物流材料物理属性的不同，可分为钢铁和有色金属制品逆向物流、橡胶制品逆向物流、木制品逆向物流和玻璃制品逆向物流等。

3. 按成因、途径和处置方式及其产业形态的分类。按成因、途径和处置方式的不同，逆向物流被学者们区分为投诉退货、终端使用退回、商业退回、维修退回、生产报废与副品以及包装6大类。

二、逆向物流管理实务

逆向物流管理是与传统供应链反向，为价值恢复或处置合理而对原材料、中间库存、最终产品及相关信息从消费地到起始点的有效实际流动所进行的计划、管理和控制过程。许多以前对逆向物流的理解和管理上投入不够的企业开始重视逆向物流，有些企业安排专职人员主持物品的回流，有些先进企业已经意识到拥有逆向经营系统的重要性。

（一）逆向物流的流程

逆向物流的流程一般包括以下几个步骤：

1. 回收。回收应根据《逆流物回收子清单》进行。回收的方式可分为有偿和无偿两种，回收的逆流物可能来自供应商的材料副产品，生产商的边角废料，批发零售商的包装材料，消费者的退货、包装、废品和其他一些物质。

2. 检验。检验是根据《逆流物检验分类子清单》对逆流物进行回收后的检查和评估，以确定其是否有利用价值，若完全没有利用价值，则可以就地销毁或掩埋，防止污染环境；若有利用价值，则根据《逆流物处理子清单》进行下一步处理。

3. 再利用。再利用是指对逆流物不进行任何修理和处理，或直接返回消费者手中，或返回到零售商易地或降价处理，或返回到批发商、配送中心和生产商作出合理处置。

4. 修理。可以通过维修恢复全部或部分功能的逆流物可进行允许范围（考虑成本及其他一些因素）内的修理，考虑到质量会有所下降，可以降价或易地进行处理，可满足部分消费者的需求。

5. 再制造。不可直接再利用和修理的逆流物并非不可利用，可对其进行拆卸、检修、零部件替换或取其可完成其自身一部分功能的部件进行组合，使逆流物恢复到与“新产品”相当的状态。

6. 再生。逆流物已无再利用、修理和再制造的可能，只是为了对物质资源进行再利用，不再保留原逆流物的任何性质和结构。

（二）逆向物流管理的重要性

1. 提高潜在事故的透明度。逆向物流在促进企业不断改善品质管理体系方面具有重要的地位。ISO 9001（2000 版）将企业的品质管理活动概括为一个闭环式活动——计划、实施、检查和改进。逆向物流恰好处于检查和改进两个环节上，承上启下，作用于两端。企业在退货中暴露出的品质问题将通过逆向物流资讯系统不断传递到管理阶层，提高潜在事故的透明度，管理者可以在事前不断地改进品质管理，以根除产品的不良隐患。

2. 提高顾客价值，增加竞争优势。在当今顾客驱动的经济环境中，顾客价值是决定企业生存和发展的关键因素。诸多企业通过逆向物流提高顾客对产品或服务的满意度，赢得顾客的信任，从而增加其竞争优势。对最终顾客来说，逆向物流能够确保不符合订单要求的产品及时退货，有利于消除顾客的后顾之忧，增强其对企业的信任感。一个公司要赢得顾客，它必须保证顾客在整个交易过程中心情舒畅，而逆向物流战略是达到这一目标的有效手段。对供应链上的企业客户来说，上游企业采取宽松的退货策略，能够减少下游客户的经营风险，改善供需关系，促进企业间的战略合作，强化整个供应链的竞争优势。特别是对过时性风险比较大的产品，退货策略所带来的竞争优势更加明显。

3. 降低物料成本。减少物料耗费、提高物料利用率是企业成本管理的重点，也是企业增效的重要手段。然而，传统管理模式的物料管理仅局限于企业内部物料，不重视企业外部废旧产品及其物料的有效利用，造成大量可再用性资源的闲置和浪费。由于废旧产品的回购价格低、来源充足，对这些产品回购加工可以大幅度降低企业的物料成本。

4. 改善环境行为，塑造企业形象。随着人们生活水平和文化素质的提高，人们的环境意识日益增强，消费观念也发生了巨大变化，顾客对环境的期望越来越高。另外，由于不可再生资源的稀缺以及环境污染的日益加重，各国都制定了许多环境保护法规，为企业的环境行为规定了一个约束性标准。企业的环境业绩已成为评价企业运营绩效的重要指标。为了改善企业的环境行为，提高企业在公众心目中的形象，许多企业纷纷采取逆向物流战略，以减少产品对环境的污染及资源的消耗。

（三）逆向物流管理策略

1. 加强逆流物的源头控制。加强逆流物的源头控制是逆向物流的重要的一环，也是比较困难的一环。逆流物的源头繁多复杂，消费者、零售商、批发商甚至下游生产者都可能是逆流物的源头，由此就造成了逆流物内容的复杂和种类的繁多，其控制难度可想而知。这就需要这些逆流物的“生产者”与逆向物流企业配合来完成逆流物源头的控制，在“生产者”逆向物流意识普遍不高的情况下，就需要逆向物流企业采取一定的措施，在进行逆流物回收时给予他们一定的实惠，调动它们的积极性，促进逆流物的回流。其中，最重要的一项工作是增强它们的环保意识和可持续发展意识，从根本上解决逆流物的源头控制问题。

2. 正、逆向物流充分结合。逆向物流与正向物流正好相反，而且在很多具体的操作环节上二者是完全不同的，但它们在流通环节上具有很多一致性，例如，逆向物流也需要经过运输、加工、库存和配送等环节，也是从生产者到消费者的流通过程，只不过这里的生产者和消费者与我们平时所指的生产者和消费者止好互换了角色，从这一点上讲，将二者充分结合运作是完全可以的。目前，大多数企业非常重视正向物流的管理，而对逆向物流管理的投入有限，当两者发生冲突时，常常对逆向物流采取放弃的策略，而不是在二者之间寻找平衡解决的办法，这是实施逆向物流的一个误区。要想有效地管理逆向物流，就必须统一规划正向物流与逆向物流，将二者充分结合起来，利用正向物流活动积累的经验和大量的基础设施来进行逆向物流活动，而且正向物流中研究出来的大量现代技术可以在逆向物流中发挥威力，这样可以避免在逆向物流活动中走过多的弯路，因此，在正向物流的基础上发展逆向物流是一个很好的选择。

3. 加快逆流物回流。对许多企业来说，压缩正向物流的运作周期已是一件困难的事情,压缩逆向物流的运作周期就更困难了。要想成功运作逆向物流,必须加快逆流物的回流处理,缩短处理周期。这就需要企业在观念上有一个较大的转变,把逆流物处理周期融入企业的产品周期中,看做企业产品周期的一部分,积极寻找逆流物的处理方法和处理技术。在逆流物的回收、检验、处理等各个操作环节上,逆向物流比正向物流更加复杂,这就需要编制行之有效的逆流物处理指导手册,再借助强大的综合性逆向物流信息系统对逆流物进行有效的管理,加快逆流物的回流,充分发挥逆流物的价值。

(四)逆向物流管理的趋势

1. 一体化。逆向物流与正向物流虽然在运作流程和运作方法上有许多不同之处,有些甚至是完全相反的,但正向物流活动积累的经验和大量的基础设施也可以广泛地应用于逆向物流活动中,这样可以充分发挥物流设施的功能,如利用物流结点进行逆流物回收、利用返程空车运输逆流物等。大量的第三方物流企业也将加入到逆向物流活动中来,成为集正逆向物流为一身的综合性第三方物流提供商。因此,正逆向一体化将是进行逆向物流管理的一个重要趋势。

2. 信息化。尽管逆向物流具有极大的不确定性,但是通过信息技术的应用,例如,使用条形码技术、GPS 技术、EDI 技术等,可以帮助企业大大提高逆向物流系统的效率和效益。因为使用条形码可以储存更多的商品信息,这样,有关商品的结构、生产时间、材料组成、销售状况、处理建议等信息就可以通过条形码加注在商品上,也便于对进入回收流通的商品进行有效、及时的追踪。在将来,综合性的逆向物流信息系统将成为企业进行逆向物流活动的有效工具,利用逆向物流信息系统,企业可以及时掌握逆流物的流向、流量和相关信息,对逆流物进行及时、有效的配送处理,把它们送到能发挥其最大价值的地方去。

3. 法制化。尽管逆向物流还只是一个新兴产业,但是从其来源可以看出,逆向物流活动如同环境问题一样,并非新生事物,它伴随着人类的社会实践活动而生,只不过在工业化迅猛发展的过程中使这一"暗礁"浮出水面而已。然而,正是由于人们以往对这一问题的关注较少,所以市场自发产生的逆向物流活动难免带有盲目性和无序化的特点。如近年来我国废旧家电业异常火爆,据分析调查,往往是其经营者通过对旧家电"穿"新衣来牟取利润的,这是以侵犯广大农户和城市低收入家庭等低收入消费群体的合法权益为代价的,亟须政府制定相应的法律法规来引导和约束;而具有暴利的"礼品回收"则会助长腐败,是违法的逆向物流,应坚决予以取缔;还有废旧轮胎的回收利用,我国各大城市街区垃圾箱受损、井盖丢失、盗割铜缆等现象都与城市窃钩者长期逍遥法外不无关系;固体废物走私犯罪活动蔓延的势头,如废旧机电、衣物及车辆的流通,汽车黑市等违法的逆向物流活动都亟须相关的法规来约束。

4. 社会化。随着环保意识的增强,人们将比以往任何时候都更加重视和维护自身的生存空间,形成一种人们对逆向物流的共识,企业也将意识到逆向物流是企业成功的重要保证,这将大大促进逆向物流的社会化发展。大量的逆流物将会被送到专业化的分类处理中心进行绿色无害的处理,对逆流物充分利用的同时,不再以危害环境为代价,社会化的逆向物流活动将会展开,此时,人们进行逆向物流的社会意义将远大于其经济意义。

5. 绿色化。绿色化不仅指逆向物流活动的绿色化,还包括逆流物处理方法的绿色化。在未来,绿色化将是人类追求的目标,逆向物流活动的绿色化对人类的意义就显得尤为突出。通过绿色处理技术和绿色逆向物流活动,对逆流物进行重用、维修、再制造以及再生循环利用,实现对现有资源的最有效利用和对生态系统的最少量无害化输入,从而节约自然资源,降低生产成本和污染治理成本,实现整个社会的可持续发展。

第四节 销售物流管理实训与拓展

一、问题互动

1. 看病贵、药品价格虚高的现象反映出诸多问题。在销售过程中,药品流通环节多,如总代理、地区代理、市级代理、一级代理、二级代理、三级代理等，经销商在销售中层层加价，在利益的驱动下，药品的流通环节出现了问题。从物流角度思考，要降低药价必须减少流通环节。你认为应当怎样做？

2. 作为一个家具专业商店，销售物流的主要内容包括哪些？

3. 可口可乐下乡将面临的首要问题是成本高，进入农村，渠道管理的方法与在城市有很大的不同，难度会加大。为了追逐和赶超非常可乐的庞大分销网络，可口可乐主要适宜城市市场的渠道格局将进行调整，首要考虑的是产品覆盖率。

从农村市场消费者的消费特征来看，许多人有着“谁的广告多谁就是名牌，就消费能够买得起的名牌产品”的习惯。参照可口可乐的下乡之路，你如何为家电下乡之路进行销售物流策划？

二、技能训练

（一）企业销售调查

1. 训练目的：

通过对工商销售企业的调查，了解销售对象、销售渠道、产品线、市场服务策略等，对销售物流活动进行认知和问题分析。

2. 训练内容及活动安排：

把学生分成两个小组，分别就工业企业和商业企业的销售情况进行调研，就销售方案的制订、消费者类型、销售渠道选择、销售方式、售后服务等方面进行分析，分别写成调查报告，派代表进行调查报告的汇报。

（二）案例分析

家乐福1995年正式进入中国市场后，之所以会如此快地进行扩张，就是因为它独立地发展出自己的供应商网络。

1. 市场开拓理念。家乐福在开拓市场的时候形成了一套独特的方法，它的做法是：

（1）一人开辟一个市场。

（2）进行深入的市场调查。

2. 选址特色。“Carrefour”的法文意思就是十字路口，而家乐福的选址也不折不扣地体现了这一标准：几乎所有的家乐福店铺都开在了路口，并且巨大的招牌500米开外就可以看得一清二楚。根据经典的零售学理论，一个大卖场的选址需要考虑以下几个方面的因素并经过详细的测算。

(1)商圈内的人口消费能力。

(2)所选区域内的城市交通和周边商圈的竞争情况。

(3)顾客群体的构成。

3. 经营管理。

(1)以商品的高流转率进行商品的选择。

(2)具体的营运管理。涉及家乐福营运的管理，可以用“Retail Is Detail”（零售就是细节）这句简洁无比的英语来解释。沃尔玛经典的“以速度抢占市场”的哲学被家乐福占了先机。

4. 总结。一个能够有效运作的物流系统的基础在于市场调研，本案例中的家乐福自进入中国内地市场开始，到完整的采购，直至销售全过程价值链的形成，给我们耳目一新的感觉。一个外国零售企业在我国走过了从进入、站稳到发展的历程，不能不说是给我们很多本土的企业家上了一堂优秀的企业管理课程。入乡随俗式的市场进入方式、因地制宜的商圈分析、有效的消费者群体划分、颇具特色的经营理念等构成了独特的家乐福运营模式，这些做法对逐步进入国际市场竞争舞台的中国企业来说是需要认真分析和借鉴的。

5. 特点及启示。

(1)本土化。能紧密与周围环境快速结合是家乐福成功进入我国的一个突出特点。从选址的第一步——环境调查开始，家乐福就体现出了本土化的特点，它招聘本地人协助总经理了解当地情况，组建一条适应当地消费者需求特点的采购链。

(2)有中国特色的商圈分析。家乐福根据中国消费者的实际条件所进行的商圈分析最终被证明是正确、有效的，它能与商圈范围内的消费小环境有效融合。

(3)商品结构的最优化。家乐福以商品的高流转率来进行商品选择和实现商品结构的优化。这是一个较为独特的视角，实际上是对“消费者选票”理论的反向应用。

(4)各运作方式制度化。家乐福的营运管理非常注重细节，建立了一套复杂的程序和规则,员工必须严格执行,这也是保证家乐福得以发展的基础。

6. 问题。

(1)影响配送中心或大型卖场业绩的各种因素中,其影响程度和权重应当怎样确定?

(2)你认为零售商业企业应如何收集顾客群体的相关资料?如何能在最短的时间里形成系统化的、有实际价值的信息?

(3)总结出家乐福在我国许多城市经营成功的最基本原因。

三、知识拓展

物流与营销的关系

物流代表了一个企业巨大的战略潜力,它是企业获得持续竞争优势的一个关键因素。企业只有首先了解物流活动与营销活动的关系,明确客户需求,才能切实提供相应的物流服务,以支持客户的营销活动。也就是说,物流服务最终还是以满足营销活动为目标的。

(一)营销产品策略与物流是交织在一起的

从产品策略的角度来看,企业物流活动中的采购、推销、顾客服务与之关系最为密切。产品的生命周期一般要经过导入期、成长期、成熟期和衰退期。进入成熟期后,从表面来看,产品的规模不断扩大,是销售的旺季,但实际上,产品生产者和销售者的利润都逐步下降。从营销的角度来看,这时,庞大的销售额同时意味着市场对该产品的需求已达到饱和,如果只生产该产品,生产者将开始逐步退出市场。此时,企业必须立即向市场推出新的产品,或加宽、加深原有产品的系列,以抵消该产品销量下降引起的利润减少,成功的企业莫不如此。物流系统的销售人员对成熟期的到来最为敏感,能及时将这一信息反馈给营销策划部门。在策划开发研制新产品时,由于销售人员经常与顾客接触,最了解顾客的需求是什么,对开发何种新产品、系列产品应达到怎样的广度及深度才最有市场潜力、新产品应具备哪些功能等问题,销售人员能为开发人员提供最有价值的信息。

（二）营销价格策略与促销活动对物流的影响

价格策略对物流及其所提供的服务也具有影响作用。价格策略的正确与否将影响物流活动的广度、深度及其顺畅性。价格策略中对顾客的数量折扣将影响顾客的订货规模。适宜的折扣优惠将吸引顾客加大订货量，仓库的作业将趋向于处理大宗货物，搬运和运输作业都将变得简单而高效，在实行配送制时尤为突出。因此，只有从营销和物流两个角度综合考虑，才能制定出一个能够满足营销和物流综合需求的定价策略。促销活动也影响着物流活动。对广告、公共宣传等促销活动的大量投资是对推销人员提高销售量的一种支持。但是，如果物流系统不能及时把产品供应到顾客手中，销售量将得不到如期的扩大。所以，需要在物流部门与营销部门之间建立便于信息快速传递的信息系统，不断沟通并协调促销活动的规模与库存、运输、顾客服务等物流环节。

（三）物流是营销的大动脉

物流作为营销的大动脉，在实施中，所有物流活动都与客户企业的营销目标、方案、市场活动、广告宣传、分销零售、售后服务等息息相关。所以，企业的物流战略计划定位应处于整个物流系统最上端，它规定了企业的物流服务定位。而营销系统处于中间层，这个层次具体体现了客户企业物流能力与运作的表现，与顾客有着直观互动和接触。这一阶段中，物流与营销的关系表现得最为显著和全面，营销强调在适当的地点和适当的时间，以适当的价格将适当的商品或服务提供给目标市场，满足顾客的需要。营销能否取得满意的效果，能否吸引和满足顾客，在很大程度上受企业物流管理能力和决策的制约。物流能力直接影响着企业的销售业绩。企业的增值服务则是与营销密切联系的个性化服务，它具有差异性和不确定性，因而对企业的物流服务要求更高。

物流过程中向顾客提供的服务水平是影响顾客购买和连续购买企业产品的关键因素。为顾客服务的水平越高，预期的销售量水平也就越高。服务水平的提高同时意味着产生的费用上升，客户企业应在较低的费用与顾客满意的服务之间进行抉择。物流是响应市场需求、改善营销绩效的极富潜力的工具。企业要求物流部门通过改善物流管理,提高服务质量,降低价格,吸引新的顾客,提高企业竞争力和营销效果。反之,如果不能及时将产品送达顾客手中,就必然失去顾客,丧失市场份额。物流管理是企业营销管理的重要组成部分。

本章要点归纳

本章主要内容包括销售物流的含义、销售物流管理的内容、分销需求计划、销售物流决策的主要内容、逆向物流及其管理等。

综合测试

一、名词解释

1. 销售物流

2. 销售物流管理

3. 逆向物流

4. DRP

二、判断题

1. 销售物流是企业物流系统的最后一个环节,是企业物流与社会物流的又一个衔接点。(　　)

2. 销售物流的顺畅将使企业迅速、及时地将产品运送到用户或消费者手中,以达到扩大商品销售、加速资金周转、降低流通费用的目的。销售物流管理就是对销售物流活动的计划、规划、策划、组织和指挥、协调和控制。(　　)

3. 销售物流合理化的途径之一就是输送与配送相分离的体制。(　　)

4. 客户就是指产品的购买者。(　　)

5. 客户关系管理是从“以产品为中心”向“以客户为中心”转变过程中的必然产物,它使企业的关注点从企业内部运作扩展到与客户的关系上来。(　　)

6. 逆向物流就是回收物流。(　　)

三、问题分析

1. 销售物流管理要考虑的因素有哪些？

2. 客户关系管理的目标是什么？

3. 订单管理应注意哪些问题？

4. 谈谈你对逆向物流的认识。

第五章　物流外包管理

【知识目标】

1. 理解并掌握核心竞争力、服务外包、物流外包的概念、成因和发展趋势

2. 熟悉物流外包的战略选择

3. 掌握第三方物流的特征和管理模式以及第四方物流的概念、特征、条件和运作模式

【技能目标】

1. 会运用物流外包及其战略选择的思维方法

2. 能对物流外包案例进行分析，能与小组成员合作，对给出的技能训练题目进行分析，并给出解决方案

引导案例

某皮鞋厂年产皮鞋 6 万双(平均每季度 1.5 万双)，每年需要原料牛皮 120 吨(平均每月消耗 10 吨，平均每双皮鞋消耗牛皮 2 公斤)。假定该厂每吨牛皮原料的平均购入价为 1 万元，每双皮鞋售价为 100 元，而银行贷款年利率为 8%，那么，企业在原料采购方案中有如下几种选择：

方案 A：年初向银行一次性贷款 120 万元(年息 96 000 元)，一次性购回牛皮原料 120 吨存入仓库，找专人保管发料，逐月地进行生产性消费。

方案 B：年初向银行一次性贷款 10 万元(年息 8 000 元)，购买一月份生产所需牛皮原料 10 吨，二月份采购款来自于一月份部分销售回笼款，其他各月生产安排照此类推。

方案 C：与专业物流公司签订业务外包协议，企业不向

银行贷款;第一个月由物流公司垫支原料款,分四批购货10吨(约每周2.5吨,或每天配送450公斤,逢周五、周六不送货,实行化整为零的配给制),取消企业仓库及仓库的管理环节,由陆续回笼的产品销售款冲抵牛皮原料的购货款(物流公司采用JIT模式小批量、多频率地供货)。该物流公司可以对若干个皮鞋厂所需牛皮原料采用专业化的配给供货,降低成本,以获取规模效益。最后,皮鞋厂通过与专业物流公司签订业务外包协议,减少了资金占用、库存及仓库管理费用。

讨论:根据案例分析该企业最终选择业务外包的原因。

第一节 物流外包概述

一、外包的概念

外包(Outsourcing)意为"外部寻源",是授权一家合作伙伴管理自己的部分业务或服务。进一步说,就是把非核心的业务及服务交给更专业的公司去做,企业在充分发展自身核心业务的基础上,整合和利用外部最优秀的专业化资源,从而达到降低成本、提高生产效率、增加资金运用效率和增强企业对环境的应变能力的一种经营管理模式。

外包的必要性首先基于经济全球化的发展趋势,世界经济形成了从资源配置、生产到流通和消费多层次、多形式的交织和融合,全球经济形成了一个分割的有机整体。其次,外包赋予了企业管理高度的灵活性,降低了经营成本和风险,主要体现在成本、人力资源、技术开发与创新、市场推广等方面。从某种意义上说,外包是整个社会范围内合作与分工的产物,外包可以减少用户自身在发展过程中的一些风险,集中精力发展核心业务,而不必为一些非核心业务或重复性的工作付出大量的人力和物力;对整个社会而言,外包可以避免重复的开发和劳动,是节约社会资源的重要途径。例如,戴尔(Dell)公司就把自己非常有限的资源集中于一个特定的领域，即按照客户的特定需求，为客户最快地订制、提供系统的解决方案，而把生产、运送和售后服务外包，从而迅速成为全球 PC 市场最大的供应商；耐克作为世界上最大的运动鞋制造商，自己却没有生产过一双完整的运动鞋；波音作为世界上最大的飞机制造公司，自己只生产座机和翼尖，波音 747 飞机的 450 万个零配件大多是由世界上各个国家的有关企业提供；通用汽车公司居世界 500 强之首，仍坚持其“做整车”的定位，把零部件的生产分离出去。由此可以看出，这些企业利用外部最优秀的资源形成优势结构，取得了更强的竞争优势。

外包行业的兴起应得益于提高“企业核心竞争力”这一管理理念的普及，从 20 世纪 80 年代后期开始，外包行业由美国逐渐蔓延到日本和欧洲，并成为全球企业界的一股潮流。核心竞争力的概念是由普拉哈德和哈默尔在 1990 年《哈佛商业评论》的一篇论文“The core competence of the corporation”中提出的。他们认为，核心竞争力是能使企业为顾客带来特别利益的一类独特技能和技术，是企业可持续竞争优势的源泉和基础。此后，众多学者从知识、资源、技术、组织、文化等不同角度作了拓展研究，逐渐形成了判断企业核心竞争力的共识：核心竞争力内化于企业组织，其他竞争对手难以模仿，难以替代；核心竞争力能够为企业提供进入多个现实和潜在市场的途径，能够在较大范围内实现企业的价值；核心竞争力能够给顾客带来特殊的价值，使企业在市场竞争中占有独特的相对优势。可见，企业核心竞争力是企业赖以生存的关键要素，可以是某项技术、技能或管理机制，它可表述为：企业核心竞争力是企业长期形成的、蕴涵于企业内质中的、企业独具的、支撑企业的过去、现在和未来的竞争优势，并使企业长期在竞争环境中能取得主动的核心能力。

服务外包是指依据服务协议，将某项服务的持续管理或开发责任授权给第三方执行。企业采用这种模式的出发点在于：将有限的资源专注于核心竞争力，以信息技术为依托，利用外部专业服务商的知识劳动力来完成原来由企业内部完成的工作，从而达到降低成本、提高效率、提升企业对市场环境的迅速应变的能力并优化企业核心竞争力的目的。

二、外包的分类

（一）按外包内容的分类

根据外包内容的不同，可分为IT外包和业务流程外包。

1. IT外包就是客户将全部或部分IT工作包给专业性公司完成的服务模式。客户整合利用其外部最优秀的IT专业化资源，从而达到降低成本、提高效率、充分发挥自身核心竞争力和增强客户对外部环境的应变能力目的的一种管理模式。

2. 业务流程外包是随着企业将业务职能，如应收账款科目和采购科目的管理和最优化移交给第三方，由第三方基于预先确定好的一套执行标准和原则来管理这些活动应运而生的。

（二）按外包地域的分类

根据外包地域的不同，可分为境内外包和离岸外包。

1. 境内外包是指外包商与外包供应商来自于同一个国家，外包工作在国内完成。境内外包强调核心业务战略、技术和专门知识、规模经济和价值增值等。

2. 离岸外包是指外包商与其供应商来自不同的国家，外包工作跨国完成。离岸外包主要强调成本节省、技术熟练的劳动力的可用性以及利用较低的生产成本来抵消较高的交易成本。由于劳动力成本的差异，外包商通常来自劳动力成本较高的国家或地区，如美国、西欧和日本等，外包供应商则来自劳动力成本较低的国家或地区，如印度、菲律宾和中国等。

表5-1　商务部关于服务外包的分类

类　别	适用范围	
信息技术外包服务	系统操作服务	银行数据、信用卡数据、各类保险数据、保险理赔数据、医疗/体检数据、税务数据、法律数据等数据（包括信息）的处理及整合
	系统应用服务	信息工程及流程设计、管理信息系统服务、远程维护等
	基础技术服务	承接技术研发、软件开发设计、基础技术或基础管理平台整合或管理整合等外包

续 表

类 别	适用范围	
业务流程外包服务	企业内部管理服务	为客户企业提供企业各类内部管理服务，包括后勤服务、人力资源服务、工资福利服务、会计服务、财务中心、数据中心及其他内部管理服务等
	企业业务运作服务	为客户企业提供技术研发服务、销售及批发服务、产品售后服务（售后电话指导、维修服务）及其他业务流程环节的服务等
	供应链管理服务	为客户企业提供采购、运输、仓库/库存整体方案服务等

三、物流外包

（一）物流外包的概念

物流首先是货主企业方面的概念，货主企业是物流的需求者。在社会分工的基础上，为满足货主企业的物流需求，出现了作为物流服务提供者的专业物流企业。企业为了提高物流效率和服务水平，物流管理成为生产经营管理活动中的一项重要内容。物流外包一般称为第三方物流，也称合同物流、契约物流、物流联盟或物流外部化，是指物流经营者借助现代信息技术，在约定的时间和空间位置，按约定的价格向物流需求者提供约定的个性化、专业化、系列化的服务，也就是借助外部的力量完成本该由其自身完成的物流业务。

（二）物流业务外包的成因

企业物流业务外包是增强企业核心竞争力的有力手段，自20世纪80年代以来，外包已成为商业领域中的一大趋势，企业越来越重视集中自己的主要资源与主业，而把辅助性功能外包给其他企业。在供应链管理环境中，企业如何做好资源配置是至关重要的，如果企业要以更低的成本获得比自制价值更高的资源，那么，企业就可以选择业务外包。

对比发达国家的物流业务外包规模，中国的物流业务外包市场依然处于初级阶段。在我国,企业“大而全、小而全”的管理模式还普遍存在。在很多企业,物流服务效率很低,创造的经济效益也很低。例如,有的企业自有运输车队服务质量差、空载率高,但考虑本企业职工的就业,也就不考虑把物流业务外包出去;有些企业担心对货物失控的潜在风险;有些企业还认为自营物流可以避免第三方赚取利润等,这些都制约了企业的发展。企业要提高物流效率,一个重要的途径就是外包物流业务,其动因一般体现在以下几个方面:

1. 集中精力发展核心业务。企业物流业务外包最主要的目的是强化企业核心竞争力。通过优化资源配置,集中时间、资金与资源发展自身的核心产业。

2. 加快企业重组。物流业务外包后,企业可以加快内部组织结构与流程的重组与优化,从而提高管理效率,进而降低外部经营环境变化所带来的系统风险。

3. 降低企业成本。企业选择物流业务外包,另一个重要的原因是第三方物流供应商拥有比本企业更便宜、更有效完成业务的服务系统和服务网络。企业可以通过外向资源配置,避免在资金和设备上的大额投资。

4. 利用外部资源。如果企业缺少能够有效完成物流业务的资源,就可以选择物流业务外包,从而弥补自身资源和能力的不足,最终加强核心产品的竞争力。

5. 实现信息共享与风险分担。企业通过与第三方物流供应商合作,能够实现信息共享,共同分担风险,从而能够对市场的风云变幻作出敏捷的反应。

(三)企业物流外包的形式

1. 物流业务完全外包。物流业务完全外包是最彻底的外包形式,如果企业不具有自营物流的能力,就应采取这种形式;若企业具有自营物流的能力,则需进行物流系统评价,如评价的结果倾向于外包,企业就会关闭自己的物流系统,将所有的物流业务外包给第三方物流供应商。

2. 物流业务部分外包。企业将物流业务分成两类:一类是可以自营的业务;一类是非自营的业务。企业将非自营的业务或者低效的自营业务外包给第三方物流供应商。

3. 物流系统接管。物流系统接管是企业将物流系统全部卖给或承包给第三方物流供应商,也称为物流社会化。第三方物流供应商接管企业的物流系统并继续聘用原来的员工。

4. 战略联盟。企业与第三方物流供应商或其他企业合资,企业保留物流设施的部分产权,并在物流作业中持续参与。同时,物流供应商提供了部分资本和专业服务,企业也为合资者提供特色服务,进而达到资源共享的目的。

5. 物流系统剥离。物流系统剥离是指企业将物流部门分离出去,使其成为一个独立的子公司,允许其承担其他企业的物流业务。

6. 物流业务管理外包。物流业务管理外包是指企业拥有物流设施的产权,并将管理职能外包出去。

(四)物流外包的发展趋势

物流外包是未来物流业发展的一大趋势。以美国市场为例,生产企业的仓储外包率和运输外包率显著上升。物流外包的发展和企业物流外包率的上升给各个行业带来了很大的利益,各个行业通过改善供应链管理,能够很好地提高生产效率。汽车制造业中的物流外包是一个很明显的例子,如通用汽车与美国的 CNF 物流公司建立了一个合资企业,通用公司价值 10 亿美元的物流活动完全由这个合资公司来完成。

中国仓储协会的一项调查表明,很多企业拟将所有的物流业务外包给第三方,物流经营由社会化、专业化的物流公司来做比生产企业自己做更具优势。从目前来看,最有条件从事专业化物流服务的是运输与邮政部门,强大的运输网络与配送体系是它们发展物流业的最大优势。从中国邮政的特快专递到中国铁路小件货物特快专递运输公司(中铁快运)再到民航的中国货运航空公司(中货航),纷纷打起“物流”大旗,欲做中国物流业的“排头兵”。

欧洲 IDC 公司发表的报告称,欧洲物流业中的领先者和后起之秀正在努力增强它们的外包能力,从而应对欧洲市场上对物流业务外包不断增长的需求。欧洲市场上的大型物流服务供应商改变了以往在邮政、运输和仓储领域中提供分散服务的方式，正通过提供全套供应链管理服务来提升其价值链。IDC 公司调查了欧洲 7 家大型物流企业，发现这些企业大多数正在努力把自己发展成为领先的物流服务供应商。要想成为领先的物流服务供应商，必须具备通过与客户、供应商和第三方公司整合内部资源、管理整套供应链的能力，尤其是能够使用信息技术和互联网技术。在所调查的公司中，大多都在提供增值服务，包括订单管理、支付管理、采购和供应商管理、呼叫中心管理和咨询服务，从而巩固其作为领先物流服务供应商的地位。电子商务的发展也推动了物流外包的扩大，越来越多的公司意识到，良好的物流和履单能力是电子商务的基础，因此出现了专为在线交易商服务的电子履单公司，那些领先的物流公司也开始进入这一领域。

第二节　物流外包管理实务

一、第三方物流

（一）第三方物流的概念

现代物流的形式按照提供物流服务主体的不同，可分为自营物流和第三方物流。自营物流是指企业为了自己的方便而使用自己的物流设施和工具来完成物流业务。自营物流包括自营运输、自营保管和自营包装等。我国 2001 年颁布的《中华人民共和国国家标准物流术语》中，将第三方物流定义为“供方与需方以外的物流企业提供物流服务的业务模式”。第三方物流（Third Party Logistics，TPL）是由物流业务的供方和需方之外的第三方物流服务提供者在特定的时间段内按照特定的价格向使用者提供的个性化的系列物流服务。这种物流服务是建立在现代电子信息技术基础上的，企业之间是联盟关系。第三方物流服务业这一称呼中所谓的“第三方”是相对于“第一方”托运人和“第二方”收货人而言的，它是通过与第一方或第二方，或者与这两方合作，承包提供其专业化的物流服务。因为第三方物流常常以物流外包合同的形式进行操作，因此有时又被称做合同物流、物流外包。第三方物流公司是比较专业化的物流公司,能够承担全部的物流服务,所以有时又被称为全方位物流公司、物流联盟。

在美国的有关专业著作,中将第三方物流定义为:通过合同的方式确定回报,承担货主企业全部或一部分物流活动。所提供的服务包括与运营相关的服务、与管理相关的服务以及两者兼而有之的服务。无论哪种服务形式,都必须高于过去的公共运输业者和契约运输业者所提供的服务。

在日本,对第三方物流的理解是:供方和需方以外、不持有商品所有权的第三方向货主企业提供物流系统,为货主企业全方位代理物流业务。

从对外委托的角度来理解,第三方物流与传统的对外委托的不同之处在于:传统的对外委托只是将企业物流活动的一部分,主要是物流作业活动,如货物运输、货物保管交由外部的货运企业或仓储企业去做,而库存管理、物流系统设计等物流管理活动以及一部分企业内部物流活动仍然保留在本企业内。有些能够提供物流系统的物流企业并非以货主企业物流合理化为目标为其设计物流系统,而第三方物流企业则是站在货主的角度,以货主企业物流系统和运营管理合理化为设计目标。第三方物流企业不一定具有物流作业能力,也就是说,可以没有物流设施和运输工具,不直接从事运输、保管等作业活动,只是负责物流系统设计并对物流系统运营承担责任,具体的作业活动可以采取对外委托的方式,交给专业的运输企业和仓储企业去完成。

(二)第三方物流的产生与发展

1. 第三方物流的产生是社会分工的结果。在外包(Outsourcing)等新型管理理念的影响下,各企业为增强市场竞争力而将企业的资金、人力、物力投入到其核心业务上去,寻求社会化分工协作带来的效率和效益的最大化。专业化分工的结果是促使许多非核心业务从企业生产经营活动中分离出来,其中包括物流业。将物流业务委托给第三方专业物流公司负责,可以降低物流成本,完善物流活动的服务功能。

2. 第三方物流的产生是新型管理理念的要求。进入20世纪90年代后,信息技术,特别是计算机技术的高速发展与社会分工的进一步细化,推动着管理技术和思想的迅速更新,由此产生了供应链、虚拟企业等一系列强调外部协调与合作的新型管理理念,既增加了物流活动的复杂性,又对物流活动提出了零库存、准时制、快速反应、有效的顾客反应等更高的要求,使一般企业很难承担此类业务,由此产生了专业化物流服务的需求。第三方物流的思想正是为满足这种需求而产生的。它的出现一方面迎合了个性需求时代企业间专业合作(资源配置)不断变化的要求,另一方面实现了进出物流的整合,提高了物流服务质量,加强了对供应链的全面控制和协调,促进供应链达到整体最佳。

3. 改善物流与强化竞争力相结合意识的萌芽。物流研究与物流实践经历了成本导向、利润导向、竞争力导向等几个阶段,将物流改善与竞争力提高的目标相结合是物流理论与技术成熟的标志,这是第三方物流概念出现的逻辑基础。

4. 物流领域的竞争激化促进综合物流业务的发展。随着经济自由化和贸易全球化的发展,物流领域的政策不断放宽,同时也导致物流企业竞争的激化,物流企业不断地拓展服务内涵和外延,从而促进第三方物流的出现。

(三)第三方物流的基本特征

1. 第三方物流是合同导向物流服务。第三方物流有别于传统的外协,外协只限于一项或一系列分散的物流功能,如运输公司提供运输服务、仓储公司提供仓储服务等。第三方物流虽然也包括单项服务,但更多的是提供多功能甚至全方位的物流服务,它注重的是客户物流体系的整体运作效率与效益。企业在选择第三方物流服务时一般都签订专门的合同,规定服务项目和目标。

2. 第三方物流是个性化物流服务。第三方物流服务因为面向一个个的具体企业承包物流业务,企业不同,业务的具体内容就不同,因此要求第三方物流服务应按客户的业务流程来定制,采用“一企一策”的方式为企业提供特殊的、个性化的专属服务,体现了个性化的物流服务理念。

3.第三方物流企业与客户之间应建立长期的战略合作伙伴关系。在西方的物流理论中,非常强调企业之间的“相互依赖”关系。也就是说,一个企业的迅速发展仅靠自身的资源和力量是远远不够的,必须寻找战略合作伙伴,通过同盟的力量获得竞争优势。而第三方物流企业扮演的就是这种同盟者的角色,与客户形成的是相互依赖的市场共生关系。客户通过信息系统对物流全程进行管理和控制,物流服务企业则对客户的长期物流活动负责。

4.第三方物流以现代信息技术为基础。在网络经济时代和信息技术高度发展的今天,市场竞争非常激烈,第三方物流企业只有运用现代信息技术及时地与客户交流与协作,才能够赢得客户、赢得市场,才能生存和发展。许多信息技术,如GIS(地理信息系统)、GPS(全球卫星定位系统)、EDI(电子数据交换)、Bar Code(条码制)等实现了数据快速、准确的传递,使企业之间的及时协调与合作成为可能,并促使MRP、ERP、DRP等物流计划方法的产生和发展,提高了第三方物流的服务水平。

(四)第三方物流企业的类型

根据不同的标准,可对第三方物流企业的类型作不同的分类。

1.按第三方物流企业来源的分类。根据第三方物流企业来源的不同,第三方物流企业可分为以下几种类型:

(1)由传统仓储、运输、货代等企业改造转型而来的第三方物流企业。这些物流企业目前在我国占据较大的市场份额,它们凭借原有的物流业务基础和在市场、经营网络、设施、企业规模等方面的优势,不断拓展和延伸其物流服务,逐步转化为现代物流企业。

(2)工商企业原有物流服务职能的剥离。传统工商企业对物流的控制方式是自建的物流系统,所有的物流资源属于企业。随着核心竞争力管理理念的普及,一些企业将物流业务剥离,使原来的子公司逐步独立并社会化。

(3)不同企业、部门间物流资源互补式联营。这种类型的第三方物流企业又可分为两种:一种是企业与第三方物流公司联营设立第三方物流公司;一种是能够资源互补的不同部门共同出资成立股份有限公司,形成利益共同体,以提高核心竞争力。

(4)新创办的第三方物流公司。随着经济的发展,新创立的物流公司不断涌现。

2. 按第三方物流企业资本归属的分类。根据第三方物流企业资本归属的不同,可将第三方物流企业分为以下 3 种类型:

(1)中外合资物流企业。这些企业具有丰富的行业知识和运营经验,拥有良好的客户关系、先进的系统以及来自总部的强有力的财务支持,它们一方面为原有客户进入中国市场提供延伸服务;另一方面运用自身的经营理念、经营模式和优质服务吸引中国企业成为其客户。

(2)民营物流企业。我国民营物流企业多产生于 20 世纪 90 年代以后,业务地域、服务和客户相对集中,发展迅速。但是,民营物流企业只拥有有限的固定资产,对市场的扩张缺乏强有力的财务支持。

(3)国有物流企业。多数国有物流企业是借助原有物流资源发展而来的,它们拥有全国性的网络和许多运输、仓储资产及良好的关系网,注重内部文化,效率较低。

3. 按第三方物流企业服务功能的分类。根据第三方物流企业服务功能的不同,第三方物流企业具体可分为以下 3 种类型:

(1)运输型物流企业。这类企业主要的业务活动是为客户提供门到门运输、门到站运输、站到门运输、站到站运输等一体化运输服务,以实现货物运输为主。

(2)仓储型物流企业。仓储型物流企业以从事区域性仓储为主,为客户提供货物储存、保管、中转等仓储服务及配送服务,还可以提供其他增值服务,如流通加工、商品经销等。

(3)综合服务型物流企业。综合服务型物流企业从事多种物流服务活动,可以为客户制定整合物流资源的解决方案,提供物流咨询服务,根据客户需求提供物流一体化服务。

4. 按第三方物流企业资源占有情况的分类。根据第三方物流企业资源占有情况的不同,第三方物流企业可分为以下两种类型:

(1)资产型第三方物流。这类企业拥有自己的运输、仓储设施设备,为各个行业提供标准的运输或仓储服务。

(2)非资产型第三方物流。这类企业是一种物流管理公司,运用自己的物流专业知识和管理系统,专门管理客户的各种物流功能,为客户提供第三方物流服务,它们不拥有自己的运输、仓储设施设备,如有需要,可以租赁的方式取得。

(五)第三方物流的管理模式

一般而言,第三方物流企业可以采取以下4种管理模式:

1. 信息化管理模式。飞速发展的计算机网络和日益开放的全球技术经济市场使公司不可能再固守一隅以求得生存,这是一个生死攸关的战略转折点。随之而来的全球电子商务的发展把第三方物流推向了技术化、科技化、信息化,第三方物流公司从出世开始即注定了是信息时代的信息化产物。信息化管理在传统公司的成功证实了第三方物流公司对信息化管理推崇的正确性。

2. 系统化管理模式。第三方物流公司的管理需要有一个系统来支持,管理技术与管理手段都要有系统作保证,物流的系统化将是第三方物流公司"取之不尽"的源泉。

良好的物流系统将使物流系统的作用发挥到最高水平,使物流系统的各方面作用大于各个系统单独作用的散漫组合。如果物流系统建立得不合理,不仅降低作用的合力,还有可能产生由于相互抵消作用而导致公司走入恶性循环。

3. 后勤管理模式。物流的目标是管理供应链,即从供应商到最终用户的价值增加的流程。因此,后勤工作的任务是协调供应商、采购代理、市场营销人员、渠道成员和顾客的活动。对第三物流公司来说,后勤工作成为公司正常运行的有力支持。通过后勤工作的协调活动,第三方物流公司能合理安排代理配送业务活动过程中的各个环节,对公司协调与厂商、消费者之间以及公司协调自身运作有着不可估量的作用。随着电子商务的发展,顾客的需求不断升级,后勤工作也必须作出相应的调整,以获取市场份额。

4. 全过程管理解决方案。全过程控制是物流管理的核心问题。供应商必须全面、准确、动态地把握散布在全球(或全国)各个中转仓库、经销商、零售商以及汽车、火车、飞机、轮船等各种运输环节之中的产品流动状况,并以此为根据随时发出调度指令,制订生产和销售计划,调整市场策略。对大型商业机构而言,没有全过程的物流管理就根本谈不上建立有效的分销网络和供应配送体系。信息系统是支撑全过程物流管理最重要的基础之一。

(六)第三方物流的选择及其业绩考评

作为物流服务需求方的企业,在选择第三方物流服务之前应考虑下列3个方面的问题:使用第三方物流后产品和服务质量是否会更好;是否可以改善现金流和降低库存水平;是否对企业和客户都有利。一般而言,只有经过外包风险的分析,才能作出购买物流服务的决策。

1. 第三方物流的选择一般包括以下步骤:

(1)组成跨职能的团队。

(2)设定目标。

(3)确定客户服务需求。

(4)制定选择标准。

(5)列出候选名单。

(6)候选者征询。

(7)发出招标书。

(8)现场考察。

(9)候选者资格评审。

(10)利用分析工具选择第三方物流。

2. 第三方物流的业绩评价与考评主要依据以下指标:

(1)准时发货率。

(2)准时交付率。

(3)提货准确率。

(4)订货完成率。

(5)产品线完成率。

(6)库存准确率。

(7)缺货损失。

(8)每公里成本。

(9)货物进库时间。

(10)仓储运营成本等。

（七）第三方物流的发展趋势

第三方物流的发展趋势主要表现在以下两个方面:一是第三方物流将进一步发展壮大并成熟、完善,涉及的层面将更加广泛,这主要是指第三方物流服务业将会优化整条物流供应链,大力发展信息技术和通信技术,建立战略联盟合作伙伴关系,组织高效率的物流作业网络以及吸引高素质的物流专业人才;二是随着第三方物流的逐步发展,其系统的复杂性也将逐步提高,这将会导致第三方物流某些领域的分化,但是这种分化不是第三方物流的消亡,而是第三方物流成熟的标志。

二、第四方物流

（一）第四方物流的概念

第四方物流的概念是由美国安盛咨询公司在 1998 年率先提出并注册的,它的定义是:物流服务提供者是一个供应链的集成商,它对公司内部和具有互补性的服务提供者所拥有的不同资源、能力和技术进行整合和管理,提供一整套供应链解决方案,称为第四方物流(Fourth Party Logistics,FPL)。

第四方物流主要为货主服务,以整合整个供应链的职能为重点,寻找每个领域的行业最佳供货商或是最佳服务提供商,把这些不同的物流服务整合以形成最优方案。依靠业内最出色的供货商、IT 技术服务提供商、管理咨询顾问、第三方物流服务提供商和其他增值服务提供商,为客户提供最优的供应链解决方案,并对现有资源进行有效整合和重新配置,从而达到从整个供应链的角度提高运作效率、降低运作成本、为客户提供跨功能作业一体化的运作空间的目的。第四方物流不是一个另类的物流组织,同第三方物流一样,它是一个物流服务提供商,只不过是作为服务某一个性化、复杂化的物流客户,将相关的物流组织协调整合在一起的核心物流组织或各相关物流活动的集成者。从战略联盟的角度来看,第四方物流服务商是物流企业战略联盟的组织者和推动者,其目的是通过组织和协调各相关物流服务企业,更好地为顾客提供一流的物流服务。

（二）第四方物流的特点

第四方物流具有如下两个特点：

1. 第四方物流提供一整套完善的供应链解决方案。第四方物流集成了管理咨询和第三方物流服务提供者的能力。更重要的是，一个前所未有的、使客户价值最大化的、统一的技术方案的设计、实施和运作，只有通过咨询公司、技术公司和物流公司的齐心协力才能够实现。

（1）再造：供应链过程协作和供应链过程的再设计。第四方物流最高层次的方案就是再造。供应链过程中真正的显著改善，要么是通过各个环节计划和运作的协调一致来实现，要么是通过各个参与方的通力协作来实现的。再造过程就是基于传统的供应链管理咨询技巧，使公司的业务策略和供应链策略协调一致；同时，技术在这一过程中又起到了催化剂的作用，整合和优化了供应链内部和与之交叉的供应链的运作。

（2）变革：通过新技术实现各个供应链职能的增强。变革的努力集中在改善某一具体的供应链职能，包括销售和运作计划、分销管理、采购策略和客户支持。在这一层次上，供应链管理技术对方案的成败变得至关重要。领先和高明的技术加上战略思维、流程再造和卓越的组织变革管理，共同组成最佳方案，对供应链活动和流程进行整合和改善。

（3）实施：流程一体化，系统集成和运作交接。一个第四方物流服务提供者帮助客户实施新的业务方案，包括业务流程优化、客户公司和服务提供者之间的系统集成以及将业务运作转交给第四方物流的项目运作小组。项目实施过程中应当对组织变革多加关注，因为“人”的因素往往是把业务转交给 FPL 管理成败的关键。第四方物流最大的目标是避免把一个设计得非常好的策略和流程实施得非常无效，因而降低了方案的有效性，影响了项目的预期成果。

（4）执行：承担多个供应链职能和流程的运作。第四方物流开始承接多个供应链职能和流程的运作责任，其工作范围远远超越了传统的第三方物流的运输管理和仓储管理的运作，包括制造、采购、库存管理、供应链信息技术、需求预测、网络管理、客户服务管理和行政管理。尽管一家公司可以把所有的供应链活动外包给第四方物流，但通常第四方物流只是从事供应链功能和流程的一些关键部分。

2. 第四方物流通过其对整个供应链产生影响的能力来增加价值。第四方物流充分利用了一批服务提供者的能力，包括第三方物流、信息技术供应商、合同物流供应商、呼叫中心、电信增值服务商等，再加上客户的能力和第四方物流自身的能力。总之，第四方物流通过提供一个全方位的供应链解决方案来满足今天的公司所面临的广泛而又复杂的需求，这个方案关注供应链管理的各个方面，既提供持续更新和优化的技术方案，同时又能满足客户的独特需求。

（三）成为第四方物流的前提条件

第四方物流的前景非常诱人，但是进入第四方物流的门槛也非常高。美国和欧洲的经验表明，要想进入第四方物流领域，企业必须在某一个或某几个方面具备很强的核心能力，并且有能力通过战略合作伙伴关系很容易地进入其他领域。专家列出了一些成为第四方物流的前提条件：

1. 世界水平的供应链策略制定、业务流程再造、技术集成和人力资源管理能力。

2. 在集成供应链技术和外包能力方面处于领先地位。

3. 在业务流程管理和外包的实施方面有一大批富有经验的供应链管理专业人员。

4. 能够同时管理多个不同的供应商，具有良好的关系管理组织能力。

5. 全球化的地域覆盖能力和支持能力。

6. 对组织变革问题的深刻理解和管理能力。

第四方物流不仅控制和管理特定的物流服务，而且对整个物流过程提出策划方案，并通过电子商务将这个过程集成起来。预测表明，作为能与客户的制造、市场及分销数据进行全面、在线连接的一个战略伙伴，第四方物流与第三方物流一样，它是可以在可预见的将来得到广泛应用的。

（四）第四方物流的运作模型

第四方物流企业可以采取不同的运作模型，具体如下：

1. 协同运作模型。第四方物流和第三方物流共同开发市场，第四方物流向第三方物流提供一系列的服务，包括技术、供应链策略、进入市场的能力和项目管理的能力。第四方物流在第三方物流公司内部工作，其思想和策略通过第三方物流这样一个具体的实施者来实现，以达到为客户服务的目的。第四方物流和第三方物流一般会采用商业合同的方式或者战略联盟的方式合作。

2. 方案集成商模型。在这种模式中，第四方物流为客户提供运作和管理整个供应链的解决方案。第四方物流对自身和第三方物流的资源、能力和技术进行综合管理，借助第三方物流为客户提供全面的、集成的供应链方案。第三方物流通过第四方物流的方案为客户提供服务，第四方物流作为一个枢纽，具有集成多个服务供应商的能力和客户的能力。

3. 行业创新者模型。在行业创新者模型中，第四方物流为多个行业的客户开发和提供供应链解决方案，以整合整个供应链的职能为重点，第四方物流将第三方物流加以集成，向下游客户提供解决方案。在这里，第四方物流的责任非常重要，因为它是上游第三方物流集群和下游客户集群的纽带，行业解决方案会给整个行业带来最大的利益，提高整个行业的效率。

第四方物流无论采取哪一种模式，都突破了单纯发展第三方物流的局限性，能真正地低成本运作，实现最大范围的资源整合。因为第三方物流缺乏跨越整个供应链运作以及真正整合供应链流程所需的战略专业技术。第四方物流可以不受约束地去寻找每个领域的"行业最佳"提供商，把这些不同的物流服务加以整合，以形成最优方案。第四方物流成功的关键是以"行业最佳"的方案为客户提供服务与技术。第四方物流方案的开发对第三方物流提供商、技术服务提供商和业务流程管理者的能力进行了平衡，通过一个集中的接触点，提供了全面的供应链解决方案。第四方物流将客户的供应链活动和贯穿于这些"行业最佳"服务商中的支持技术以及它们自身的组织能力集成到一起，随着联盟与团队关系的不断发展壮大，一种新的外包选择开始出现，企业正在向单一的组织外包其整个供应链流程，由它们评估、设计、制定及运作全面的供应链集成方案，这正是第四方物流。因此，第四方物流是我国物流业发展和提升的助力器。

三、物流外包的决策分析

由于物流对企业成本的影响如此之大，企业对其物流能力的理解至关重要。物流能力是自身建立还是外包，是企业面临的最重要也是最困难的决策之一。正确作出物流外包决策应重点考虑以下问题。

（一）企业战略

企业战略是市场竞争中企业生存和发展的总纲领，是企业发展中带有全局性、长远性和根本性的问题，也是企业经营思想和经营方针的集中表现，它是对"我们要成为什么样的组织"的正确回答。中国很多企业由于受传统的经营理念的影响，在决策过程中，自给自足的自豪感产生了很多问题。实际上，即使是大公司，也不可能完全实现自给自足。比如，福特曾希望能在他的纵向一体化程度最高的生产厂里制造所有所需的零件，并建立内陆港口和一个错综复杂的铁路与公路网络。但如今的福特汽车公司早就不是那样了，它50%的零部件需从外部购买，并且根据各分公司的不同情况来确定其物流能力是自建还是外包。企业越追求自给自足，企业的规模就越大，管理任务也就越复杂和多元化，这样很可能导致管理层由于过度分散而无法有效管理。所以，企业在决定"自建还是外包"时，要把这种自给自足的情感因素剔除。

在企业的战略决策中，核心竞争力是重要的因素。成功的企业都通过将资源集中在一个或有限的几个能力上超越竞争者，发掘与众不同的竞争优势。并且，这些企业都会将其所需要的核心能力建立在行业平均水平以上，围绕其竞争优势，很少将资源投向非核心能力。物流能力无疑是形成企业竞争优势的重要基石。企业必须通过物流来实现其业务目标，同时满足企业自身的需求和顾客的需求。

（二）企业规模

企业规模体现了企业的资金实力以及企业生产的复杂程度。对中小型企业来说，资金规模小，生产变动性大，难以投入大量的资金进行自有物流设施的建设，而且由于企业内部业务流程重组风险的存在，还可能受到企业内部员工的抵制和资源的浪费。因此，可以利用物流能力外包来突破资源“瓶颈”，使企业的发展获得较高的增长速度。

（三）成本

“如何使总成本最低”是企业在制定物流战略时首先要考虑的问题，也是企业追求的目标之一。当然，这里所要降低的成本并不是物流的功能成本，而是整个企业的运营总成本。企业需要对物流成本的构成有一个全面的了解，并具有对需要展开的功能成本进行分析和动态成本计算的能力。当然，实践中对有效的物流过程进行总成本计算还是比较困难的，但是，企业可以对自营的成本与外包后潜在的成本进行分析与比较，这是目前一个比较有效的能够证明外包是否对企业有益的方法。

（四）服务质量

在现今的经营环境中，如果企业愿意担负服务的成本，几乎任何想要的物流服务都是能达到的。例如，在地理上靠近顾客的位置建立一个专用仓库，可以使一支车队保持随时待运的状态。这种物流服务在顾客发出订单后几乎可以即时响应顾客需求，但是其代价是昂贵的。物流服务在本质上是服务优势和服务成本的一种平衡。企业需要了解物流服务供应商的管理深度和幅度以及战略导向，看供应商的服务是否能满足本企业的需求，尤其是看供应商的发展战略是否与需求企业相匹配或类似。一般来说，供应商的物流服务水准可以从下面 3 个方面来衡量：可获得性、作业效率以及服务可靠性。

（五）物流服务供应商的选择

企业应正确选择物流服务供应商。当企业准备把物流外包出去，需要寻找第三方物流服务提供者并要与其谈判时，企业首先需要做哪些工作才能使这个过程顺利进行呢？答案就是“准备”。与任何一个第三方物流提供商的谈判，其最终的目的都是要建立一个公平、稳固、有效率的合作伙伴关系。这个准备包括 4 个主要部分：①确定外包是否能够对本公司起作用；②明确定义公司的运作和系统的需求；③寻找和选择第三方物流服务提供者；④了解谈判标准。

第三节　物流外包管理实训与拓展

一、问题互动

企业物流外包将是一个不可逆转的趋势。许多企业都热衷于将物流业务作为新的利润增长点，或是作为企业的核心技能之一，因而不愿把物流外包出去。但现在物流外包将是一个普遍趋势，而外包给什么样的企业就目前的情况而言还不好说，因为中国的第三方物流企业还没有足够的规模为大型企业提供全面的、跨地区的物流解决方案。第三方物流应介入企业全面的供应链管理，而不只是承担企业的配送业务等。

请你结合上述内容谈谈物流外包的意义。

二、技能训练

（一）对搬家公司的调研

1. 训练目的：

通过对搬家公司的调研，了解客户对搬家服务的需求，从而对搬家这种物流服务外包活动进行认知和问题分析。

2. 训练内容及活动安排：

把学生分成若干个小组，以搬家公司为调研对象，对某区域内的搬家需求、搬家公司布局、搬家公司设施设备等资源状况、服务及收益状况进行调研，对存在的问题进行分析，并将建议与对策等写成调研报告，派代表进行调研报告的汇报。

（二）案例分析——“大众包餐”

“大众包餐”是一家提供全方位包餐服务的公司，其服务内容分为递送盒饭和套餐服务。通常，每天都有顾客打电话来订购盒饭，但由于设施等原因,“大众包餐”要求顾客必须在上午 10 点前电话预订,以确保当天递送到位。

在套餐服务方面,该公司的核心能力是在为企事业单位提供冷餐会、大型聚会以及一般家庭的家宴和喜庆宴会等方面。客户所需的各种菜肴和服务可以事先预约,但由于这项服务的季节性很强,又与各种节日和法定假日相关,需求量忽高忽低,有旺季和淡季之分,因此要求顾客提前几周甚至 1 个月前来预定。

包餐行业的竞争是十分激烈的,高质量的食品、可靠的递送、灵活的服务以及低成本的运营等都是这一行业求生存、谋发展的根本。近来,“大众包餐”公司已经开始感觉到来自越来越挑剔的顾客和几家新设的专业包餐商户的竞争压力。顾客们越来越需要菜单的多样化、服务的柔性化以及响应的及时化。

“大众包餐”公司老板最近参加了现代物流知识培训班,对准时化运作和第三方物流服务的概念印象很深。他认为,这些理念正是“大众包餐”公司要保持其竞争能力所需要的东西,但是他也感到疑惑,大众包餐公司能否借助第三方的物流服务。

请分析下列问题:

1.“大众包餐”公司的经营活动可否引入第三方物流服务?请说明理由。

2.“大众包餐”公司实施准时化服务有无困难?请加以解释。

3. 在引入第三方物流服务中你有何建议?

(三)案例分析二——“我很小,但活得挺好”

就像成功属于有头脑的人,物流市场也总会为那些定位准确的小企业预留生存空间,至于怎么长大,就要看各自的本领了。

第三方物流的概念席卷而来,连搬家公司也会抢着凑热闹,为自己的卡车刷上“物流”的标志。但物流产业的虚热总会过去,到时,你的公司是活着还是死去?

杭州富日和大连盛川是两家规模不大、成立时间也不长的物流公司,但它们在创业之后都获得了良性增长的动力,因为它们发现,做第三方物流用不着“大而全”,只要能为一类客户提供满意的服务,就可以好好生存下去。

富日:超市后台的生意

家住杭州市景芳三区的蒋先生最近在易初莲花购物中心买了台洗衣机,正如蒋先生的要求,洗衣机在第二天准时送货上门,但来送货的并不是易初莲花的人,而是杭州富日物流有限公司的员工。

在杭州,富日物流公司为多家超市、便利店和卖场提供配送服务,永乐、苏宁、国美家电连锁以及华润万佳超市等大型零售商在杭州的物流配送都交由它来完成。富日的总经理王卫安认为,作为一家规模不大的物流公司,富日的竞争力就在于"生产厂家和大型的批发商只要将订单指令发送到我们调度中心,富日即可根据客户指令将相关物品直接送到零售店或消费者手里。"

富日成立刚两年,但客户已经从最初的几家发展到了现在的150多家,2002年一年内就完成仓储物流吞吐量26万吨。富日快速发展的原因是,它从一开始就把业务目标瞄准了商业流通领域。

富日物流成立之初,相关人员曾对杭州的物流市场作过一个调查,包括杭州的地理位置、基础建设、市场区域等。调查结果显示:地处流通经济异常活跃的长江三角洲,杭州这几年零售业超市大型化和连锁店经营发展迅猛,仅市区就有1 600家门店。而这些连锁店所面临的共同问题就是,店内自行配送投资太大而且管理困难,急需一个独立的平台来提供物流配送服务。

如此诱人的市场空缺,富日没有错过

富日在杭州东部下沙路建了一个20万平方米的配送中心,可以同时储存食品、电器、化妆品、药品、生活用品等8 000多个品项,这很好地解决了当地商业流通行业因为商品多样化带来的仓储难题。零售行业单件商品配送较多,为了提高车辆的满载率,富日物流通过信息化系统的准确调度,将不同客户的送往同一区域、同一线路的货品合理配车作业,大大降低了运作成本。

退货和换货作业是物流企业对客户的后续服务,富日所服务的客户类型使它比别的物流公司更多地要面对这个难题。富日借鉴了国外的一些先进经验,专门设立了退换货管理区域,将不同的货户、不同的货品退货集中起来,组织人员进行管理和分类,把能够继续使用、无质量问题的重新打包成箱,无法继续使用的则挑拣出来进行回收处理。

“货品质押”是富日物流的又一特色服务。富日与中国银行、招商银行等几家银行签约，供应商可将存放于富日配送中心的货品作为抵押获得银行贷款；同时，富日为银行免费保管这些被抵押的货品。通过这种运营模式，供应商的资产得到了盘活，库存压占的成本降低很多，这也使作为第三方物流商的富日获得了更多的客户资源。

按照王卫安的想法，下一步富日物流将全面提升物流资讯系统及网络传输能力，真正达到与货主联网、信息共享，实现物流系统网上操作及互联网在线查询。富日还在积极拓展电子商务网上订单业务，因为它看到了宅配送物流需求正在不断增长。

富日的日子越来越好过了。一些跨国企业将其制造中心设在杭州后，同样需要本土的第三方物流企业为其提供全方位的物流服务。除了为杭州市区内的零售配送外，富日同时也获得了许多大型快速消费品生产商在华东地区的物流份额，如康师傅、伊莱克斯、摩托罗拉等，富日为它们提供仓储、配送、装卸、加工、代收款、信息咨询等物流配套服务。在沪杭高速路上，每天都会有富日的几十辆载货车和集装箱运输车奔往宁波港、上海港以及华东地区的其他城市。

早在2002年王卫安就展开了富日的前景图：富日400 000平方米物流园区第二期工程已有了初步规划，“园区交通将极其便利，处于杭海路和绕城公路及将要构建的九堡大桥江北出口交汇处，同时，它还毗邻未来杭州汽车站的新址。”王卫安对物流园的选址颇为满意。这个项目将于2003的3月份投资建设，项目总投资为2.9亿元，建筑面积为20万平方米。其中，设有低温物流中心、中转库房和其他一些配套设施；另外，富日还开辟了15万平方米的大型停车场，以构建浙江东部地区最大的空车配货中心（即配载中心）。

盛川：国企“供应商组长”

陈志学将目光瞄准了二汽。2003年9月4日，在上海召开的第二届中国物流市场研讨交流会上，大连盛川物流有限公司总经理陈志学神情专注。其实这是一次物流服务的供需见面会，陈志学此行的目的，除了要借机推销盛川外，还有一个更重要的任务，就是想通过这次机会与二汽有更加实质性的接触。

“如果不出意外，二汽在东北地区的物流服务商非盛川莫属。”陈志学成竹在胸。他的砝码是盛川与一汽大连柴油机厂（简称大柴）历时3年的成功合作史。

2000年前，陈志学创建了盛川，第一个客户就是大柴。大柴是大连市的大型国有企业，企业的高层领导人很早就发现，大柴从原材料和协作配套件的采购直到生产出合格产品并送到用户手中为止，产品在工厂中的加工时间仅占5%，其他95%的时间均在搬运和储存之中，因此，如果要降低产品的成本，首先就要降低产品的物流成本。另外，面对激烈的市场竞争，大柴也意识到，自己的核心竞争力应当定位在新产品开发、设计和组装生产及市场开拓上，物流应当委托给专业第三方物流公司去做。盛川很幸运地获得了这个机会。

在大柴的整个供应链流程中，盛川称自己扮演了“供应商组长”的角色。大柴的100多家、千余种柴油机零配件外协配套供应厂商都由盛川来管理，供应商们在盛川的统一协调下，按照大柴的用料计划及时发货，盛川全程“包办”大柴的原材料采购、收发货、库存和配送。

为了当好这个“供应商组长”，盛川想了不少办法完善服务。通常，大柴在调用各配套厂家的零配件产品之前，有一个很重要的工序就是由大柴质保处负责质量检查。这项工作在采用第三方物流之初，需要质检人员每天到库房抽样检查当天到货的产品，对需要用专业检测工具才能检验的产品，如喷油泵等则需要带回厂内的检测室检验，这使一些产品不能在到货的当时就得到检验，降低了物流效率。为了解决这个问题，盛川与大柴质保处经过协商，由盛川出资，为大柴质保处在自己的物流基地内建立外协件质量检测分中心，供大柴质保处有偿使用，使到货的零部件都能够及时检测质量，提高物流效率。

盛川还针对大柴这种供应商众多的情况设计开发了一套物流软件，以改善原来混乱的物料管理，让大柴及其供应商都可以随时掌握货物的收发以及库存状况，并进行科学管理和全程跟踪。经过一年多的实施和运作，这套软件为大柴及其 100 多家供应商提供了前所未有的便捷服务。

至 2000 年，盛川为大柴提供的短途配送，使大柴每年节省了 40.5 万元的运力资金；分拨出来的配件打包业务使大柴每年节省了 19.2万元的人工及设备费用支出，特别是在外协采购储备资金上，如今已经趋近于零，企业资金得到了盘活。

大柴将物流外包后，日产量由 1999 年的每天生产 220 台，提高到现在每天生产 480 台；库存周转量过去需 10 ~ 12 天，现在仅需半天时间。

"组长"当得不错，"组员"也被吸引成为盛川的客户。大连创新零部件制造有限公司是大柴的一个供应商，如今，它将自己 30 多家供应商的物流服务也交给了盛川，这是让盛川老总陈志学最为欣慰的一件事，他感觉这种树根状的发展方式使盛川将物流服务逐步延伸到了大柴的整条供应链上。

目前，盛川的 EDI、POT 系统及高架货位已全面启动，成为能够为多家国有大中型企业承担生产端物流业务的专业物流基地。

东北地区作为国家的老工业基地，大型国企密集，很多物流商也和盛川一样看到了机会。至 2003 年，大连市第三方物流企业增加到 60 多家，而且纷纷盯上企业生产物流这块"蛋糕"，陈志学因此有了紧迫感，他正将触角逐步向外延伸，二汽就是这样进入他的视野的，他将全力以赴。

请分析下列问题：

1. 从以上案例中分析物流外包业务的市场机会。
2. 请为自己设计一个物流创业方案。

三、知识拓展

物流外包失败的原因

随着社会分工进一步的细化和物流业的快速发展，物流外包逐渐被物流服务供应商和需求方认可。据统计，欧盟国家第三方物流平均占总物流服务份额的20%左右,并且仍处于增长之中。相比之下,中国第一方物流(生产企业)和第二方物流(销售企业)在整个物流产业中的比重比发达国家高得多。随着生产和流通领域竞争的加剧,国内第一方和第二方物流选择由第三方承担服务的情况逐渐增加。这说明,国内物流外包市场有较大的发展空间,但由于种种原因,常常出现物流中断甚至失败。

在企业对物流专业人才的需求远远大于供给的情况下,供应商缺乏合格的、专业的物流顾问,需求商希望供应商中标但供应商服务跟踪却不彻底,供需双方没有明确制定具体、详细、具有可操作性的工作范围,这3大原因导致了物流外包的失败。

若要确保外包成功,需求商在寻找合作伙伴时,首先要了解供应商是否拥有可以满足外包项目所需要的组织架构;其次要与供应商签订必要的法律文件,讨论全部服务项目的细节,拟定工作范围。外包项目开始于标书,对标书的制作务必要聘请专业人员来设计,标书一般包括一般性条款和工作范围。工作范围应当具体规定想要什么,供应商们在投标时应给出明确答复,并对标书提出建议或意见。原则上,供应商的回复应当满足标书所列举的服务要求。目前,许多需求商在实施外包时,其中一项重要的工作就是与供应商召开项目招标会,目的是让供应商了解项目的背景和理解标书的内容,若供应商和需求商对标书的理解能够达成一致,外包就成功了一半。

本章要点归纳

本章主要内容包括物流外包的含义、成因及其形式;第三方物流、第四方物流的含义及其特点以及物流外包决策分析等。

综合测试

一、名词解释

1. 物流外包

2. 第三方物流

3. 第四方物流

二、判断题

1. 外包行业的兴起得益于提高“企业核心竞争力”这一管理理念的普及。(　　)

2. 第四方物流只能对特定物流活动进行控制和管理,无法对整个物流过程提出策划方案。(　　)

3. 提供第三方物流服务的企业参与商品的买卖活动。(　　)

4. 第三方物流服务商对不同客户的服务都是相同的。(　　)

5. 第三方物流企业必须有物流作业能力,有运输工具和物流设施。(　　)

三、问题分析

1. 物流业务外包主要考虑哪些因素?

2. 什么是第三方物流? 第三方物流的优势是什么?

3. 企业选择第三方物流的原因是什么? 你认为第三方物流的发展趋势如何?

第六章　企业物流现代化

【知识目标】

了解企业物流现代化的含义

熟悉企业物流技术现代化和物流管理现代化的主要内容

【技能目标】

培养企业物流现代化的认知能力

能够对企业物流现代化进行调研、分析、判断和评价,并能提出建议与方案

第一节　企业物流现代化概述

一、企业物流现代化的含义

企业物流现代化是一个历史的概念,它在不同时代的内容是不同的。物流现代化的含义一方面表现为物流必须进行技术革命,以当前先进的物流科学技术取代落后的物流技术;另一方面则是对物流活动进行现代化管理,从而使现代化的物流技术发挥出它的巨大作用。

随着社会的发展和科学技术的进步,尤其是因特网技术的出现,加速了经济全球化的进程,而企业的全球化经营推动了物流全球化速度加快,促进了国际物流的发展。随着生产规模的不断扩大和物流量不断增加,物流网络的规模越来越大,运营也越来越复杂。市场竞争加剧及技术进步促进了生产方式的转变,即从工业革命以

来的大批量生产方式向多品种、小批量生产方式转变，物流的小批量、多品种、快速的特征更为显著。企业必须加快物流现代化建设，采用先进的物流信息技术，增强企业的快速反应能力，满足各种顾客的要求，适应现代化生产力的发展，以求把本企业的业务活动提高到新的水平。企业物流现代化旨在理念现代化、组织现代化和技术现代化下对物流活动进行现代化管理，从而使现代化的物流技术发挥它的巨大作用。

没有企业物流的现代化，政府、行业和地区的物流规划就是空中楼阁，企业物流现代化是现代物流发展的“源流”。现代社会物流是市场经济发展到一定阶段对物流资源优化配置的必然要求，企业物流是现代物流发展的核心动力源。中国企业传统物流配置是计划经济体制下的静态供给，其突出表现是物资流通渠道的单一性，大量的仓储、运输和功能体系被分割成相对独立的环节。企业往往自行设置仓库、车辆和物流人员，生产过程需要占用大量原材料、产品库存和资金。在市场经济体制下，这种情况已经无法适应竞争的要求。中国现代物流业的发展源于中国传统企业物流现代化的实际需求，政府制定物流规划和管理物流的职能就是为传统企业的物流整合开辟道路的。中国现代物流发展的程度如何，更多的不是取决于政府，也不是物流企业，而是传统企业改革与改造的程度以及因此而产生的对现代物流技术手段、经营方式和政策需求的质和量。

二、企业物流技术现代化

物流技术是指流通技术或输送技术。物流技术和生产技术不同，生产技术是为社会生产各种产品，为社会提供有形物资的技术；物流技术则是对有形物资进行输送、储存等为社会提供无形服务的技术，它包括围绕物流服务的物流硬技术和物流软技术。物流硬技术是指组织实物运动所涉及的各种机械设备、运输工具、仓库建筑、站场设施以及服务于物流的电子计算机、通信网络设备等。物流软技术是指为组成高效率的物流系统而使用的应用技术，具体是指各种物流设备、设施、人才等最合理地调配和使用。物流软技术具有能够不改变物流硬技术即装备的情况下，充分发挥现有设备的能力，获得较高经济效益的特性。物流技术是与现实物流活动全过程紧密相关的。物流技术及其装备是提高物流系统效率的主要手段，是反映物流系统水平的主要标志，是构筑物流系统的主要成本因素。企业物流的现代化需要规模化、系统化、网络化的现代物流技术的支持。

（一）现代集装技术

集装单元化就是以集装单元为基础组织的装卸、搬运、储存和运输等物流活动的方式。集装单元化是物流现代化的标志，其实质就是要形成集装单元化系统，即由货物单元、集装器具、物流搬运技术装备或设备以及输送设备等组成的高效、快速地进行物流功能运作的系统。集装单元化技术是物流系统中的一项先进技术，适合于大批量、长距离输送和机械化大生产，便于采用自动化管理的一种现代科学技术，是提高物流合理化及综合规划和改善物流机能的有效技术。集装单元化将先进的科学技术和科学的管理方法相结合，既有物流设备、器具的机械化、自动化技术，又有合理组织设备、器具充分发挥作用的管理技术。

集装箱是最典型的集合包装形式。采用集装化技术，使物资的储运单元与机械等装卸、搬运手段的标准相一致，与集装箱运输工具如集装箱船舶、集装箱列车、汽车等相配合，实现了“门到门”输送；集装单元化还有利于提高仓库利用率，提高搬运灵活性，减少物资破损和环境污染。集装单元化的综合效果是加快物资周转、提高物流效率，降低物流费用，通过标准化、通用化、配套化和系统化，实现物流功能作业的机械化与自动化。

（二）现代装卸搬运技术

现代装卸搬运技术是传统搬运机械作业方法与高科技装卸搬运方式的结合。传统的搬运机械有门式起重机、通用桥式起重机、甲板起重机、流动起重机、叉车、带式输送机、辊子输送机、链斗式提升机、悬挂式输送机、搜刮板式输送机、螺旋式输送机等近千种。目前，传统的装卸搬运机械仍被广泛使用，但它们的作业速度向更快、工作范围向更广、装卸规模向更大、专业化向更强的方向发展。为了使装卸机械适应各种工作环境和作业要求，将现代化科学技术运用到装卸搬运技术上，出现了一系列新型设备，如运用激光技术的激光导引运输车，运用自动化控制技术的巷道堆垛机、堆码机器人等。无人搬运车有在固定路径的地面埋设电磁、磁带、光电等来实施自动导引的方式，也有通过计算机交通调度系统随时更改行驶路径的激光导引及惯性导引等方式。其中，以激光导引车最为灵活、先进，其运行速度可达 60 ~ 90 米/秒，长距离直线运动可达 100 米/秒；停位精度可达 ±5 毫米，特定条件可达 ±2 毫米；载重量一般为 500 千克左右。激光引导运输车可根据计算机的指令，灵活行走到任一发货的巷道，无固定设施和专用空间，能和人与其他车辆共用通道，移载点可自由设项，可自由移动，并可与装卸机械手组合进行操作。工业机器人抓取的重量可达 200 千克，作业能力可达 1 300 次/小时。定位精确度在 270 度/秒旋转抓取 30 千克时，可达 ±1 毫米。目前已出现带视觉识别的装卸机器人和无人自动导引车相结合的形式。巷道堆垛起重机运行速度可达 160 ~ 240 米/秒，最高可达 320 米/秒；高度一般为 16 ~ 30 米，最高可达 50 米；重型载重为5 000千克。此外，还出现了带机械手的空中有轨车、数控的自动穿梭车等。企业物流的自动化过去是以底层制造和生产线自动化为代表。由于信息技术的发展，企业自动化物流系统有了广阔的延伸，是企业信息化、生产过程自动化、物流活动自动化和单机自动化的集成。它主要包括自动化立体仓储系统、自动化输送系统、自动搬运车系统、机器人作业系统、自动控制系统、消防自动报警喷水灭火系统、实时监控系统、计算机模拟仿真系统、计算机集成管理系统等。企业自动化物流系统使各种物料最合理、最经济、最有效地流动，并使物流、信息流、商流在计算机的集成控制管理下实现物流的自动化、智能化、快捷化、网络化和信息化。

（三）现代运输技术

运输在企业物流中扮演着核心的角色，其成本占物流的比例往往超过 30%。根据美国一项行业调查的结果显示，企业运输成本占总销售额的比例为 10% ~ 32%，而在我国不重视物流的企业，其物料运输成本高达 60%，严重影响了企业经济效益的提高。当前运输技术的发展出现了两大趋势:一是随着世界新技术革命的发展,运输广泛采用新技术,实现运输工具和运输设施的现代化。运输工具的发展方向是多样化、高速化、大型化、专业化和符合节能、环保要求。二是随着运输方式的多样化和运输过程的统一化,各种运输方式朝着分工协作、协调配合的方向发展,即朝着建立铁路、公路、水路、空运与管道的综合运输体系发展。除了单一运输和特殊运输(包裹运输)外,多式联运(复合模式)得到发展,它利用各种运输模式的经济特性,提供最低总成本的整合服务。

交通运输技术装备是交通运输经营活动的物质基础。交通能力的提高一方面需要基础设施总量规模的支持,另一方面又受技术装备水平的制约。目前,发达国家已把提高综合运输能力的重点放在利用现代科学技术,大力提高各种综合运输体系的运输装备水平方面。我国目前物流现代化发展的重点在于促进交通产业的技术进步和技术创新,使各种运输方式基础设施的技术等级与运输装备的整体实力不断加强。综合运输大信道建设和重点物资联合运输系统建设已逐步形成并进一步完善,例如,由铁路与沿海港口与长江内河港口组成的铁海、铁江联运煤炭运输系统,以沿海港口、内河港口与输油管道组成的原油运输系统和以沿海主枢纽港为龙头,以铁、公、水等运输方式组成的集装箱运输系统等。这些系统的建设充分发挥了不同运输方式的优势,提高了货物运输全过程的运输效率和效益,为社会经济的发展作出了贡献。

(四)现代储存技术

随着物流技术的发展,传统的仓库概念已不能适应现代企业的生产要求,先进的储存技术已成为当代物流系统的重要组成部分。现代储存技术是以自动化仓库为代表的先进储存技术。自动化仓库是由电子计算机进行管理和控制,不需人工搬运作业,自动完成物料的输送、分类拣选、堆垛、出入库等仓储作业。自动化仓库集电子、机械、建筑、自动化、信息、管理等技术为一身,体现了科学技术与物流的紧密结合。

虽然我国自动化仓库始建于 20 世纪 70 年代,但在 20 世纪 90 年代才得到发展。在我国目前近 400 座自动化仓库中,多使用在机械制造业、电器制造业、化工企业、商业和储运业、军需部门等行业。例如，深圳华为公司研制了二次电源自动仓储系统，辽宁国能公司开发了亚太自动立体仓库等。海尔集团认为，当企业发展到一定阶段，物流作业被高度集成化并定位于一种核心能力时，可以对战略优势起到奠基作用。因此，海尔集团以建立自动立体化仓库为突破口，实施物流重组，使物流能力成为其核心竞争力。

三、物流技术研发新趋势

随着市场竞争的加剧、国际分工协作的进一步完善和计算机网络技术的不断发展，物流技术研发出现了许多新的趋势。

第一，集成化物流系统技术的开发与应用加速。这种集成的趋势表现在将企业内部的物流系统向前与供应商的物流系统连接，向后与销售体系的物流集成在一起，使社会物流与生产物流融合在一起。企业对储运系统与生产系统基础的要求越来越高，促使集成化物流系统软件向更广和更深的方面发展。

第二，物流系统更加柔性化。在工业化进程中，随着市场变化的加快，产品生命周期正逐步缩短，制造业实现了规模化和多样化，多样化乃至个性化的需求进一步加剧了市场竞争。小批量、多品种的生产能力成为企业生存的关键。在企业柔性化制造的条件下，需要与之相应的企业内部和外部柔性物流。柔性化制造要求包括整个供应链环节的物流管理也要柔性化。

第三，虚拟物流系统走向应用。随着虚拟企业和虚拟制造技术的不断深入，虚拟物流系统已成为企业内部虚拟制造系统的一个重要组成部分。物流仿真系统软件成为虚拟制造系统的重要组成部分。如玉溪红塔山烟草集团引进的美国集成化物流系统就具有在线监控仿真和离线设计仿真功能，并与企业管理信息系统集成。

第四，电子商务新技术的广泛利用。电子商务是用于描述构建无纸化商业环境所使用的技术。电子商务的交易是一种实时性、全球性、无时限的交易方式，比传统的零售交易更快速、更便捷，因而网上销售、网上招标、网上采购、网上供应管理等各种电子商务形式已席卷传统商业领域的各个角落。电子商务和信息技术的结合再塑了企业物流管理系统，加上射频技术、地理信息系统技术与全球卫星定位系统的应用，使物流信息具有高度可视性，订单处理、履行电子化，物流信息得以准确输送、反馈与共享，提高了物流系统的敏捷性和灵活性，企业能更好地了解顾客，提高顾客满意度，降低物流成本，强化了第三方物流服务，加速了更多的全球供应链以及全球运筹的发展。

第五，信息平台综合化。在企业物流发展过程中，企业信息系统从侧重技术的企业内部信息系统转为侧重提高企业竞争力的企业内、外部信息系统集成发展。企业内部信息系统包括以制造资源规划系统（MRPⅡ）为主的面向企业工程链的计算机应用系统和面向企业管理的管理信息系统（MIS）。信息平台的不断整合和发展与功能的向外拓展使企业资源计划（ERP）、供应商关系管理和客户关系管理成为企业信息化的主流，强化了作为外部信息系统的供应链管理平台与其他信息系统之间的信息交换关系。目前，供应链管理平台已和企业内部的企业资源计划、办公自动化等进行集成。今后，信息平台的综合化将促进供应链管理与内部信息系统实现集成，使企业能够通过内部信息系统触发供应链管理应用平台的相关应用，便利地与供应链应用平台交换数据，实现信息的充分共享，为企业带来更多的附加利益。

四、物流管理现代化

先进的物流技术和先进的物流管理是提高物流能力、推动现代物流迅速发展的必要条件，两者缺一不可。只有实现与物流科学技术现代化相适应的管理现代化，运用各种现代化管理方法和手段，才能取得物流系统的最佳效益。

（一）物流管理现代化的内容

物流管理本身是一个系统性很强，各环节密切联系、相互协调，而且秩序井然地相互连接的活动。物流管理既是流通领域中独立运转系统的管理，又是与国民经济各有关部门相互衔接、相互制约的大系统管理。从物流业角度出发，物流现代化管理的内容主要在物流业务的科学管理上，如物流量的预测、物流计划的编制、物流经济指标的确定等。物流现代化管理的主要对象是对物流机械设备、材料、仪器、能源等的管理，以及对从事物流的生产人员、生产效益动态和千变万化的物流信息的掌握和处理等的管理。

物流管理现代化是物流管理综合性和先进性的反映，包括物流管理组织设置与物流生产力发展的适应程度、物流成本水平、物流技术管理的科学性以及物流信息的准确程度和应用水平等。因为组织物流活动必须以信息为基础，物流管理现代化最重要的标志是准确、及时、高效率地完成关系物流与物流活动信息的收集和处理。随着全球信息网络的建成，物流信息网络将得到进一步发展，实现社会性的各部门、各企业之间以及企业内部低成本的信息高速共享，使企业物流更好地与信息流和资金流融合在一起。

在我国，由于现代物流观念是20世纪90年代初期才形成的，许多企业长期形成了“重生产、轻物流”的观念，物流管理水平落后，在管理机构设置上还没有专门的物流管理组织，在经济核算和财务管理上也没有专项的物流成本核算和物流财务分析，造成生产领域以外的采购、运输、仓储、加工、包装等作业能力十分有限，物流效率低，资金占用多，经济效果差等不良结果。与物流发达国家相比，我国物流技术及装备落后，物流管理人才缺乏，物流系统出现区域化的现象，物流系统缺乏整体观念，未建立整合性的物流系统，系统与系统之间无法有效衔接，例如，陆运与海运或陆运与空运的衔接因各系统各自发展，难以取得规模经济效益，而且几乎所有公司都自己做物流，产生了“大而全，小而全”的现象。这种营运方式不仅增加了企业本身的营运成本，还导致了社会资源的浪费。

我国欲加快实现物流现代化技术和现代化管理，需全面运用法律手段、经济手段和教育手段。法律手段是运用经济立法和经济司法手段，保护企业的合法权益，维护物流活动的秩序；经济手段是运用经济杠杆调节和引导物流活动，制定各种经济指标，使物流活动纳入整个国民经济管理的体系中；教育手段则是加强物流科学的系统学习、普及和宣传，大力培养物流人才，提高物流专业人员的素质，从根本上提高物流效率。在影响现代物流发展的各因素中，政府正扮演着一个非常重要的角色。因为国际物流基础建设与法律制度的完善是一国政府在发展现代物流时最需要做好的工作，只有完善的国际物流基础建设与良好的法律制度，才能吸引跨国企业进入。以新加坡为例，其优越的地理位置及政府对物流发展的重视，使新加坡成为亚洲物流发展迅速的国家之一。新加坡的贸易审批程序非常快捷与便利，贸易商只需填写一张电子表格，这份资料即传送到贸易发展局24 小时开放的大型电子计算器上，再以电子化资料转传 18 个政府贸易审核机关。正常情况下，贸易商可以在 15 分钟内拿到许可证书。据估计，电子化流程所节省的文件与时间等方面的支出一年可达10 亿美元。可喜的是，我国政府已意识到现代物流是国民经济发展的重要产业与新的经济成长动力，正为现代化物流的发展创造条件。例如，制定相关措施和法律、建构完善的基础设施、帮助企业进行供应链管理、加强现代物流观念的宣传、培养物流管理人才和技术人才等。

（二）物流现代化管理技术

物流现代化管理技术包括系统管理技术、质量管理技术、标准化管理技术、信息管理技术和决策管理技术。

1. 系统管理技术。物流系统是一个具有多层次、多要素、多功能的大系统。系统管理技术的重点是系统分析。所谓物流系统分析，是指从物流整体出发，根据物流的目标要求，运用科学的分析工具和计算方法，对物流的目标、功能、环境、费用和效益等进行充分的调研，并搜集、比较、分析和处理有关数据和资料，建立若干拟订方案，比较和评价物流的结果。系统管理技术是系统科学在物流管理领域的应用。采用系统管理技术可以从系统的角度统筹规划企业整体的各种物流活动，处理好物流活动与商流活动及公司目标之间、物流活动与物流活动之间的关系，不求某项物流活动最优，但求整体物流系统效益最优。

2. 质量管理技术。物流质量既包含物流对象的质量，又包含物流手段和物流方法的质量。因为物流业有极强的服务性质，通常可以把物流质量理解为物流过程和物流服务对用户的满足程度。物流管理要树立全面质量管理观，强调“三全”管理：一是物流全过程的管理，即对物资包装、装卸、运转、保管、搬运、配送、流通加工等进行全过程的管理；二是全面性管理，即包括产品质量、工作质量、服务质量以及涉及物流各环节的质量；三是全员性管理，即物流全体工作人员都参与物流管理。物流质量管理须满足两个方面的要求：一方面是满足生产者的要求，因为物流的结果必须保证生产者的产品能保质保量地转移给用户；另一方面是满足用户的要求，即按用户的要求，送交用户所需的商品。物流质量管理的目的就是，在“向用户提供满足要求的质量的服务”和“以最经济的手段来提供服务”这两者之间找到一条优化途径，同时满足这两个要求。在中国物流界，普遍制定的各级岗位责任制和各种工作质量体系则是质量管理技术的具体体现。

3. 标准化管理技术。在物流管理的发展过程中，从企业物流管理到社会物流管理，不断地制定和采用新的标准。从物流的社会角度来看，物流标准可以分为企业标准和社会标准；从物流的技术角度来看，物流标准可以分为产品、技术和管理标准。

标准化工作的任务是制定标准、组织实施标准和对标准实施进行监督。物流标准化应以整个系统为出发点，并以整个物流系统中每一项具体的、重复性的事物或概念为对象，制定系统内部设施、机械设备、专用工具等各个分系统的技术标准；制定系统内各个分领域，如运输、包装、装卸搬运、仓储、配送等方面的工作标准；以系统为出发点，研究各分系统与分领域中技术标准与工作标准的配合性，统一整个物流系统标准；研究物流系统和相关其他系统的配合性，进一步谋求物流大系统标准的统一。通过制定标准、组织实施标准和对标准的实施进行监督，达到整个系统的协调统一，以获得物流的理想秩序和最佳的经济效益。物流标准化是实现物流管理现代化的重要手段。物流标准化对各子系统都制定了各种标准，这些标准是物流质量的保证体系。物流标准化还可消除贸易壁垒，促进国际贸易的发展，提高国际物流水平。

由于物流标准化的重要性，国际物流业一直在不断探索标准化技术，并不断出台标准化措施。1875 年，17 个国家缔结了《米制公约》，这是国际标准化活动的第一项重大成果。世界两大标准化组织——国际电工委员会（IEC）、国际标准化组织（ISO）先后于 1906

年和 1947 年成立，对开展世界范围内的标准化活动、促进国际贸易和科学技术的合作起到了桥梁作用。到目前为止，IEC 和 ISO 已经建立与物流有关的技术委员会（TC）两个。另外，还有国际航空运输协会（IATA）、国际海事组织（IMO）、国际铁路联盟（UIC）等国际机构发布的部分标准，经 ISO 确认并在《国际标准题内关键词索引》（KWIC Index）中加以公布，这些亦是国际标准。

我国已参加 IEC、ISO 有关物流方面的各技术委员会 16 个。我国在采用国际标准方面已参照 IEC 和 ISO 的一些标准制定了通用集装箱内部尺寸、包装储运指示指标、运输装件各部位标示方法、船用电器等几百个国家和专业的标准，如 GB2934－82《联运平托盘外部尺寸系列》等均采用 ISO/DP8611。国家质量技术监督局于 2001 年颁布了物流术语的国家标准，标准是在广泛调查研究、吸收并借鉴国内外有关资料的基础上，收入并确定了物流领域当前已基本成熟的 145 条术语及其定义，旨在规范我国当前物流业发展中的基本概念，以适应物流迅速发展和与国际接轨的需要。物流标准化已成为今后物流业发展的重要趋势之一。

4. 信息管理技术。信息管理是任何部门进行科学管理都必不可少的重要内容。物流信息本身是物流现代化管理的基础和依据。我国的物流信息管理系统分为中央物流管理信息系统、中心城市物流管理信息系统和基层企业物流管理信息系统 3 个层次。中央物流管理信息系统是由国家和部委建立的物流管理神经中枢；中心城市物流管理信息系统是以中心城市为依托的若干物流管理信息系统，是中央与基层物流管理系统的桥梁；基层企业物流管理信息系统一方面搜集和加工企业内部有关物流的各种信息，为本企业物流活动服务，另一方面向有关方面，如中心城市物流管理信息系统提供信息，并接收这些方面传来的物流信息。物流信息管理技术在科技发展的推动下亦将得到进一步的发展。

5. 决策管理技术。决策是物流管理的核心，物流管理中的每一个方案和计划以及每一个层次和环节的调整以及每一个指标的变动决定都可以称为决策，决策是执行各项物流管理的基础。物流决策管理技术已从定性分析进入定性和定量分析相结合的阶段，例如，设计决策支持系统，其范畴涵盖简单的如电子表格到复杂的专家系统。从物流网络设计等战略问题，到生产计划、运输模式的选择以及路线设定，均可通过采用决策管理技术来处理。

第二节　企业物流现代化实训与拓展

一、问题互动

1. 企业物流现代化的标志是什么？

2. 怎样理解“现代物流业的精髓是高科技成果和手段在物流业中的应用”？

3. 分析企业物流现代化建设中人员与观念的重要意义。

二、技能训练

（一）企业物流现代化调研

1. 训练目的：

了解企业物流现代化的现状、水平与存在的问题。

2. 训练内容及活动安排：

把学生分成3个小组，分别就港口企业、物流仓储与配送企业、生产加工企业物流现代化水平进行调研，就基础设施平台建设与物流信息平台建设的现状、成绩和问题进行分析，分别写成调查报告，并派代表进行调查报告的汇报。

（二）案例分析

开掘第三利润源——天津石化推行物流管理现代化解析

2003年，天津石化为尽快走出困境，推出了实施企业物流改革的重大举措，将化工厂、化纤厂与产品销售和物资采购有关的公路、水路运输管理业务统一划归运销部。这一改革举措使主要负责企业铁路运输业务的天津石化运销部成为天津石化公司集铁路、公路、水路、航空全方位运输为一体的物流集散管理中心，经营的货物吞吐量将达到350万吨以上。这是天津石化提高企业经营管理水平，向物流管理这一企业“第三利润源”要效益迈出的实质性一步。

新闻背景：现代物流是对流通方式的一场革命，物流现代化是我国物流管理改革的方向，“物流是企业创造利润的第三个源泉”的观念如今已经成为我国企业界和管理界的共识。对这一观点的内涵，专家是这样阐释的：在生产力相对落后、社会产品处于供不应求的历史阶段，由于市场商品匮乏，制造企业无论生产多少产品都能销售出去，于是就大力进行设备更新改造、扩大生产能力、增加产品数量、降低生产成本，以此来创造企业剩余价值，即第一利润。当产品充斥市场，转为供大于求，销售发生困难时，也就是第一利润达到一定极限，很难持续发展时，企业便采取扩大销售的办法寻求新的利润源泉，这就是第二利润。然而，当销售也达到了一定极限时，发现物流不仅可以帮助扩大销售，也是一个很好的新的利润增长源泉，于是出现了“第三利润源”的思想。日本对物流费用调查的结果表明，物流费用在销售额中所占的比例在30%以上。英国物料搬运中心进行的一次调查甚至表明，物流费用在整个生产和流通领域的费用比例高达63%。因此，欧美发达国家在20世纪的最后十几年中进行了一场提高物流速度和效率的物流现代化变革。

发达国家物流产业发展迅速，已形成了适合本国国情的现代化流通体系，其中以美国和日本尤为突出。美国物流产业规模为9 000亿美元，占美国国内生产总值的10%以上；美国物流产业合同金额为342亿美元，并以年均20%以上的速度增长。日本政府非常重视物流产业的发展，并拟定了《仓库业法》及其他一系列法规和法令。1997年4月，日本又根据商品流通费用在全国范围内达40兆日元、约占国内生产总值的8.4%的现实和商业销售费用的50%是物流费用的事实，着手拟定了《综合物流施策大纲》，作为改革国家经济进程的重要一环，并提出了“综合物流管理”这一观点，即将生产以及生产以前的过程、物理性的流通过程、售后服务、销毁回收等全过程设定为一个系统过程进行综合管理，使日本物流业的现代化进程更进一步。

相比之下,我国物流管理还很落后,普遍存在运行速度缓慢、效率低下、成本居高等诸多问题。在我国大多数工业企业中,直接劳动成本占总成本的比重不到10%,而物流费用占商品总成本的比重却达到40%左右。全社会物流费用支出约占GDP的20%,而美国目前全社会物流费用支出少于GDP的10%。在商品的整个生产销售过程中,用于加工和制造的时间约为10%,用于物流过程的时间却占到了90%。我国国有工业企业资本周转速度为1.2次/年,国有商业流动资本年平均周转2.3次。对应于已建立现代物流体系的日本制造业,其流动资本年平均周转15~18次。而一些跨国连锁企业流动资本的年周转次数更是达到20~30次。如果我国将物流费用占GDP的比例降低5个百分点,即降到15%,每年就将为全社会直接节约2 400亿元的物流成本。所以,实施物流现代化改革对提高企业和我国经济运行效率具有重要的意义。

事件进展:天津石化通过集中物流管理,使运销部目前承担了该公司全年物流运输总量的90%以上,初步形成了铁路、公路、水路并存,立体交叉的石化物流立体运输网络格局。

天津石化实施企业物流现代化改革的第一步,是实行企业物流的集中专业化管理,将化工厂、化纤厂的公路、水路物流运输管理业务集中到运销部,从而初步形成了天津石化铁路、公路、水路并存,陆海空立体交叉的石化物流立体运输网络格局,其最终目标是构建一个具有炼化企业特色、同行业先进水平、低成本与高回报的现代物流中心,建立起与"订单式生产"模式相适应的先进的现代物流管理模式。物流运输的初步集中使该公司运销部目前承担了公司全年物流运输总量的90%以上。

建立物流信息化平台是实施企业物流管理现代化的前提。在这方面,近年来,天津石化在积极筹备构建企业物流中心的同时,逐步建立了覆盖全公司的现代化办公网络和各专业信息化平台,不仅初步实现了公司网络化办公,而且在部分物资采购和产品销售方面实现了电子商务网上交易。2002年,该公司全年电子商务网上交易额达到8.4亿元。

为实现天津石化物流管理现代化的改革目标,该公司运销部提出了"不断探索完善与运输方式多元化相适应的物流管理制度",以最低的运输成本和最高的工作效率为用户提供安全、快捷、周到和满意的服务,为企业经济效益的持续增长提供助力的工作目标,确立"配送商是朋友"的理念,建立以"四个 W",即为谁服务(Who)、配送商需要什么(What)、你为配送商做了什么(What)、你还能为配送商做什么(What)为核心的客户服务模式,与周边配送商建立物流网络体系,积极为配送商搞好服务,靠服务开拓市场,靠服务培育市场,靠服务创造效益。

天津石化还建立了与运输配送商的合同式规范商业服务模式。为了提高承标配送商在具体运输环节中的平稳到货率和货物接收方的满意率,天津石化结合石化产品对运输资质的规格标准,要求所有运输配送商必须参加天津石化专业部门举办的石化产品运输专业培训,经考核合格后方具备石化产品运输资格,从而为运输市场的规范化和企业物流工作的开展创造了有利条件。

目前,该公司运销部正在加强内部管理和整合,理顺和调整内部机构,加紧做好公路运输集中统管的各项基础工作,积累各种原始数据,细分公路运输市场的资源、客户、地域、品种、价格、服务与保障措施,制定考核细则,建立和完善公路、水路运输客户管理系统,树立"用户至上"的服务理念,力争把用户服务投诉率控制在0.5%以内。

专家观点:我国物流发展还刚刚起步,制造业物流发展水平相当低,需要借鉴发达国家先进的物流管理经验。实现物流现代化需要在坚持物流市场化、社会化运作,实现物流管理标准化、信息化等方面下工夫,要加快培养物流管理和技术方面的人才。

中国物流与采购联合会会长陆江在第五次中国物流专家论坛上说,我国物流发展还刚刚起步,需要借鉴发达国家先进的物流发展经验,走符合中国国情的道路。制造业物流是物流的一个重要组成部分,我国目前经济增长主要依赖于制造业的增长。我国40%以上的国内生产总值、50%的财政收入、80%以上的出口及接近75%的外汇收入均来自制造业。目前,制造业物流构成了我国物流的主要力量，但由于长期受“大而全、小而全”管理体制和经营思想的影响，我国制造业的物流发展水平相当低，发展速度相当缓慢。物流社会化尤其是第三方物流的加速发展是物流发展的一个重要方向。但从我国物流发展的现状来看，要充分利用和整合企业现有的物流资源，积极推动企业物流的发展，在此基础上逐步推进物流社会化、专业化发展。企业物流与专业物流的共同发展将是一个相当长的发展过程。

根据专家的意见，石化企业要实现物流管理的现代化，需要注意在以下几个方面下工夫：

一是要以现代“大物流”的理念为指导。石化企业的现代物流模式应树立“大物流”的概念，即从企业自身发展需求出发，逐步建立具有现代国际物流技术特征，集信息化、网络化、智能化、柔性化、标准化和社会化于一身的企业物流集散中心。该中心应当集采购、仓储、海陆空运输、配送洽谈职能为一体，以最低的运输成本创出最佳的经济效益，成为具有良好经济效益的石化产品和原材料的资源集散中心。该中心的核心职能是物流管理，其物流作业职能则是广泛利用社会资源和配送商市场网络，根据企业产品市场销售订单情况，将生产出的产品总量通过信息平台转换成物流信息，选取最佳运输方式和最低运输成本期望值，以招投标方式在企业周边运输配送市场确定最佳承运配送商，为订单生产乃至电子商务运作提供强有力的支持，从而在物流大市场中获取巨大的社会综合回报。

二是物流管理必须坚持市场化、社会化运作。现代物流更多体现为低成本、社会化配置，以往那种企业物流中心自身配置“大而全、小而全”的方式已经与市场经济要求不适应。要想以最低的运营成本获取最佳的经济效益，企业内部物流管理必须集中运作，重在“管理、调度”和物流运作制度的建设、执行和监督方面。一切能够利用市场资源运作的因素都要实施市场化运作，“借鸡下蛋”。目前，天津石化运销部正在按照公司提出的“先内后外，同类优先”和“公开、公正、公平、透明”的物流业务原则，面向市场实行运费公开招标，规范经营，向降本压费要效益。

三是大力推进物流标准化和信息化的进程。标准化和信息化是现代物流发展的基础和关键。在现代物流管理中,货物从生产厂家到物流中心,再通过配送到分店,要做到无缝链接,标准化和信息化是基础和关键。与发达国家相比,我国物流标准化和信息化程度较低。物流作业环节使用的设备以及包装、运输和装卸等流通环节都缺少必要的行业标准和行业规范,导致物流效率普遍不高。我国物流企业大多还没有物流信息系统,不同物流模式的信息系统设计落后,信息缺乏相互链接和共享。因此,必须大力推进物流标准化和信息化进程,尽快与国际物流运行接轨。电子商务是物流配送为之服务和获得提升的"朝阳平台"。

四是要切实解决影响现代物流发展的人才短缺问题。我国物流人才十分短缺,尤其是缺乏实用型物流人才,缺乏物流管理师和物流技术师。和全国的物流企业一样,石化物流企业的物流专业和管理人才的缺乏成为制约企业改革与发展的瓶颈。因此,加大对物流人才的培养,开展多层次的物流学历教育和物流在职培训,提高物流业员工的素质,是实现企业物流现代化的当务之急。

讨论:对一个企业来说,应如何实现物流管理现代化?

三、知识拓展

实时物流

(一)实时物流的概念

实时物流(RTL)是指通过应用现代物流技术与信息技术来主动消除企业物流系统中的管理与执行的延迟,从而提高企业整个物流系统的反应速度与竞争力、提升物流服务水平的物流理念。

"实时"不仅仅表示物流各个作业环节的实时,而且表示整个物流系统的实时。例如,运单到了,马上手工录入就不是实时,而采用自动识别与信息采集技术,瞬间即可向计算机系统录入单证信息,这就减少了运单录入的延迟,或者运单本身就是通过信息系统进行在线传输的,才能做到实时。

任何一种新的物流理念的产生都是与物流技术的发展分不开

的，实时物流也不例外。实时物流采用现代物流与信息技术等手段，消除物流作业环节与管理中所有不必要的延迟，这是实时物流的核心，也是实时物流与现代物流理论的根本区别所在。实时物流不仅关注物流各个环节的成本最低，更关注整个物流系统乃至企业的反应速度与能力。实时物流的最终目标是：通过实时物流系统的实时采购、实时制造、在线仓储管理、实时配送、实时追踪、实时反馈等，使“四流”（商流、信息流、物流、资金流）同步合一，真正实现企业追求“实时”的理想目标。

（二）实时物流系统的特征

在实时企业里，实时物流系统不仅涉及实时企业本身的管理系统，而且与企业供需链上的上下游企业、第三方物流服务商的管理系统紧密联系，因此，其复杂程度要远远超过目前主流的ERP系统，并具有标准化、信息化、协同化、自动化、机械化等主要特征。

标准化——标准化是指企业优化管理，业务流程趋向标准，它是实时物流运作的基础条件，没有标准化，就难以实现信息化、协同化、自动化和机械化。

信息化——信息化是实现实时物流的技术关键，是实时物流的灵魂，离开信息化就不会有实时物流的运作，因此，物流信息系统的搭建是实时物流运营的核心。

协同化——协同化是指企业内部之间、供应链上各个节点企业之间的商务协同，协同化使业务得到及时处理、信息得到快速反馈、市场作出及时反应，这是物流系统做到实时的关键和难点。

实时采集——实时采集是实现实时物流的起点。实现实时物流信息采集一般要用到一系列的自动识别与数据采集技术。例如，应用条码技术，通过条码扫描仪或无线手持式终端（掌上电脑）读取货物上的物流条码信息，自动、实时地获取物流信息；也可以利用电子标签系统、非接触式智能卡技术或蓝牙技术（Blue Teeth）进行物流信息的实时采集。

移动计算——移动计算是指从整个物流过程来看，物流各个作业环节的作业都是处于移动、非静止状态，实时物流的信息处理有时要通过移动技术来实现，也可以通过有线或无线传输技术直接进入物流信息系统进行处理。一般的移动计算是通过无线手持式电脑终端设备完成的。至于机械化装卸与分拣、配送等作业，则通过物流装备上的附属电脑终端进行物流信息的初步处理。

实时传输——实时传输是指企业要对实时采集的物流信息或经过初步处理的物流信息进行再处理，与物流系统共享，为物流实时管理提供基础信息。

实时管理——实时管理是指采取有效的手段消除物流管理与作业环节的延迟，是企业信息系统、硬件系统、各类业务系统以及企业间系统集成的关键。只有做到实时在线管理，才有可能实现物流作业的系统化和协同化。实时管理需要完善的物流信息系统和高效的物流软件系统来实现。

实时追踪——实时追踪是指企业进行全过程物流管理，实现物流可视化。随着客户物流服务需求的不断提高，实时追踪技术已成为目前物流技术发展的重要热点之一。实时追踪一般靠 GPS/GIS（全球卫星定位技术/全球电子地图技术）与无线通信技术的结合应用来实现。例如，通过 GIS 系统，企业可以随时查询货物在途与处理情况，做到实时物流管理。

本章要点归纳

本章主要阐述企业物流现代化的含义、企业物流技术现代化以及物流管理现代化的内容。

综合测试

一、名词解释

1. 企业物流现代化

2. 实时物流

二、判断题

1. 企业物流现代化主要是指物流设施的现代化。（ ）

2. 企业物流信息化系统建设是企业物流现代化平台建设中的

一项重要内容。(　　)

3. 物流管理现代化要求管理人员要现代化。(　　)

三、问题分析

1. 以港口物流企业为对象,调查分析其企业物流现代化的水平。

2. 我国物流企业在现代化方面存在的问题及其与国外先进物流企业的差距在哪里?

第七章　企业物流典型案例分析(Ⅰ)

第一节　供应链管理案例分析

案例一　雅芳集团供应链物流管理的突破

一、案例背景

雅芳选择的是先破后立之道，即打碎在中国原有的供应链体系，再造一个新流程。

（一）十字路口

雅芳在中国的发展之路并非一帆风顺。

随着雅芳在中国销售额的扩大，各地仓库的库存额也随之增加。雅芳的调查结果表明，仓库分散以及信息不畅通使货物库存的周转天数越来越多，库存额居高不下。此外，分散在各地的75个大大小小的仓库使雅芳不得不投入大量的人力成本从事仓储、出纳、打单等营运作业。显然，这种以“分公司仓库”为中心的物流模式消耗大、速度慢、管理难，越来越难以上跟销售的步伐，而且物流不畅直接导致经销商的满意度发生偏移。

（二）流程再造

面对激烈的市场竞争，雅芳必须依托一个高效的供应链体系来支撑成本控制、运作效率、客户服务等一系列环节。

从2000年底开始，雅芳决定通过重新整合物流来提高竞争力。为此，雅芳自行开发了一套基于因特网的经销商管理系统（简称DRM系统），并拟订了一份集信息流、资金流、物流于一体的企业物流解决方案。雅芳称这套方案为“直达配送”。

在“直达配送”项目的方案中，雅芳给自己设定了3个目标：提升顾客满意度；降低企业库存量；信息流、资金流的整合借助物流改革一步到位。

（三）借力物流

在雅芳流程再造的毅然举措中，第三方物流企业扮演了举足轻重的角色。雅芳把自身和第三方物流企业的合作关系定义为战略合作伙伴关系，这是一种寻求企业、物流提供商、经销商三方多赢的机制。

有一组数据表明，实行“直达配送”后，第一个好处是，经销商的流失率降到了10%，而且这种流失更多的是受房屋租期等非经销商因素的影响。“直达配送”使雅芳经销商的小本生意轻松、方便了许多，并有效提升了经销商的忠诚度和雅芳品牌的美誉度。第二个好处是，雅芳降低了租金和人员成本。此外，雅芳的库存管理也取得了显著的效益。产品的仓储和调拨从75个分公司集中到8个区域服务中心，在订单满足率有效提升的同时，库存水平持续下降。

至此，雅芳的营运成本从8%降低到了6%，借力第三方物流企业为雅芳提供了第二个利润来源。

二、案例评述

化妆品是品牌繁多、竞争最激烈的行业之一。如果说，占领化妆品市场要有诀窍，那就是信誉、品质、促销与物流。仅就物流而言，其作用在于：低成本流通和及时、准确送货。本案例中的雅芳是繁多化妆品中的佼佼者，这或与公司内部的供应链物流管理的突破有关。

第一，雅芳供应物流发展变化的过程是：供应流程由“工厂仓库——各分公司仓库——雅芳小组”转变为“工厂仓库——各分公司仓库——经销商自提”，再转变为“工厂生产——区域服务中心——送达经销商”模式，最后，借助第三方物流实现对企业的配送服务，这是企业适应市场变化逐步发展的物流配送过程，这一过程是实现企业成本下降的关键。

第二，雅芳在中国的扩张也是极有特色的，总部设在广州，利用“两条腿走路”的方式向全国扩展。其中，非常重要的一点是掌握和利用了普通国民的消费心理：广州、深圳往往是日用消费品，特别是化妆品消费的“晴雨表”。

三、问题思考

1. 如何看待国内打击非法传销后，雅芳改变销售模式的做法？你了解安利吗？能否对比雅芳与安利的销售方式？

2. 雅芳降低成本很重要的方式是物流成本的下降，你认为，在化妆品行业中还有哪些降低成本的渠道？是否比雅芳的做法更好？

3. 为什么说化妆品行业是竞争最激烈的行业之一？你认为原因何在？是高利，是市场空间大，是消费趋势，还是进入门槛低？

案例二　供应链管理战略的实践

一、案例背景

再造供应链，重整商务模式，使供应链能力成为商务模式的核心，这要求构造一个新战略，将公司的重要活动与新商务模式整合、再造，将供应链最初的成本控制转到增加收入的新商务模式上来。

本案例选择的3家企业供应链管理的实践是很有启示意义的。

（一）发展的关键：战略和协作

一个重要的供应链战略是通过设计良好的渠道和服务运作，与结构良好的供应运作财务目标相关联。有效供应链的发展是通过下面5个方面的合理选择实现的。

1. 客户选择。供应链管理的重要工作是以深度的市场细分开始，市场营销的本质是把市场与公司能力相匹配。在戴尔、巴斯特和宝洁的发展中，细心的客户选择是供应链成功的一个要素。这些公司把客户选择作为很高区分度的事情对待：细心的界定客户目标，更重要的是那些不能适应他们的供应链战略的客户。

戴尔细心地与有关系的顾客联系，预测其需要的产品配置。客户细分能使公司有一个稳定的、可预见的采购模式，戴尔必须把这个采购模式嵌入它的“产品定制”系统。

巴斯特根据一整套清晰的、预定的规范决定把医院作为其无库存系统的目标。这个目标客户必须是关系良好的买家，而且愿意实施连续批量的合同。更重要的是，为了服务的经济性，这些客户必须是区域性群集的。另外，它们必须有认可的组织特性。

宝洁也作了详细的客户性质计划，把它作为产品供应模式变革的一部分。该公司与那些可以通过网络联系的、可以满载配送的、可以发动其加入业务流程重组过程的大客户建立运行伙伴关系，将小型的客户转向配送中心，在那里，它们有机会按其能力被选为宝洁的伙伴。

2. 顾客内部运作。对戴尔、巴斯特和宝洁来说，顾客组织内部运作的能力是很关键的。这种能力范围很广，有效的顾客组织内部运作需要有力的技术能力、重要的顾客知识、深入顾客组织和工作过程的能力。这些领导者与竞争对手最大的不同是它们融入客户每天的经营和习惯，互联网也已经成为公司业务模式的更有力的要素，它使公司有了基于客户运作的差异化能力，这种能力使客户关系更灵活、更有效。

3. 渠道战略。有效的渠道战略是供应链再造的基本构成。在选择渠道战略的过程中，有效的供应链系统能创造一个强有力的新渠道，它能削减竞争对手对重要客户的接近机会和市场的进入机会。

戴尔面向客户的渠道战略在行业中是一个突破，在技术性产品生命周期的早期，分销者支持新渠道是重要的。一个直接渠道战略的变革给了它有利于商务模式的关键要素。

巴斯特的“无库存”系统构建的新渠道改变了所有另外的医院供应商的基本规则。最初，几个重要的供应商拒绝通过巴斯特的系统配送产品，但该系统对客户医院极具吸引力，以至于这些医院强迫这些供应商用这个系统。巴斯特获得了作为第一个行动者的好处：把重要客户与新渠道紧密联系起来。

宝洁的供应链新战略也要求对重要客户实行直接配送，这种渠道安排使宝洁开发了极高水平的客户亲密度,在这些客户中全面地推行供应链变革。同时,宝洁悄悄地结束了与小客户的直接联系,设立了一个中间分销者去为它们服务。

4. 核心运作能力。每个成功的商务模式都需要一套新式的核心运作能力。这种能力生根于公司的核心业务流程,且大多聚焦于供应链管理。有远见的供应商帮助供应链管理者加速他们的供应链再造。

戴尔在5个重要方面使用了它的新式运作能力:①制定了被广泛关注的无瑕疵"定制"系统。②设立详尽、有效的供应商管理职能,以便缩短交货提前期,支持 JIT 运作要求的全面质量标准。③"卖你有的"系统的本质是平衡供需。④设计了格外清晰的产品生命周期,通过对产品生命周期的管理,减少成本,增加战略利益。⑤戴尔公司和供应商一起缩短它们的产品生产周期,向整个渠道推广戴尔模式。这些运作能力一起构成了戴尔新型模式的基石。

宝洁公司也在两个关键方面拓展其运作能力:①制订了一个彻底的、令行业改变的计划,如有效顾客响应(ECR)、顾客需求计划(CRP)和物流合理化。该计划要求充分理解渠道的经济性和供应链变革的冲击。②用高度的 IT 连接协调产品流,使产品流能够通过提升服务水平适应新系统的需要。

5. 组织结构。因为供应链再造要求的变革会影响商务模式的关键方面,它转换了像市场营销、运营等职能部门的职能和所要求的能力。成功的公司必须重组它们的组织和行为监督。戴尔模式的核心是:在每周的供需平衡会议上,来自销售、市场营销、制造和采购的高层经理一起制定公司的行动。这给予了戴尔组织的流动性和凝聚力,使其及时对顾客需求和市场趋势作出反应。

在管理各自的公司上,巴斯特和宝洁的高层经理也作了较大的改变。在巴斯特的案例中,"无库存"系统要求对运营经理有较高的客户控制授权,宝洁改变了激励补偿并取消了过季促销,所有这些改变都是随着高层经理接受"无库存"系统的模式之后作出的。然而,组织性的抵触依然存在,尤其是市场营销经理。

（二）供应链再造的关键要素

供应链再造的关键因素包括下述5个：

1. 打好基础。

2. 发动合作伙伴。

3. 推销新商务模式。

4. 促成相关职能的转变。

5. 打造首演（即设计一整套系统性的“游戏”规则，并加以推广和实施）计划。

二、案例评述

本案例不是对某一个具体企业物流活动的总结与分析，而是对供应链管理实践的总结与分析。供应链的核心和实质是什么？案例中指出，供应链再造成功的公司，其市场份额增加了35%。然而，还有很多供应链管理者陷在效率的“陷阱”里，就是说，它们仍然以成本控制为核心，而不是再造供应链和实行顾客战略来增加收入。这句话对我们来说可能正中要害，因为我们的许多企业都是以成本控制为中心，一些企业甚至把成本指标分摊给每一位员工。这种管理理念不是以客户为中心的管理和营销理念。

本案例中介绍的戴尔、巴斯特和宝洁的一些做法是各具特色的。

第一，有效供应链的发展一般是通过5个方面的合理选择实现的，即客户选择、顾客内部运作、渠道战略、核心运作能力和组织结构。这是一条共同的经验，也是对我国企业的一个有益启示。

第二，供应链管理的基础工作是“深度的市场细分”，市场营销的本质是使市场与企业能力相匹配。本案例中，戴尔、巴斯特和宝洁的发展，其中细心的客户选择是其供应链成功的重要因素。界定目标客户，更重要的是那些不能适应它们的供应链战略的客户。

第三，组织内部的客户运作能力是很关键的。

第四，成功的企业都有自己的核心运作能力，这种能力生根于企业的核心业务流程。

第五，供应链再造中，进行的变革会影响商务模式的关键方面，供应链再造会在各个方面引发不小的问题,明显的组织抵触并不奇怪,这也是供应链再造的一部分。

第六,本案例中总结的供应链再造的关键要素是:打好基础,发动合作伙伴,推销新商务模式,促成相关职能的转变和打造“首演”计划5个方面。

三、问题思考

1. 对比戴尔、巴斯特和宝洁三家企业在客户选择时的不同点和共同的基础,并对此如何评价?

2. 怎样评价“戴尔在5个重要方面使用了它的新式运作能力”和“宝洁也在两个关键方面拓展其运作能力”,这两种不同的做法说明了什么?

3. 供应链再造中的5个关键要素具有普遍意义吗?怎样认识这5个要素?

4. 怎样看待供应链再造中由于变革带来的明显的组织抵触,这是供应链再造中很重要的一部分。在我们的变革中是否同样会遇到这样的问题?

案例三　重构美国汽车工业的供应链

一、案例背景

汽车工业如何突破生产驱动的推动型销售、营销和配送传统,又如何以拉动型系统为中心重新设计其顾客服务和供应链活动。通过将消费者牢固地置于供应链的驱动者这一位置上,制造商就能够更快、更有效地对消费者需求作出反应。

(一)无奈的汽车销售

几乎所有零售业,从杂货、服装到快餐、家具都已学会把消费者放在首位,使他们轻松、愉快地购买东西。

在汽车销售中,这一观念发展缓慢,汽车销售商仍然对消费者不够尊重,并且经常被消费者指责为提供不现实的价格、浪费时间及迫使他们在每个细节上讨价还价。

20世纪90年代中期，一个新因素——网络变得很重要。网上公布了种类繁多的产品和定价信息，在美国尤其如此，由此产生了一群消息灵通的购买者。这些人拥有关于汽车规格的详细资料和销售者的定价信息，他们深刻改变了与销售商之间的力量均衡。

但过时的供应链规划和信息系统成为汽车制造商们的惯例，他们觉得很难给销售商可信的到货日期。当没有人给他们一个确切的承诺的时候，已经订了货的消费者便会开始认为整个汽车工业是无能的。在承诺送货日期改变三、四次之后，消费者取消订货的例子很多。

（二）供应链创造更好的销售方式

使用供应链已经成为零售业繁荣的极重要的成功因素。供应链方式的主要目标包括从杂货零售的可能最低的成本到高级流行商品的可能的最快响应，其通常特征为：尽可能地利用末端顾客需求来推动供应链的规划和运作。这种模式常被称为拉动型供应链。

戴尔公司的拉动型模式实现的成本、反应速度和顾客服务优势可以很好地用于汽车工业。戴尔模式最重要的特点是：几乎每一个活动都由消费者的"购买"信号直接驱动，其产品完全按照订购要求来组装。

（三）拉动型供应链的优势

拉动型供应链最适合汽车工业，因为它适用于价值较高的消费品，并具有处理复杂的制造和配送环境的技术灵活性。拉动型模式建立在一体化信息系统基础之上，该系统产生高效率的运营过程。拉动型供应链拥有及时配送顾客所需产品的能力。

从实施拉动型配送中确定了4个利润源：减少运营成本以及实现较高收入、降低销售成本以及改善整个购买过程中的停滞。汽车制造商及其销售商每销售一辆新车，这4部分总计能使它们增加600多美元的利润。

（四）改革的挑战

改变汽车工业已建立的制造、配送和销售的方式是异常困难的，因为它需要来自具有不同历史、能力和兴趣的3个团体的协调行动，即高效率的生产组织，尤其是生产的计划者和安排者，生产商的销售、市场和配送组织以及销售商。

制造商最近在销售模式上采取了一些变化策略，尤其是那些市场的新进入者，像 Hyundai（现代）和大宇，或像美国的 Jaguar（捷豹）和 Land Rover（兰德·路华）一样，必须在 20 世纪 90 年代重新起步。英国的大宇回避了传统的交易方式，建立了自己的零售网络，它的陈列室里有少量所展示汽车的存货，还可使顾客通过多媒体电话亭获得产品信息，并且不同于传统模式的是，它开始把服务外包给其他公司。

福特和通用这类最早建立的汽车公司面临着更大的挑战，它们已经建立了广泛的销售网络，这容易滋生销售商之间的相互竞争而损失利润。

通过合并销售渠道，汽车公司试图通过库存联营和减少销售商的互相竞争来形成不讨价还价的定价机制，与顾客建立友好关系。

（五）获得开始行动的优先权

对大多数汽车制造商来说，挑战来自于改革现有高度复杂、根深蒂固的供应链，这条供应链还与诸多既得利益和相互冲突的目标相结合。这个挑战的规模又暗示着它是一个革命性进程——微小的开始、培养素质、证明构思、展现价值，然后在根本决策上作出重大的投资，最终的目标是一个真正的拉动系统。制造商可以逐步建立起由 4 个不同单元构成的系统，并按如下顺序排列并获得实现的优先权，即改进分配和交易程序、压缩订货送货过程、建设地区性库存区、提高生产安排的灵活性。

优先权 1——改进分配和交易程序。

优先权 2——压缩订货送货过程。

优先权 3——创建地区性库存区。

优先权 4——提高生产安排的灵活性。

二、案例评述

整体而言，汽车工业多年来一直是美国的重要支柱产业，其在开发、研制、生产和销售等方面均居世界前列，多年来，通用、福特、克莱斯勒均排名 500 强前列，在这种业绩下，汽车业主们并没有大唱赞歌。就本案例而言,对汽车工业的供应链系统直言不讳地提出影响发展的若干问题及相应的对策。这一点也许应当成为我们一些企业决策者的榜样。

近年来,我国汽车工业的高速发展,特别是汽车逐步家庭化、普及化的趋势,为许多企业和市场迎来了难得的商机。就是在这样的市场背景下,我国汽车厂商的市场策略大多把注意力放在了产品品牌、产品价格、汽车款式、促销技巧、新产品开发等方面,这固然非常重要,但有几家厂商想到本案例中"重构美国汽车工业供应链"的话题呢?有效的供应链系统对降低汽车产销成本和提高客户满意度是十分重要的,"那些没有将精力集中在以顾客满意为竞争基础的生产商和销售商很快会发现,顾客正在离他们而去,而选择那些提供另一种供应链方式的同行。"这句话或许是对我们很好的忠告。该案例的特点与启示是下述3个:

1. 在汽车销售中的陈旧行为和观念是导致顾客不满的基本原因。创立新型供应链方式是必要的,其主要目标应当是:从可能最低的成本到可能最快的响应。

2. 建立拉动型供应链成为美国汽车销售市场的选择。

3. 对大多数汽车制造商来说,挑战来自于改革现有高度复杂的、根深蒂固的供应链,这条供应链还与诸多既得利益和相互冲突的目标相结合。

三、问题思考

1. 本案例中为拉动型供应链的配送总结了4个方面利润源(优点),对我国正在发展的汽车市场适用吗?

2. 本案例中突出的是变革的思想,你认为,对正处于改革过程的中国企业应当从中学习什么呢?

3. 从推动型供应链向拉动型供应链的转变是一个普遍的趋势,如何认识这种转变?

4. "今天的汽车工业都有出色的产品质量、设备水平和业绩,这些是通过一个在设计和生产时消除了任何可能的浪费和额外成本核算的生产系统达到的。然而,营销和配送调节却没有减少任何成本和损失”。这句话能引起你的哪些思考?

第二节　仓储企业物流管理案例分析

案例一　从英迈公司中国物流运作得到的启示

一、案例背景

2000年一年英迈公司全部库房只丢了一根电缆;半年一次的盘库,由公证公司做第三方机构检验,前后统计结果只差几分钱;陈仓损坏率为0.3‰,运作成本不到营业总额的1%……这些都发生在全国拥有15个仓储中心,每天库存货品上千种,价值可达5亿人民币的英迈中国身上,他们是如何做到的呢?记者受邀参观了英迈中国在上海的储运中心,对英迈中国运作部强烈的成本概念和服务意识感触很深。

(一)几个数字

一毛二分三:英迈库中所有的货品在摆放时,货品标签一律向外,而且没有一个倒置,这是在进货时就按操作规范统一摆放的,目的是出货和清点库存时查询方便。运作部曾经计算过,如果货品标签向内,以一个熟练的库房管理人员操作,将其恢复至标签向外,需要8秒,这8秒的人工成本就是一毛二分三。

3公斤:英迈的每一个仓库中都有一本重达3公斤的行为规范指导,细到怎样检查销售单、怎样装货、怎样包装、怎样存档、每一步骤在系统上的页面是怎样的,等等。在这本行为规范指导中都有流程图,有文字说明,任何受过基础教育的员工都可以从规范指导中查询和了解到每一个物流环节的操作规范,并遵照执行。在英迈的仓库中,只要有动作就有规范,操作流程清晰的观念为每一个员工所熟知。

5秒:统计和打印出英迈上海仓库或全国各个仓库的劳动力生产指标,包括人均收货多少钱,人均收货多少行(既多少单,其中人均每小时收到或发出多少行订单是仓储系统评估的一个重要指标),只需要5秒。在Impulse系统中,劳动力生产指标统计适时在线，随时可调出。如果没有系统支持，这样的一个指标统计至少得一个月。

10 公分：仓库空间是经过精确设计和科学规划的，甚至货架之间的过道也是经过精确计算的，为了尽量增大库存可使用面积，只给运货叉车留出了 10 公分的空间，叉车司机的驾驶必须稳而又稳，尤其是在拐弯时，因此，英迈的叉车司机都要经过这方面的专业培训。

20 秒：在日常操作中，仓库员工从接到订单到完成取货，规定时间为 20 秒。因为仓库对每一个货位都标注了货号标志，并输入 Impulse 系统中，Impulse 系统会将发货产品自动生成产品货号，货号与仓库中的货位一一对应，所以仓库员工在发货时就像邮递员寻找邮递对象的门牌号码一样方便、快捷。

4 小时：一次，由于库房经理的网卡出现故障，无法使用 Impulse 系统，结果他在库房中寻找了 4 小时也没有找到他想找的网络工作站。依赖 IT 系统对库房进行高效管理已经成为库房员工根深蒂固的观念。

1 个月：英迈的库房是根据中国市场的现状和生意的需求而建设的，投入要求恰如其分，目标清楚，能支持现有的生意模式并做好随时扩张的准备。每个地区的仓库经理都要求能够在 1 个月之内完成一个新增仓库的考察、配置与实施，这都是为了飞快地启动物流支持系统。在英迈的观念中，如果人没有准备，有钱也没用。

（二）几件小事

1. 英迈库房中的很多记事本都是收集已打印一次的纸张装订而成的，即使是各层经理也不例外。

2. 所有进出库房都须严格按照流程进行，每一个环节的责任人都必须明确，违反操作流程，即使有总经理的签字也不认可。

3. 货价上的货品号码标志用的都是磁条，采用的原因同样是节约成本，以往采用的是打印标志纸条，但因为进仓货品经常变化，占据货位的情况也不断改变，用纸条标志灵活性差，而且打印成本也很高，采用磁条后问题得到了根本性解决。

4. 英迈要求与其合作的所有货运公司在运输车辆的厢壁上必

须安装薄木板，以避免因为板壁不平而使运输货品的包装出现损伤。

5. 在英迈的物流运作中，厂商的包装和特制胶带都不可再次使用，否则，视为侵害客户权益。因为包装和胶带代表着公司自身的知识产权，这是法律问题。如有装卸损坏，必须运回原厂，出钱请厂商再次包装。而由英迈自己包装的散件产品，全都统一采用印有其指定国内总代理怡通公司标志的胶带进行包装，以分清责任。

（三）仅仅及格

提起英迈，在分销渠道中都知道其最大优势是运作成本，而这一优势又往往被归于其采用了先进的 Impulse 系统。但从以上描述中可以看出，英迈运作优势的获得并非看似那样的简单，而是对每一个操作细节不断改进，日积月累而成的。从所有的操作流程来看，成本概念和以客户需求为中心的服务观念贯穿始终，这才是英迈竞争的核心所在。英迈中国的系统能力和后勤服务能力在英迈国际的评估体系中仅被打了 62 分，刚刚及格。据介绍，在美国专业物流市场中，英迈国际能拿到 70～80 分。

作为对市场销售的后勤支持部门，英迈运作部认为，真正的物流应是一个集中运作体系，一个公司能不能围绕新的业务，通过一个订单把后勤部门全部调动起来，这是一个核心问题。产品的覆盖面不见得是公司物流能力的覆盖面，物流能力覆盖面的衡量标准是应当经得起公司业务模式的转换，换了一种产品仍然能覆盖原有的区域，解决这个问题的关键是建立一整套物流运作流程和规范体系，这也正是大多数国内 IT 企业所欠缺的物流服务观念。

二、案例评述

英迈公司公司抓系统、抓细节、抓流程、用数字说话，提高了服务质量和管理质量。

三、问题分析

1. 从英迈公司中国物流的运作中我们得到了什么启示？

2. 你认为英迈的运作优势究竟来自于什么？

案例二　福保赛格如何获得新的竞争优势

一、案例背景

深圳赛格储运有限公司下属的福保赛格实业有限公司(以下简称福保赛格),在深圳市福田保税区拥有28 000平方米的保税仓。公司的问题主要是保税仓的固定资产超过8 000万元,而每年的利润却不到500万元,资产回报率太低。提高保税仓库区工作人员的士气,努力增强其服务意识,注重品质提升,增大物流增值服务的比例,大幅提高仓租费以外的收入来源,争取到更多利润贡献率高的优质客户,淘汰利润率低的C类客户等都是势在必行的工作。

(一)公司现状分析

福保赛格的主要客户包括日本理光国际通运有限公司、华立船务有限公司、柏灵顿国际物流有限公司、华润物流等近百家外资、港资物流企业和分布于珠三角地区的制造企业。福保赛格面向这些企业,提供保税仓的长租和短租服务,并附带从事流通加工等物流增值服务。福保赛格的在职员工约40名,包括5名管理人员,10名左右的叉车工人和搬运工人,另外,还有报关员、报检员、客户服务人员、仓库管理员、勤杂人员(含门卫和设备检修人员)等20多人。

福保赛格的赢利模式是以仓库库位出租为核心的物流服务项目的收费。基本收费项目是仓租费,另外还有装车、卸车、并柜/拼箱、对货品进行贴标、缩膜/打板、换包装、简单加工(如分包、重新组合包装、简单装配等)以及代客户进行报关、报检等服务项目的收费。主要支出是人工、水电、仓储物和设备折旧带来的维修维护费用等。

福田保税区的特点在于有通向香港落马洲的进出境通道(一号通道)和通向深圳市区的进出关通道(二号通道)。货物进出境只需向海关备案,而进出关则需要报关。客户可以利用保税区境内关外的政策优势,实现整批进境、分批入关的延迟纳税优惠,或提前退税的好处。

（二）存在的问题

福保赛格的仓库主要是平面仓，有部分库区采用立体货架，以托盘为基本搬运单元，用叉车（以及地牛）进行进出库搬运和库内搬运。仓库的一楼是越仓区，有 5 辆燃气动力的叉车。二楼到十楼为储存区，每层都有 1 ~2 辆电动叉车（用蓄电池驱动）。有两个大型货运电梯。车辆停靠的月台有十多个车位，可以停靠货柜车、箱式车等多种型号的运输车辆。

福保赛格目前仍然是以订单为驱动，以业务为中心进行运作的仓储服务企业，还没有转型到以客户服务为中心。在该公司管理层的推动下，公司上下全体员工已经树立了全面质量管理的理念，并以 ISO 9000 质量管理体系的要求建立了规范化的质量文档体系，但该公司尚未正式申请或通过 ISO 9000 质量体系认证。

（三）解决方案

福保赛格及其母公司赛格储运有限公司在 1999 年开发过一套基于 C/S 体系的管理信息系统，后因结算不准确、系统灵活性差、不能适应业务变化等原因放弃使用了。自 2002 年底到 2003 年底，赛格储运有限公司与赛邦软件合作开发了一套全新的、基于 Web 的 B/S 体系的物流管理系统，覆盖了运输业务、仓储业务、财务结算等各个方面，从而实现了客户网上下单、网上查询订单处理状态、库存状态、账单明细等，可以做到实时结算和预约结算。福保赛格面临的最大问题是如何提高资产回报率。如前文所述，保税仓的固定资产超过 8 000 万元，而每年的利润却不到 500 万元。与运输业务相比（货柜车辆的固定资产只有 1 000 多万元，每年贡献的利润却达到 2 000 万元以上），资产回报率太低。提高保税仓库区工作人员士气，努力增强其服务意识，注重品质提升，增大物流增值服务的比例，大幅提高仓租费以外的收入来源，争取到更多利润贡献率高的优质客户，淘汰利润率低的 C 类客户等都是解决问题的可能途径。

为了使公司能够上一个新的台阶，提高保税仓的资产回报率，并在适当的时候通过 ISO 9000 的认证，福保赛格希望通过内部实现全面质量管理来持续改进自己的管理流程，并通过信息化的手段来辅助管理的开展。它们所考虑的思路与质量管理学大师戴明所持的观点有很大程度的吻合。首先，它们希望建立现代岗位培训制度，建立严谨的教育及培训计划；然后，通过在部门中持续不断的开展培训和流程监控，消除内部部门之间的隔阂，提升所有员工主动为客户服务的意识，并消除员工对管理层的恐惧感，敢于提出自己的观点和看法，逐步取消妨碍基层员工工作畅顺的因素以及量化考核指标，并通过最高层领导的积极参与，在企业内部形成一种计划、执行、检查、处理（PDCA）的全体员工认同的管理文化。为了对外开发更多的高端客户，公司提出"要把服务做在客户没有想到之前"的口号，树立以客户为中心的意识（高度关注客户的满意度）。通过内部的管理流程挖掘和对外客户的优质增值服务来获得新的竞争优势。

二、案例评述

福保赛格能从利润问题看到管理制度、人员士气、管理流程、增值服务、人员培训等方面的问题，这个思路是正确的，但必须抓住问题的关键，积极拓展市场，通过内部的管理流程挖掘和对外客户的优质增值服务来获得新的竞争优势。

三、问题思考

1. 仓储企业可以开展的增值服务有哪些？

2. 搜集有关资料，说明仓储管理的流程以及仓储管理信息系统的功能。

第三节　运输企业物流管理案例分析

案例一　家乐福中国公司及其运输决策

一、案例背景

企业参与运输决策对物流成本的控制和运输效率的高低都有重要的影响，有效的运输决策往往能提高企业效益，也能在最短的时间内完成客户需要的服务，因此，各类企业都非常注重对物流系统的运输决策。从最终效益的角度来看，“开源”与“节流”具有同样重要的意义。正确决策节省的物流成本不见得比产品本身获利要少，而一个企业物流系统运输决策往往通过运输网络设计、运输方式选择、装卸及配送水平高低等方面来实现。以下通过流通企业中的家乐福中国公司物流系统运输决策的案例来具体分析运输决策的各个方面。

成立于1959年的法国家乐福集团是大型超级市场概念的创始者，目前是欧洲第一、全球第二的跨国零售企业，也是全球国际化程度最高的零售企业。家乐福于1995年进入中国市场，最早在北京和上海开设了当时规模最大的大卖场。目前，家乐福在中国31个城市相继开设了86家商店，拥有员工4万多人。

家乐福中国公司公司经营的商品95%来自本地，因此家乐福的供货很及时，这也是家乐福在中国经营很成功的原因之一。家乐福实行的是“店长责任制”，对各店长给予极大的权力，所以各个店之间并不受太多的制约，店长能灵活决定所管理的店内的货物来源和销售模式等。由于家乐福采用的是各生产商缴纳入场费，商品也主要由各零售商自己配送，家乐福中国总公司本身调配干涉力度不大，所以各分店能根据具体情况灵活决定货物配送情况，事实证明，这样做的效果目前很成功。

家乐福中国在网络设计方面主要体现为运输网络分散度高，一般流通企业都是自己建立仓库及其配送中心，而家乐福的供应商直送模式决定了它的大量仓库及配送中心事实上都是由供应商自己解决的，家乐福集中配送的货物占极少数。这样的经营模式不但可以节省大量的建设仓库和管理费用，商品运送也较集中配送来说更方便，而且能及时供应商品或下架滞销商品，不仅对家乐福的销售，对供货商了解商品销售情况也是极有利的。在运输方式上，除了较少数需要进口或长途运送的货物使用集装箱挂车及大型货运卡车外，由于大量商品来自本地生产商，故较多采用送货车。这些送货车中有一部分是家乐福租的车，而绝大部分则是供应商自己长期为家乐福各店送货的车，家乐福自身需要车的数量不多，所以它并没有自己的运输车队,也省去了大量的运输费用,提高了效益。配送方面,在供应商直送模式下,商品来自多条线路,而无论各供应商还是家乐福自己的车辆,都采用了"轻重配载"的策略,有效利用了车辆的各层空间,使单位货物的运输成本得以降低,进而在价格上占据主动地位。而先进的信息管理系统也能让供应商在最短的时间内掌握货架上其供销售的各种商品的货物数量以及每天的销售情况,补货和退货变得更方便,这也能让供应商与家乐福之间相互信任,建立了长期的合作关系。

二、案例评述

制造企业的运输决策主要体现在其原料来源和产品输出上,由于其产品的特定性,往往需要从某些固定区域运送,所以其网络设计大多采用量少而场地大的集散地,对到达的原料运送至企业和把成型的产品运送至各销售地;而流通企业的货物仓库及配送中心一般较分散,而且数量较多,以便货物及时输送;第三方物流企业除了有自己固定的仓储配送中心外,还根据其长期提供服务的企业的特点灵活安置一些仓库等,其分散度有较大的自由性。

在运输方式的选择上,制造企业主要选择铁路或海运,因为这类企业的原料和商品都是以大批量的长途运输为主,这样可以节省运输费用,而且对时效性和直达性的要求一般都不高;流通企业则少量采用集装箱运输,主要采用送货车,但是各个企业的送货车会因其经营方向的不同而有差异,其目的是为顾客最大限度地提供便利;第三方物流企业的运输比较多元化,根据其承接工作的不同,可能采取公路、铁路、海运等多种运输方式,或者其中几种方式相结合的联合运输等,某些时候也需要"门到门"的运输。

一般情况下,制造企业相比流通企业和第三方物流企业对配送的要求较低,商品也比较单一,以满足原料输入和产品输出为原则;流通企业和第三方物流企业对配送有较高的要求,其配送中心的工作也比较复杂,流通企业的配送中心有时候还被当做销售中心,而第三方物流企业为了协调各种商品,需要使配送工作达到最优化,在配送时也考虑较多的其他因素,以适应合约企业的要求。

总之,不论什么类型的企业,无论企业规模的大小,其运输决策的出发点都是为了使企业最大限度地节支增收服务的,而运输决策也必将在企业运营中扮演着越来越重要的角色。

三、问题分析

1. 影响运输决策的因素有哪些?
2. 运输合理化的标准是什么?运输合理化的实现途径有哪些?

案例二 承接集装箱业务案例分析

一、案例背景

A 物流公司的小陈听一个朋友说,他们公司最近接到 3 个集装箱运输业务,时间较紧,从上海到大连铁路 1 200 公里,公路 1 500 公里,水路 1 000 公里。该公司自有 10 辆 10 吨普通卡车和一个自动化立体仓库,经联系,附近一家联运公司虽无集装箱卡车,但有专业人才和货代经验,只是要价比较高,至于对零星集装箱安排落实车皮和船舱,实在心中无底,因小陈在 A 公司工作,该公司有很丰富的承接业务经验,于是小陈朋友就请教 A 公司,它们应采取什么措施比较妥当?

1. 自己购买若干辆集装箱卡车组织运输。
2. 想办法请铁路部门安排运输但心中无底。
3. 水路路程最短,可请航运公司运输。
4. 联运公司虽无集卡,但可让其租车完成此项运输。
5. 没有合适的运输工具,辞掉该项业务。

小陈结合在 A 公司工作多年的业务经验,给其提供了以下建议:

1. 以请联运公司来承担此项任务为好,比较稳妥,联运公司是第三方物流服务企业。

2. 根据是否拥有资产,第三方物流服务供应商可分为资产基础供应商和非资产基础供应商,衡量的标准绝不是它有无实际的物流资产,而是看是否有专业人才和货代经验,有资产价格可低些,但灵活性差；而非资产基础供应商则可根据不同需要“量体裁衣”，非常灵活。

3. 邀请第三方物流服务供应商应做好如下工作：

(1)对该联运公司作必要的调查，了解其信誉度如何。

(2)进行必要的合同磋商，解决好合同的执行标准、衡量标准、违约责任以及价格等问题。

(3)努力避免双方合作失败，既交货又派专人关注此事。

(4)讲明如果服务质量好，可考虑长期合作的可能性，其他方案欠稳妥，无把握，且风险很大。

二、案例评述

每件事情都有多种解决办法，但最低的成本和最合适的客户满意度是服务的关键，所以，在处理每一件事情时都应当多向同行请教。在竞争中学习竞争。

三、问题思考

1. 选择第三方物流你认为有哪些好处？应当考虑哪些问题？

2. 一个公司能够独自承揽并开展业务的前提条件有哪些？

案例三　沃尔玛降低运输成本的学问

一、案例背景

沃尔玛公司是世界上最大的商业零售企业，在物流运营过程中尽可能地降低成本是其经营的哲学。

沃尔玛有时采用空运，有时采用船运，还有一些货物采用卡车公路运输。在中国，沃尔玛百分之百地采用公路运输，所以，如何降低卡车运输成本是沃尔玛物流管理面临的一个重要问题，为此，他们主要采取了以下措施：

1. 沃尔玛使用尽可能大容量的卡车，大约有16米加长的货柜，比集装箱运输卡车更长或更高。沃尔玛把卡车装得非常满，产品从车厢的底部一直装到最高，这样非常有助于节约成本。

2. 沃尔玛的车辆都是自有的,司机也是本公司的员工。沃尔玛的车队大约有5 000名非司机员工,还有3 700多名司机,车队每周每一次运输可以达7 000~8 000公里。

沃尔玛知道,卡车运输是比较危险的,有可能会发生交通事故。因此,对运输车队来说,保证安全是节约成本最重要的环节。沃尔玛的口号是"安全第一,礼貌第一",而不是"速度第一"。在运输过程中,卡车司机们都严格遵守交通规则。沃尔玛定期在公路上对运输车队进行调查,卡车上面都带有公司的号码,如果看到司机违章驾驶,调查人员就可以根据车上的号码报告,以便进行惩处。沃尔玛认为,卡车不出事故就是节省公司的费用,就是最大限度地降低物流成本。由于狠抓了安全驾驶,运输车队已经创造了300万公里无事故的纪录。

3. 沃尔玛采用全球定位系统对车辆进行定位,因此,在任何时候调度中心都可以知道这些车辆在什么地方,离商店有多远,还需要多长时间才能到达商店,这种估算可以精确到小时。沃尔玛知道卡车在哪里,产品在哪里,就可以提高整个物流系统的效率,有助于降低成本。

4. 沃尔玛连锁商场的物流部门24小时工作,无论白天或晚上,都能为卡车及时卸货。另外,沃尔玛的运输车队利用夜间进行从出发地到目的地的运输,从而做到了当日下午进行集货,夜间进行异地运输,翌日上午即可送货上门,保证在15~18个小时内完成整个运输过程,这是沃尔玛在速度上取得优势的重要措施。

5. 沃尔玛的卡车将产品运到商场后,商场可以把它整个地卸下来,而不用对每个产品逐个检查,这样就可以节省很多时间和精力,加快了沃尔玛物流的循环过程,从而降低了成本。这里有一个非常重要的先决条件,就是沃尔玛的物流系统能够确保商场所得到的产品是与发货单完全一致的产品。

6. 沃尔玛的运输成本比供货厂商自己运输产品的成本要低,所以厂商也使用沃尔玛的卡车来运输货物,从而做到了把产品从工厂直接运送到商场,大大节省了产品流通过程中的仓储成本和转运成本。

二、案例评述

沃尔玛的集中配送中心把上述措施有机地组合在一起,作出了最经济、合理的安排,从而使沃尔玛的运输车队能以最低的成本高效率地运行。当然,这些措施的背后付出了许多艰辛和汗水。

三、问题思考

1. 请将沃尔玛作为一个专门的调查对象,对其市场营销策略和物流管理方面的做法进行总结。

2. 对你身边的一个小型超市进行研究,并对如何降低物流成本提出建议方案。

第八章 企业物流典型案例分析(Ⅲ)

第一节 港口企业物流案例分析

案例一 港口物流战略伙伴的构建

一、案例背景

A公司是北方重要的港口企业,近年来,A公司把物流战略发展放在首要位置,以下是该企业在港口物流战略伙伴构建方案中的基本意见。

现代物流供应链上的重要节点——港口企业,由于其得天独厚的优势,可以优化整个物流链,保持物流链的稳定。首先,港口一般都是水路、公路、铁路的交汇点,是交通运输的枢纽,是物资流通的集散地。"集、疏、储、运、拆、并"等综合功能齐全,是开展物流综合服务最理想的场所。二是港口基础设施较为完善。航道、港池、锚地、浮筒、码头、栈桥、仓库、场地等设施应有尽有,各种门吊、场吊、正面吊、叉车、起重机等机械设备种类齐全,有较强的中转能力和运输能力,能为物流运输提供周全的硬件。三是由于港口具有较高素质的干部队伍和技术队伍,适合从事物流服务。四是港口通江达海,获取信息快捷、渠道多、货源广,具有其他行业不可比拟的优越性。五是由于运输线的连接,港口能方便地与上、下游物流链企业结成战略伙伴关系。

港口企业寻觅战略伙伴的目的是通过建立利益共同体,实施资源扩展、优势互补、利益共享、风险共担,使现代物流运作达到最优化，从而实现港口大发展，因此，寻觅战略伙伴至关重要。如果选择战略伙伴不当，不仅谈不上发展，反而会使企业蒙受重大损失，甚至血本无归。那么，寻觅战略伙伴应遵循哪些原则呢？

首先，合作伙伴必须诚信经营，坚持信誉第一，彼此相互信任，这是供应链中各企业进行有效合作的基础和保证。因为，实施供应链合作就意味着新产品、新技术、新服务的共同开发、数据和信息的交换、市场机会共享和风险共担。失去诚信经营或者彼此猜疑，其结果是双方利益受损。

其次，合作伙伴必须拥有各自可利用的企业竞争力和核心竞争力。这是供应链中各企业进行有效合作的关键和亮点。所谓企业竞争力，就是企业和企业家设计、生产和销售产品与提供服务的能力，其产品和服务的价格和非价格的质量等特性比竞争对象具有更大的市场吸引力。而核心竞争力则是企业借以在市场竞争中取得并扩大优势的决定性力量。唯有合作企业拥有各自的企业竞争力和核心竞争力，才能提高整条供应链的运作效率。

最后，合作伙伴应拥有相同的企业发展战略和经营理念。假设合作伙伴发展趋势缓慢或即将改行，或者经营理念差异显著，这种合作很可能夭折，导致资源、机会与成本的浪费。

诚然，港口企业选择战略伙伴，以期形成集成化供应链，其竞争优势并不是港口及战略伙伴间企业有形资产的简单叠加，而是缘于企业间彼此成为供应链中有价值的环节，以实现知识与品牌的优化重组，达到强强联合、优势整合，也就是通常所说的"用最小的组织实现最大的权能"，"用相对最小的投入换取最大的回报"。基于这些原因，港口企业寻觅战略伙伴有如下一些途径：

1. 与供应链上游企业构建战略伙伴关系。港口供应链上游企业有矿业集团、外贸企业、运输企业、货物代理企业、农副产品企业等几大类。港口的基本功能是中转货物，与这些企业构建战略伙伴关系，不仅有助于开辟货物供销市场，掌握市场主动权，共同扩大市场份额，而且能够减少货物中转运输环节，使"上游"到"下游"一路顺畅。

2. 与供应链下游的企业构建战略伙伴关系。港口供应链下游企业有电厂、燃料公司、钢铁厂、冶炼厂、化工企业、饮食企业、电器生产企业、船舶代理企业、境外企业、海外企业、国内外代理商等货主和客户。港口与这些企业构建战略伙伴关系，不仅直接提供供需见面的便利，扩大商品销路和销量，而且减少存货、节约港口和供、需方的大量成本。

3. 与铁路、船东构建战略伙伴关系。现代物流的形式是交通运输，而进出港口最便捷、最经济的运输方式莫过于铁路和船舶运输。与铁路和船东构建战略伙伴关系不仅能够活跃港口，使港口真正地“四通八达”，避免出现“堵港”，而且能够提高装卸效率，真正地成为“交通枢纽”，充分发挥港口优势。

4. 与业务外包方构建战略伙伴关系。随着现代物流尤其是信息技术的发展，港口将逐步摆脱传统的装卸作业生产，走内涵扩大再生产之路。很多港口正逐步把一些粗放、传统、重要但不是核心的业务职能外包给世界范围内的“专家”企业；从而使港口更能集中精力培养自己的核心竞争力。业务外包不仅可以充分利用外部资源快速响应市场需求，提高港口对市场反应的敏捷度，而且可以加速港口的业务流程重组，合理配置港口人力资源，从而提高港口组织生产及管理效率，打出港口品牌。

5. 与兄弟港口联合构建战略伙伴关系。港口与港口联合最大的好处是优势互补、避免同行业的恶性竞争，同时，实行强强联合，组建港口集团，打造行业“航母”，有助于发展现代物流，实现港口的跨越式发展。

二、案例评述

港口物流战略伙伴构建的途径是多样的，不论通过什么样的途径，港口构建战略伙伴关系都能够缩短供应链总周期时间，提高资产利用率和用户满意度，提升港口企业的核心竞争力。

三、问题分析

1. 对你所了解的港口企业作出一个 SWOT 分析。
2. 谈一谈物流战略对港口企业发展的重要性。

案例二　国外港口物流的发展与借鉴

一、案例背景

B 公司小王刚刚参加了一个港口管理方面的培训班，培训班结束时，他提交了一份《国外港口物流的发展与借鉴》的课程报告。以下是这份报告的内容。

世界港口业迅猛发展，其成长经历了 3 代，有的学者提出了第四代港口的概念并且开始进行研究。伴随着港口业的发展，港口的功能已从单一货运生产发展到提供综合物流服务的阶段。近年来，随着经济全球化进程的不断加快，国际贸易量显著增长，我国港口物流业迎来了快速发展的机遇，但与国外港口物流业的发展相比，仍有较大的差距。

（一）国外港口物流发展方式

国外港口物流发展大致经历了传统物流阶段、配送物流阶段和综合物流阶段，而今进入到港口供应链物流阶段。国外港口吞吐量较大的几个港口在物流建设方面也走在了世界港口物流业发展的前列。它们发展港口物流主要有以下几种方式：

1. 建立"配送园区"、"分拨中心"等物流设施。荷兰的鹿特丹港在提供物流设施方面处于世界领先地位；比利时的安特卫普港则将投资对象主要集中于港口设施，投入大批土地用于各项配送设施的基本建设；法国的勒哈佛尔、马赛，西班牙的巴塞罗那，意大利的热那亚、里窝那以及美国的诸多港口都兴建了物流中心或物流园区，新加坡在 20 世纪 90 年代建成了东南亚商品销售分配中心。

2. 拓展装卸主业以外的相关产业，特别是延伸内陆运输。鹿特丹港参与铁路等内陆集疏运以及内陆码头建设；汉堡港在波茨格铁路公司拥有 40% 的股份，还和匈牙利铁路公司等合资经营集装箱快邮公司和内陆货运站；有的港口在港区内建立木材加工企业或参加欧洲环境技术中心的回收利用项目等。

3. 合资组建第三方物流企业。如新加坡港务有限公司与中国招商集团共同组建"招商新加坡港务物流有限公司"，提供全程物流服务，从库场管理到配送，并在中国各地组建了几个地区性配送中心。

4. 向国际化、规模化和系统化发展，形成高度整合的"大物流"；进一步拓展服务功能的"增值物流"；打造技术密集型的"智能港"以及发展"虚拟物流链控制中心"是当前港口物流发展的主要特点和趋势。港口进军物流业的主要目标在于：增强竞争能力，保护已有业务，巩固和扩大现有货源，挖掘新货源。港口在提升主业的同时积极从事非装卸领域的业务，港埠企业以合资或合营方式经营储存、加工、包装、配送服务或内陆运输业务，也可以与其他企业合资建立第三方物流公司，提供全程物流服务，将港口传统业务融合进了现代物流业务。

（二）我国港口物流的发展现状

我国拥有1.8万公里海岸线，11万公里内河航道，承担着9%左右的国内贸易运输和85%以上的外贸货物运输。到2007年底，全国港口拥有生产用码头泊位3 500多个，其中万吨级及以上泊位1 200多个。2007年，全国港口完成货物吞吐量64.1亿吨，同比增长15.1%。全国有上海港、宁波港、广州港、深圳港、天津港、秦皇岛港、青岛港、大连港、苏州港、南京港、日照港、南通港、烟台港、营口港14个亿吨大港。至此，在世界排名前20位的国际港口中，我国已占有10席。与此同时，集装箱吞吐量成为我国港口经济的最大亮点，2007年，港口集装箱年吞吐量突破1亿标准箱，达到1.127亿标准箱，同比增长20.4%，居世界第一位。专家预测，到2010年，我国港口年吞吐量将达到81亿吨，集装箱年吞量将达到1.4亿标准箱。我国已经成为世界上港口吞吐量和集装箱吞吐量最大的国家。

2003年出台的《中华人民共和国港口法》标志着我国港口管理步入了依法行政、依法治港，港口管理迅速与国际接轨的历史新阶段。2006年9月，交通部为进一步优化沿海港口布局，合理有序开发和利用港口岸线资源，加强国家对港口规划和建设的管理，颁布了《全国沿海港口布局规划》，这标志着中国沿海港口的建设与发展进入了新的发展阶段。同时，港口下放、区港联动和港口体制改革推动了港口新一轮发展的热潮。各地方政府正抓住机遇，纷纷提出以港兴市的发展战略。

港口已成为我国对外开放的门户和窗口。我国对外开放的港口已有140多个,已与50多个国家签订了海运协定,有30多个国家近百家境外航运公司获准在中国港口开辟集装箱班轮航线。

（三）我国港口物流发展存在的问题

我国港口物流取得了长足的发展,已经成为国民经济发展的重要组成部分,并在推动国民经济发展中起到越来越重要的作用。但与国外港口相比,不论在物流意识还是在物流软、硬环境方面都有不小的差距。其存在的问题如下：

1. 港口物流业目前存在的最大问题是国际化、市场化和现代化程度较低,对经济建设与社会发展的适应度不足。2007年,我国社会物流总成本为45 406亿元,同比增长18.2%。社会物流总成本占GDP的比重为18.4%,比发达市场经济国家高出近一倍,由此反映出我国物流仍处于十分落后的状态,物流成本过高;港口物流处于同样的状态,港口的运输成本、仓储成本和管理成本均达不到国际港口的先进水平。港口物流的水平往往是一国物流总水平的主要标志。

2. 港口的基础设施薄弱,结构性矛盾比较突出。具体表现在：一是港口的集、疏、运网络与发达国家相比还有很大差距。发达国家集装箱铁路运输占全国铁路货运量的比重在30%～50%。而我国集装箱铁路发送量2005年仅占2.2%,2006年为2.6%。发达国家海铁联运的比重达20%～40%,而我国海铁联运比重仅占全国港口集装箱吞吐量的1.5%左右。铁路集装箱运输已经成为港口集、疏、运的瓶颈。二是深水航道、大型码头不足,已不能满足船舶大型化发展的需要。

3. 信息化服务水平较低。我国沿海港口和大型港口的信息化投入较高,但是信息化服务水平不高,难以满足客户的需求,特别是国际客户的需求。港口物流信息系统的功能在港口物流所涉及的相关行业部门中缺乏协调性和共享性。

4. 港口间发展缺乏协调性,联盟程度低。一方面各港口之间缺乏沟通和联系,不能及时相互交流最新的港口物流知识和理念,限制了自身的发展;另一方面也降低了区域整体物流实力,削弱了竞争力。

5. 港口物流的专业人才匮乏。港口物流的专业人才极其匮乏，而且普遍缺乏现代物流意识，这同时导致专业化物流服务方式有限，物流企业的经营管理水平有待提高。

（四）发展我国港口物流的建议和措施

在总结国外港口物流发展经验的基础上，结合我国港口物流发展的实际情况，现提出如下建议和措施：

1. 用科学发展观指导港口现代物流的发展。我国港口现代物流发展的制约因素不是孤立存在的，它涉及社会各个领域。因此，用科学发展观来指导我国港口现代物流的发展，解除存在的制约因素，寻求全面、协调、可持续港口现代物流发展的最优化十分必要，具有现实和长远的战略意义。

2. 加强港口的信息化建设，提高服务水平。利用条码技术、数据库技术、电子订货系统、电子数据交换、快速反应及资源管理系统等信息技术，建立覆盖港区生产流通和仓储运输企业的网络平台，使港口具备物流信息港的功能，实现各企业、客户和有关管理机构的信息充分互联，形成港口与港口、港口与海关、港口与货主、港口与承运商相互连接的有机整体。

3. 拓展港口物流业国内外战略联盟。战略联盟是企业间利用股权参与或契约方式形成的一种新的组织形式，具有市场和企业的双重优势。我们可以采用多种方式构建港口物流战略联盟，如横向联盟（包括港港联盟、航航联盟等）和纵向联盟（包括港货联盟、港航联盟等）。港口企业可以通过市场运作、兼并、并购股权和投资等手段，扶持和发展一批有经济实力、能按照国际惯例进行运作、网络结构合理的物流企业、物流园区和配送中心，加速物流网点建设。

4. 加强港口物流人才的培养。我国港口十分缺乏物流方面的专业经营管理人才，这种状况不利于发展港口综合物流服务产业。因此，必须采用多种途径培养和引进具有良好货物和货运知识，掌握现代物流经营管理技术方法，尤其是电子信息技术的物流经营管理专业人才，加快我国港口物流的发展。一方面，积极开展对港口管理人员的培训工作，既要培养熟悉港口物流管理理论的中高级物流人才,也要培养各项具体工作的操作人员;另一方面,实行柔性的用人机制,多渠道、全方位地引进人才,为港口物流的发展奠定坚实的基础。最后,还要调动社会各方面力量,有针对性地对企业员工进行继续教育和职业培训。

5. 加强软环境建设。软环境建设主要从以下 4 个方面入手:一是最大限度地争取保税港政策;二是加强口岸协调力度,深化港口物流的服务理念;三是优化口岸政策法规环境;四是实施优惠的税收政策和宽松的航运管理政策,以吸引船公司。

二、案例评述

港口物流发展一要借鉴国外经验,也要考虑国内的实际,要制定好港口物流发展战略,积极推进港口物流国际化、市场化、现代化的进程,在重视基础设施建设的同时更应当注重软环境的建设,加强专业人才的培养。

三、问题分析

1. 对你临近的港口物流企业作一个调研,对其现状、问题、发展战略等进行分析。

2. 港口物流人才应当具有什么样的知识与专业能力?

案例三 连云港港口信息化

一、案例背景

连云港港口位于太平洋西海岸、中国黄海之滨,与韩国、日本等国家主要港口相距在500 海里的近洋扇面内,现为江苏最大海港、苏北和中西部最经济便捷的出海口、新亚欧大陆桥东桥头堡,是我国沿海主枢纽港和能源外运的重要口岸之一。连云港港口是以腹地内集装箱运输为主并承担亚欧大陆间国际集装箱水陆联运的重要中转港口,是集商贸、仓储、保税、信息等服务于一体的综合性大型沿海商港。

随着经济全球化和信息国际化的发展,信息技术逐渐成为企业改进作业流程、降低成本、提高竞争力的强有力手段。“以信息化推动管理现代化，以信息化推进产业升级”自然而然地成为连云港港口发展的一项重点工作。

（一）观念转变是基础

连云港港口信息化建设起步于1982年，港口以生产系统为重点不断拓展计算机应用的范围和深度，逐步构建了完整的、集成化的港口业务信息系统；以办公自动化应用及网站信息发布为突破口，加快实现港口管理领域的信息化；总体规划、分步实施逐步推出若干个应用系统，实现连云港港口的信息化达到了全国沿海港口前列的水平。然而，在这些成绩的背后，同样有着很多得与失的经历，值得我们深思和借鉴。

“港口的信息化建设也算是一波三折，我们起步比较早，虽然走的弯路比较少，但中间也一度走走停停。比如，20世纪90年代末港口的效益不是特别好，我们在信息化建设方面的资金投入也就力不从心。有的项目资金即使到位了，上了之后的效果也不是特别理想。”连云港港口集团通信信息工程公司王经理深有感触地说。

“我觉得信息化每个项目最大的风险还是在应用上，第一是员工思想观念转变不过来，第二是员工IT技能跟不上，这是两个非常大的瓶颈。”王经理说。比如，当时自主开发的一套煤炭公司业务管理系统，这套覆盖整个煤炭公司的系统包括堆场管理、计费管理等诸多模块，但是这些系统上了之后使用的实际效果并不是太好，和预期要达到的效果相差很大。“分析主要原因，仍然是因为人员IT素质跟不上，思想观念转变不过来。这些因素在前期的评估中我们也考虑到了，但是我们估计不足。”王经理说。这种情况下，整个系统运行了一年之后就被迫中止了使用。“为了解决这些瓶颈，我们也采取了很多的措施，比如向员工宣传信息化的优势，加大员工信息化方面的培训力度，要求员工必须达到与其岗位相适应的计算机应用水平等，也收到了明显的效果。”王经理说。信息化建设中不可能每一个信息系统都能成功，关键是不成功之后应当痛定思痛，汲取教训，找出造成失败的原因，为以后的信息系统项目少走弯路奠定基础。

（二）效益决定一切

现代商业的潜规则决定了每花出去的一分钱都要或多或少地为企业带来效益，不论这效益是直接的还是间接的；也不论是经济效益抑或是别的形态的效益。总之，效益决定了一切。“我们进行信息化建设和改造的目标就是提高港口的作业效率，有的系统可能直接产生经济效益，有的是通过间接的方式产生经济效益，但是归根结底，经济效益都是能看到。”王经理说。“我们做的绝大部分信息系统应用上都收到了很好的效果，也带来了很大的经济效益。再比如，给我印象最深的集装箱码头业务管理系统、办公自动化系统和港口的船舶调度系统等都是很成功的。”王经理自豪地说。集装箱码头业务管理系统是在 1996 年由港口集团自己开发的，中间经过不断的完善和维护，一直使用到 2004 年才被新的管理系统替代，这套系统对集装箱码头开展业务发挥了非常大的作用。办公自动化系统软硬件投资 120 多万元，一年就能节约成本 40 多万元。

王经理着重强调了港口的船舶调度系统。船舶进港之前需先由船舶进港代理公司提出进港申请，在上这套管理系统之前，这种申请主要是通过传真或者对方人员到港口办理，“这种流程一是效率比较低，二是信息不准确。上了管理系统之后，所有这方面信息的处理都在网上进行，通过我们提供的表格由对方直接录入信息，准确度非常高，时间也特别快。”王经理介绍说。另外，对方也可以从网上查询到自己船只在港的状态，比如作业的完成度等。

“另外，为了方便口岸代理企业，我们还做了一些报检系统。以前，有的企业或者货主来港口看一次，来往的花销最少也得两三千元，一年下来的花费也是很大的。上了系统之后，有些业务不需要再到港口办理，为企业和货主节约了资金和时间。”王经理说。同时，港口的效率也得到了提高，整个船舶作业时间缩短，总体上缩短了船舶的在港停留时间，比如，一个码头原先一条船作业需要 5 个小时，现在从进港到出港整个过程可能只需要 4.5 小时，缩短了时间，间接提高了泊位的数量。“泊位的利用率提高了，经济效益也就随之而来。”

(三)信息化发挥效力

“2000 年以来,我们港口的信息化建设与应用开始逐步加快速度,软硬件累计投资达到了 4 000 万元。”王经理说。先后建成投入使用的大型信息系统主要有:集装箱管理系统、散杂货公司调度与商务系统、港口货源信息系统、港口计划统计系统、港口物资管理系统、港口计件工资系统、港口机电设备管理系统、港口海关监管系统、港口主题数据库、港口信息门户网站、港口船舶调度系统以及轮驳公司与引航公司等衍生系统、港口边检业务网上受理系统、港口理货业务管理系统等近 20 余个系统。

王经理说:“这些系统已经基本成为港口集团各单位支撑业务运作的核心系统,也给连云港港口带来了实实在在的经济效益和社会效益。”除了自主研发部分信息系统之外,港口集团也引进了部分通用商品化软件产品,如金蝶集团财务系统、金蝶集团办公自动化系统、金益康集团人力资源系统等。目前,这些商品化软件通过二次开发,已经作为一个重要组成部分融入了港口信息体系中。

截至 2004 年,港口计算机网光缆总里程已达 60 余公里,覆盖了码头作业公司、主要口岸单位和主要货运代理单位。网内单位均可通过此光纤网络实现数据联网以及因特网宽带接入,初步具备了为口岸单位提供互联互通的条件。网内计算机站点数已达 1 200 余台。为保证访问因特网的速度要求,目前港口拥有的电信、网通、联通多条 100 兆因特网光纤专线都在满负荷运转。港口开通了港口内部宽带网,小型单位或集团员工既可以通过港内宽带上网,也可以访问局内网或运行内部信息系统,譬如港口 OA 系统以及内部邮件系统,网络应用范围大大拓展。港口信息系统和网络硬件平台的建成使用切实保障了连云港港口生产和管理活动正常高效进行。

二、案例评述

随着通信和计算机技术的快速发展,现代港口运营具有信息量大、效率高的特点,内部业务流程繁杂,并与相关部门和单位联系紧密,没有数字化的支撑,港口就无法正常运行和实施有效的管理。

三、问题思考

1. 什么是港口物流？港口物流的发展趋势是什么？

2. 作为一个港口来说，需要的信息管理系统可能包括哪些部分？

第二节　货代企业物流案例分析

案例一　断裂货代链——谁扣押了“义乌货”？

一、案例背景

（一）加威的故事

当加威（Javid）怯生生地出现在宁波海事法院，甚至“未语泪先流”时，法官顾雅琴无法不表示她的同情：“一个大男人，如果不是到了这个地步，不至于如此。”

这个巴基斯坦男人在“中国小商品之都”经营着他的生意——采购小商品并托运回自己的国家。最近，他的一份提单（从巴基斯坦港口提取货物的凭证）被宁波的一家货运代理公司扣押了，原因是这家公司一直没有收到义乌一家上级代理公司的运费。

类似的“加威案”正在宁波、义乌频繁上演。2006 年全年，宁波海事法院受理的“海事强制令案件”达 80 多起；2007 年后，此类案件呈现明显增多趋势，自 2006 年 12 月下旬至 2007 年 2 月上旬的仅 40 多天内，宁波海事法院合计受理“海事强制令案件”就近 20 起。前后近 100 起案件涉及外商 60 家，涉及一级货代企业 30 多家，涉案贸易总金额达数千万元，涉案运费总金额超过千万元。

2006 年，加威受委托采购了一批陶器、生活用具、工艺品等小商品。为了运输这批货物，他一直通过深圳 AK 国际货代义乌分公司托运货物，再由这家公司委托给上海 BY 国际货代宁波分公司具体承运，货物在宁波装船出海。“每个集装箱，我付给义乌的代理公司 1 800美元或者 1 900 美元，高的时候 2 000 美元或者 2 100 美元，然后，他们会帮我解决从装箱开始的所有问题。”

在此之前，这种操作方式一直运作得非常顺利，但是没想到这批货出了意外。原本，在从义乌发货之后的一个星期内，提单就应当到达巴基斯坦的收货方手中，但三个星期过去了，这箱货的提单仍然不见踪影。

加威开始满义乌寻找这家一度合作良好的货代公司，但是那张曾经和善的面孔已经“人间蒸发”。走投无路的加威正式向宁波海事法院提出申请“海事强制令”，要求负责承运的 BY 宁波分公司必须交出提单，加威向法院出示了他已经向 AK 支付了有关运费的证明。

事情最终有了一个令加威满意的结果。由宁波海事法院出面，在加威交了 3 万元的保证金之后，BY 宁波分公司交还了这份提单。一个月后，加威又从宁波海事法院取回了他的押金。

不过，加威至今仍不十分不清楚，BY 宁波分公司为什么要扣押他的提单，他只听说“义乌的公司好像欠了宁波公司的钱”，“但我的钱都已经付清了。”加威说。在发生“提单扣押”事件之前，加威从来没有、也不必和 BY 宁波分公司接触，虽然，BY 才是加威货物的“真正承运人”。

加威是幸运的，他的经验也正在适用于其他“被货代公司扣押提单”的货主：“申请海事强制令”，强行拿回提单。“海事强制令”的出发点在于，在解决争端之前，避免“被请求方”（此处指“BY 宁波分公司”）对货主（此处指“加威”）的合法权益“造成损害或者使损害扩大”。

“加威案”涉及在义乌采购的国外货主、义乌当地的中间货代公司和宁波的一级国际货代公司，问题到底出在哪里呢？

（二）委屈的“被告”

交还提单后，那些一级货代公司们拿回运费的希望就更加渺茫了。

这些公司之所以扣押提单，是因为那些从货主那里揽货，然后再委托他们运输的上级货代公司们已经拖欠了几十万乃至几百万的运费。而且这些中间货代要么人间蒸发了，要么就是“你偶尔能够打通他的电话，他也承认有这笔账，但就是没钱还”。

杭州 YH 国际货运代理有限公司是最近被请求执行“海事强制令”的一家一级货代公司,起因是 YH 扣押了始自一家义乌中间货代的 16 张提单。YH 的一位人士表示,“这个货代已经拖欠了我们 190 万元的运费”,而在 16 张提单被执行海事强制令后,YH“希望公安介入调查”,以追回运费。

据称,同样是这家义乌公司,还拖欠着上海某一级货代公司 140 万元的运费。

厦门 DS 国际货运代理公司宁波分公司经理杜先生介绍:“在宁波、上海,这种情况很普遍,因为义乌已经形成了这种风气,好多年了。”在最近的案件中,该公司扣押的提单同样来自义乌,被拖欠的运费为 10 多万元。

在成熟的货代业者看来,一些中间货代骗取运费的手法并不高明。杜先生说,“货代做久了,这些手法大家也都清楚了,但还是会受骗”。

对一级货代来说,与中间货代打交道最安全的方式是“付款买单”,“中间货代把钱给我,我把提单给他”。而骗案大多是从这种安全交易开始的,“他先跟你做两个月,付钱很爽快,而且他的量会慢慢变大,你的利润看起来也是蛮好的,接下去他会跟你说,要么我们月结”。所谓“月结”,即由原来的“付款买单”变成“提单”照样给,但 3 月的运费到 4 月 10 日给你。于是,漏洞出现了,因为“3 月初到 4 月 10 日之前,中间货代手上会积累一笔运费”。“义乌的货主都是看到提单就付钱的,货主那边的钱他已经收了,一级货代的钱他还没付”。在几次“月结”之后,这些中间货代的出货量会越来越大,它们甚至“不惜以低于运费的价格到义乌揽货,船公司报价 1 000 美金,他报 800”。

之后,它们将作出最后一击。“到最后一两个月时,比如,他 8 月给你出了很多货,9 月 10 日跟你打个招呼,说他周转有点困难,结款要拖几天,可能一直拖到 9 月底。这时候,他手上已经积累了两个月的运费了,并且金额非常非常大,然后他就会逃之夭夭。几十万美金是很正常的,有时候甚至更多。”杜先生说。而一旦这种情形出现,货代链便告断裂。对一级货代公司来说,“没有收到运费,我肯定要扣押提单。”而对无法凭提单收货的货主来说，“申请海事强制令”便成为当然的选择。

（三）脆弱的货代链

这些倍感委屈的“一级货代”公司都经过严格的资质认证，注册资金在500万元以上，有成熟的运营经验。它们一般设立在上海、宁波等港口城市，或者在当地派驻机构，它们是整个货代链条上连接船公司的最后一环。

而所谓的“中间货代”实际上并不具备真正的货代资质。这些公司注册资金很小，可能只有10万、20万元，它们做货运代理，可能也做外贸代理，但只是做这块业务，并不是严格意义上的货代公司。

货代运作的一般流程是：货主把货配给中间货代，中间货代把货配给一级货代，一级货代配给船公司；然后，一级货代从船公司拿到提单，交给中间货代，中间货代凭提单向货主收钱。其中，“中间货代”可能是一层，也可能是多层。

近期近20起案件，货物的来源基本上都是义乌，这与义乌当地的操作习惯密切相关。这些“习惯”包括出口多，外商多，代理多，现金交易多。

在以“小商品”和“外贸”著称的义乌地区，外贸出口有它的独特之处。“虽然是外贸，但它是内贸形式的外贸。就是说，国外的客商直接到义乌市场订购，而出口时，因为我国外贸体制的原因，它必须要挂一个出口单位才能出去。”

对加威来说，本地代理因此必不可少，不管是采购、外贸，还是货运，但代理的质量并不能得到保证。“许多外商既不看营业执照，也不审核注册资金，甚至有人冒充其他公司的业务员，拿一张名片就可以做生意了”。而且义乌当地的小货代公司有的也不直接与宁波的一级货代发生关系，中间还有多手的代理，多层的环节。这就为那些并不具备资质的“货代”提供了一个温床。

事实证明，那些之后导致货代链断裂的中间货代，有些是因为经营不善，或者把资金挪作他用了，比如“炒炒房子，导致银根出现问题”，有些则是完全的“骗案”。“骗案”中的中间货代公司往往注册资金少，其法定代表人也常常是一个找不到的外地人；“就算你找到这个公司，也拿不到钱”。

而义乌地区对现金交易的偏好则是另一个便利条件。一方面，这为那些意图不轨的中间货代从货主手中圈钱提供了方便；另一方面，一些外商“交了钱，最后连证据都拿不出来”。

这些义乌“习惯”最终孕育了一条从义乌小商品市场到宁波港，从外商货主到一级货代，从简单到复杂的层层叠叠的货代链。但当分居两端、素未谋面的货主和一级货代相聚时，地点却是在宁波海事法院，他们之间最初的牵线人却早已消失不见。

“市场是你们自己做的，风险你们要自己承担。”这是宁波海事法院的态度，现实的建议是：“人家几十个集装箱一起过来时，最好几家一起做，就算亏了也可以分担风险。要注意交易安全，特别是义乌货”。

二、案例评述

货代业务存在风险，这个风险大小与货代流程的复杂程度有关，与企业的经营理念和诚信度有关，也与目前货代市场的不规范有关，在委托出口业务以及从事货代业务时，要系统地考虑问题，把经营风险控制在最低的限度内。

三、问题思考

1. 找一家货代物流企业，对它的经营范围和市场状况进行调研，对货代企业的市场机遇与存在的风险进行分析。

2. 怎样看待货代链断裂现象？

案例二　天津天联：诚信立足市场，细节决定胜负

一、案例背景

货运代理公司就像是一根无形的链条，把生产企业与原料供应商紧密地连接起来。货运代理公司管理得成功与否，直接影响着生产企业的机器能否顺利、不间断地运转，所以，从某种意义上说，货代公司是生产企业的生命线。对此，天津天联国际货运代理有限公

司总经理赵富胜有很多心得体会,2006 年 10 月 31 日 16 时 49 分,慧聪网记者访问了天津天联国际货运代理有限公司总经理赵富胜,与赵总进行了一次深入的交谈。

慧聪网:以往我们接触的生产企业比较多,而对货运代理公司了解相对较少,您能介绍一下天联的具体情况吗?

赵富胜:我们公司是天津港专业代理进口塑料原料(聚乙烯、聚丙烯)的国际货运代理公司,是天津市国际货运代理协会会员单位、天津开发区商会会员单位、国家一级货代企业。我们的主要工作是将进口的塑料原料,通过我们报检、报关、拆装集装箱、仓储、保险、铁路运输、公路运输、海洋运输等,按照客户的要求,把货物运往全国各地的生产企业,为广大生产企业、贸易公司及外商做好港口的服务工作。目前,本公司在天津港代理进口塑料原料的专业代理公司中代理量排名前列,公司人员最多、办公条件最好、仓库车队最完备、服务内容最广,深受广大客户信赖,客户群体除覆盖整个华北地区外,还辐射北到黑龙江、辽宁,南到广东、福建,西到新疆、陕西的广大地区。

慧聪网:天联公司经营理念中有一条特别引起我们的注意,那就是"一分钟不耽误",请问制定这一原则时有什么特殊的背景及含义吗?

赵富胜:国际货运代理行业时间性特别强,耽误时间就是损害货主的利益。大家知道,国际原油价格起伏不定,塑料行情瞬间即变,赶上价格下滑时,每吨原料一天就是一二百元的损失。有一件事我感受特别深,那是在创业之初,我开车到海关报关,当时海关在天津港集装箱公司附近,要经过几条铁路专线,当我到达铁路专线边上时刚好被火车截住了,当时铁路专线上的火车来回摆放车皮,一等就是半小时。等我赶到海关时,负责签字的主管科长已经外出开会去了,当天回不来,而转天又是周六、周日休班,只有到下周一上午再报关。等到周一报关后,再报港口的计划,而港口计划是当天报计划第二天才能提集装箱。算下来,这一耽误就是 4 天的时间,如果我提前一分钟出来,不被火车截住,这 4 天的浪费就完全可以避免了。庆幸的是,那次报关聚乙烯价格没降,如果降了怎么向货主交待?！事后，我反复思考，时间就是财富，耽误一分钟，造成的损失无法估量。在这种情况下，我向全公司提出了“一分钟不耽误”的经营理念。因为这个理念的提出，《中国企业报》对我进行了专访，写了半版的报道，随着该报的全国发行，有不少人都认识了我。

慧聪网：做货运代理是非常琐碎的工作，管理是很重要的，请问在管理上天联都有哪些举措?

赵富胜：你问得好，做货运代理确实是一项非常琐碎的工作。我们公司的管理在行业中是有口皆碑的，业务管理、财务管理、行政管理、人事管理、仓储管理都有一整套管理规定。业务上，我们从货主给我们寄送到报关单据开始就纳入规范化的管理体系。首先，核对单据，一次报关单据最少要有8种，中英文都有，我们要仔细核对有没有错误。接下来是向船舶公司查询船舶到港时间，及时向客户反馈信息，提前做好报关准备，建立档案等一系列专业化工作。我们使用的绝大部分流转单据都是我们自己创造的，现在很多企业向我们学习，借鉴我们的管理经验。

在管理上，我特别注意加强学习，取中、外企业管理的精华，向同行学习。记得我国老一代领导人陈云同志讲过一句话：“不唯上，不唯书，只唯实”。在向别人学习时，我更加注意自己企业的实际情况，把别人的经验加以总结和提高，创立有自己特色的管理模式。比如说，我们企业的经营理念是：“诚信、服务、细节、创新”。以创新工作为例，我要求每位员工每月写一次工作创新小结，我们现在20名员工每人每月至少有一项创新建议，大到企业经营发展，小到办公环境的整改、办公物品的摆放，一年下来最少是240条，这可不是小数字。正是由于注重创新，我们公司的企业管理水平大大提高。这种办法还调动了大家参与企业管理的积极性，使员工热爱企业、关心企业、依靠企业，从而使公司不断发展壮大。

慧聪网：我们看到天联的客户中，不乏国家级的大企业，请问天联是如何赢得众多客户的?

赵富胜：正如我们公司经营理念“诚信、服务、细节、创新”所体现的，我们把诚信放在第一位，我认为“做代理先做人”，这个“人”字要立得住，必须讲诚信。货主把几百万、几千万的货物交给你管理，如果你不讲诚信把货卖了,那客户怎么办?所以我们在经营中恪守诚信原则,承诺的事情一定办到、办好,这样才能赢得大家的信任。

另外,我们的服务标准是赢得客户的另一法宝。公司有10项承诺,其中有:①我们通关时间为24小时仓库提货,速度非常快;②24小时全天候可以提货,不分节假日,即使是大年初一来,我们也给提货;③仓储费30天免收,让利给货主;④为避免水灾、火灾的发生,为所储货物全部购买保险,使货主放心;⑤代垫税款,为货主解决资金问题,等等。

慧聪网:从上面的承诺中可以看到,天联有一些免费、垫付的条款,请问,这样做公司会不会吃亏?

赵富胜:这样做,公司会减少收入,但是我在想,我们做代理就像超市卖商品,同样的环境、同样的商品、同样的服务,顾客会货比三家,谁的便宜买谁的,我们也一样,让利给货主就会吸引大量的货主找我们做代理,让给货主的是一部分,还有一部分是我们得到的,代理行业的暴利年代已经一去不复返了。

慧聪网:上下游客户接触得多了,自己做交易应当是很容易的事情,为什么天联要恪守"一笔塑料买卖不做"的原则?

赵富胜:任何事情都有它的合理性。比如,在运动场上不能既是运动员又是裁判员,那样不公正。同样,我们对上下游客户的信息全清楚,如果我们做贸易,很容易把货主的客户抢过来,生产企业用什么原材料,我们先卖给它,货主就卖不进去了,侵占了货主利益,这样,货主就不会再找我们做代理,我们就没有生意了。现在我们既然选择了代理行业,就应当遵守行规。

慧聪网:在天联为客户提供服务的过程中,您最深的体会是什么?

赵富胜:一票否决权。如果你的服务客户不满意了,他不会通知你,接下来换代理,我们也就没有生意了。客户是源泉,没有源泉也就没有小溪和河流。我们以客户的需求为中心,一切工作围绕中心来开展。客户对我们服务满意,他会一传十、十传百地为我们主动做宣传,使我们的客户群体越来越多。

慧聪网:据我们了解,赵总是一个社会经验很丰富的企业家,您担任了很多社会、行业组织的职务，您平时是不是特别忙？请您介绍一下这方面的情况。

赵富胜：用过去的话讲，我是一个“根红苗正”的人，从小受家庭的影响，父亲是多年的先进工作者、劳模、优秀党员。我从上学开始就一直是班干部，23 岁在国有企业加入中国共产党，历任总公司团委书记、党委宣传科长、二级企业董事长、总经理、党支部书记等职，多次获奖。后来，老国企散了，我开始自己创业。我一直关心社会公益事业，也得到了社会及政府部门的认可，先后被评选为青年企业家、法院陪审员、青联常委等。2009 年 9 月又资助了一名特困大学生，平时参加青年联合会的活动也比较多。

慧聪网：您的工作经历对您经营管理企业是否会带来影响呢？

赵富胜：我认为影响是比较大的。过去在国有企业担任过总经理一职，汲取了大量规范化、正规化、制度化的东西，但国企也有不足。现在搞自己的企业，就要克服国企的不足，吸收国企的优势，二者相结合，再加上自己的创新，企业就快速发展起来了。

慧聪网：通过对您的采访，我们学到了很多东西，也请您说说对慧聪网的认识和看法，您对我们有哪些建议和期望？

赵富胜：我对慧聪网最早的了解是在天津听了一次慧聪网 CEO 郭凡生的演讲报告，讲得非常好，对我启发很大，特别是你们做的叠加式经营服务，我也正在做。你们搞商情需要印刷，自己就搞了一个印刷厂，使你们的印刷发行成本下降，提升了竞争力。我们做塑料代理，本来货一入库任务就算完成了，但我们又把发运工作做起来了，通过汽车、火车和船，把货运到全国各地，货主方便，我们又增加了收入。

慧聪网现在越做越大，越做越好，企业大了涉及的事就多，管理起来就难。我希望你们从上到下强调细节，不注重细节，就会出现各种小问题，而大家看你们的标准是不一样的，你越好、越大，大家对你的要求就越高，同样一个事，出在小公司，大家可能就谅解了，而出在大公司，大家则可能不会谅解。

期望慧聪在业务方面上、中、下（上指贸易公司，下指生产企业，中指物流、代理行业）一起抓，现在抓了上和下，还需要抓中，加大对中间环节的工作力度。

二、案例评述

天联货代的经营理念"诚信、服务、细节、创新"揭示了一个民营企业在竞争者林立的环境中能够不断发展壮大的秘密。把做事、做人、做企业结合起来,本着为客户负责的精神,企业的目标就是客户满意,关注细节,精细高效,不断创新,关注长期发展,与客户实现双赢。

三、问题思考

1. 如果你自己创办一个货代企业,你的经营理念应当是什么?
2. 从事货代业务的人员应当具备哪些知识和技能?

第三节 商业企业物流管理案例分析

案例一 苏宁电器——IT 支撑下的螺旋式突破

一、案例背景

"在苏宁电器螺旋式发展的背后,一直有着信息化的不断突破和创新。信息化已经成为苏宁电器企业发展的重要支撑,企业发展的每次突破都有一个信息系统的支撑。"苏宁电器总裁孙为民这样评价信息化在苏宁电器发展中的地位。

作为一家中国 A 股的上市企业,苏宁电器利用信息化手段加强企业内部控制和内外沟通,降低企业的运营成本,提高企业的竞争力,为股东带来尽可能多的价值。投资者选择一只股票、选择一家企业,除了看行业的基本面之外,更要了解企业内在的管理运作。苏宁不盲目发展店面的数量,而是信息化建设与店面建设同步配套,信息系统成为支撑苏宁连锁发展的关键投入点之一。

苏宁电器在信息化应用管理的内容上,全面实现信息化应用集成,先后引进了基于 SAP 的 ERP、CRM、SOA、WMS、TMS、CallCenter、B2B、B2C 系统,实现了业务流程的标准化管理,降低了工作中对人的依赖,提高了管理效率以及管理执行力度。

通过各类先进的应用系统实现了“上游供应商、内部员工、下游消费者”三位一体的全流程信息化管理，并在多媒体三级网络架构的基础上形成了具有苏宁电器特色的信息化集成应用体系。

目前，苏宁已经在南京、上海、北京、广州、深圳等大中型城市建立了800多家连锁店、75个物流基地、300个售后服务网点，企业员工达12万人，覆盖了280多个城市的综合销售网络。

信息系统支撑了这么庞大、多纬度的地点与人员管理，实现了任何一个终端、任何一名员工的全程在线，在强大的信息系统支撑下，每天处理上百万条内部流程、近10万个采购订单、100万笔销售数据、10万个客户电话、10万条服务短信，将苏宁电器专业化、标准化、制度化、信息化发展理念深入到每一个角落。

2008年，苏宁电器新进地级以上城市26个，新开连锁店210家，实现营业总收入498.97亿元，比上年同期增长了24.27%。而在系统软件开发方面，2008年增加了5 778.4万元人民币的投入，共完成各类大型应用项目开发34个，有效地支撑着内部资源整合和管理效率的提升。

（一）内控：利用SOA

从财务预算管控、费用管控到供应商服务管控、终端客户服务管理以及内部人力资源管理等方方面面，苏宁电器利用SOA实现了共享服务统一管理，加强了企业的内部控制。共享服务统一管理，也就是将共同的、重复的流程从企业个体中抽出，转移到一个共享服务中心（SSC），同时实现在共享服务中心分享稀有的资源，给企业带来高效率和规模经济优势，使企业个体可以用更多的时间完成高附加值的任务。

在对供应商的服务中，所有的供应商发票（包括经销和代销供应商）都集中在共享服务中心进行处理，这样就提高了发票处理的效率，提高了发票处理的及时性和准确性。所有的供应商资质文件原件都通过扫描系统到总部进行审核，以此来统一操作供应商资质审核的标准，提高了对供应商选择的控制。所有的采购合同也都通过扫描系统扫描到总部进行合同数据化，保证供应商的合同数据化一定要有书面签订的合同，以增强对返利费用收取的控制。

除此之外,苏宁电器还重新设计了多项流程,例如,重新设计了从终端收款、资金入账、资金监控到收入核对的整个流程,提升了资金入账的及时性和准确性,加强了总部对各个分公司和子公司营业网点的实时监控,使整个流程做到了透明、高效和可控。另外,还重新设计和规范了提货卡业务的流程,并结合多账户管理的要求,使提货卡业务做到了全国购买、全国使用、集中管理和集中核算。

"服务是苏宁的唯一产品,也是苏宁差异化竞争能力的重要一环。"孙为民说。苏宁电器自1990年开始创业,至今已有19个年头,苏宁电器服务过的用户也数以亿计,将宝贵的客户资源转变为生产力是苏宁最重要的任务之一。因此,在精细化营销与全方位主动服务的趋势下,苏宁引进了一套CRM平台,一方面实现了统一的客户信息管理,同时,通过多个维度细分客户群体,以提供差异化的服务,推进主动服务,改变被动服务的现状。通过深度的数据挖掘,建立多维度的数据模型,通过呼叫中心与CRM的集成达到统一介入、单点服务,一个电话解决一切问题。

苏宁电器目前已经形成覆盖了280多个城市的综合销售网络。在分支机构、员工队伍、管理层级不断增加的情况下,也对整个集团的日常经营管理提出了更高的要求,为了匹配集团经营上的高速发展,保证集团能够实施统一标准的人力资源管理和服务,苏宁电器建立了人力资源管理系统,并纳入了统一的共享服务平台。这一系统实现了人力资源业务横向关联和纵向贯通,全面覆盖人力资源的"选、用、育、留"各个环节,同时加强了总部与各地公司及终端之间人事业务的纵向衔接,提高了人力资源管控的能力。由于实现了所有员工及人事业务在统一平台上的集中管理和动态即时的在线过程控制,有效地提高了集团人力资源管理的效率和质量,通过系统,能够对人力资源各项关键绩效指标进行实时、全面的关注,实现了整个集团人事管理从定性到定量管理的转变。

通过共享服务中心,苏宁电器利用规模效益削减成本,将业务流程及数据进行标准化并提高服务水准。在满足各地的本地需求的同时,支持着"一个企业"的概念。

（二）沟通：与上游无缝对接

“在与上游供应商的沟通途径中，我们采用了 B2B 的方式，”孙为民说。通过 B2B 电子商务技术手段，苏宁电器与供应商的供应链从流程到信息都实现了协同管理。从采购订单到发货、入库、发票、远程认证、实物发票签收、结算清单、付款情况、对账等主干流程和环节，都在 B2B 平台上实现了全面的整合，双方都可以实时在线查询和互动。

B2B 系统由 3 部分组成：公共平台、B2B 功能模块和增值服务。

第一部分，公共平台提供了 B2B 平台中的基本功能，如协议转换、访问权限管理等；第二部分，B2B 功能则包括 Rosettanet（络世达网）所支持的业务流程管理、业务文档管理等；第三部分，增值服务则提供了对内和对外的服务功能。

利用 B2B 平台的向上沟通，苏宁电器实现了与电器供应商的完全自动化订单和全面的协同，目前，苏宁已经与三星、海尔、摩托罗拉等大型企业建立了这种直联的 B2B 供应链合作关系，供应商可以进入苏宁的系统，随时查看自己产品的销售进度和库存情况，减少业务沟通成本，极大地提高了供应链效率，降低了交易成本和库存水平，并缩短了供货周期，增加了企业的利润。

（三）战略：专业化、信息化物流

对零售企业来说，物流是其顺畅运作、良性发展的关键，从采购、存储、配送到售后服务，零售企业各个业务环节都要有高效的物流系统来保障。物流体系的建设同样也是苏宁连锁经营战略的核心内容之一。目前，苏宁在加紧第三代信息化物流基地的建设，它采用全自动、机械化的立体仓储系统的集成方案，通过库内立体化仓库系统、机械化运输系统、WMS 及 TMS 的实施，将建成国内电器连锁行业最先进的物流中心之一，成为苏宁电器新一代物流系统的运作和发展的标志性工程。

第三代物流中心与之前物流中心的不同之处在于，它采用二级配送模式：一级配送分拨服务，是负责将各类商品从区域大库分拨运送到区域内的所有二级城市；二级配送服务，是由区域内二级城市物流配送服务中心将商品全面配送分拨服务到千家万户（之前的第二代物流中心采用的是三级配送模式——一级配送到市、二级配送到店、三级配送到户)。在第三代物流中心重点应用的信息技术中,包括 WMS(仓库管理软件)和 TMS(运输管理软件)。

通过 WMS 系统,实现订单管理、库存管理、收货管理、拣选管理、盘点管理、移库管理,实现管理条码化,仓库作业实时监控,通过 RF、监控设备相结合,通过 TMS 系统提高配送服务的响应时间,提高车辆资源利用率,降低运输成本,将电子地图、GPS 全面用于零售等配套的服务行业,实现准时化配送。

目前,苏宁电器已经建成的第三代物流中心为江苏物流中心,正在建设的是沈阳物流中心,即将建设的包括北京、无锡、成都、徐州以及重庆物流中心等。第三代物流中心将承担起物流中心所在城市周边地区连锁店销售商品的长途调拨(300 公里范围内);门店配送、零售配送(150 公里范围内);所在城市市场需求的管线配送、支架配送等。第三代物流中心建成之后,可以满足 50 亿 ~100 亿元的年商品周转量的作业要求。

目前已经建成的江苏物流中心按照"专业化分工、标准化作业、模块化结构、层级化管理"的标准建设,在南京建立了辐射 150 公里范围内的城市配送,仓库面积 4.6 万平方米,充分应用机械化、自动化、信息化的现代物流设备及系统,存储能力高达 300 万台(套),日作业能力达 3 万台(套),支持销售额 300 亿元。

在零售行业中,沃尔玛利用强大的信息技术构建起了它的零售帝国;在信息化方面,苏宁虽然还不能与沃尔玛相比,但是它已经走在了行业的前列,苏宁比竞争对手早迈出的一步也许会成为苏宁未来壮大的基石。

二、案例评述

苏宁电器的发展壮大得益于有一个好的战略,一个让客户满意的经营理念,一套科学、适用、高效的信息化系统,一个严谨的内控机制。现代物流的基本特征之一是网络化,而网络化的要求应是实体网络与信息网络能够做到无缝链接。

三、问题思考

1. 电子商务在商业企业中的应用表现在哪里?

2. 对你比较熟悉的商业企业作一项调查,了解信息化建设情况,并完成调查报告。

第四节　制造企业物流管理案例分析

案例一　上海通用公司降低物流成本秘籍

一、案例背景

本节从制造业中最具有代表性的汽车行业对物流成本的管理进行讲解,先以上海通用公司为例,看看它们是如何降低物流成本的?

秘籍一:精益生产,及时供货。

汽车市场的竞争越来越激烈,很多汽车制造厂家都采取了价格竞争的方式来应战。在这个背景下,大家都不得不降低成本,而降低成本,很多厂家都从物流这个被视做"第三大利润"的源泉入手。

有资料显示,我国汽车工业企业物流成本一般占整个生产成本的20%以上,较差的公司基本在30%~40%,而国际上物流做得比较好的公司,物流成本都控制在15%以内。

上海通用在合资当初就决定,要用一种新的模式建立一个在"精益生产"方式指导下的全新理念的工厂,而不想再重复建造一个中国式的汽车厂,也不想重复建造一个美国式的汽车厂。

精益生产的思想内涵很丰富,最重要的一条就是像丰田一样——即时供货(JIT,Just In Time),即时供货的外延就是缩短交货期。所以,上海通用在成立初期就在现代信息技术平台的支撑下,运用现代物流观念做到交货期短、柔性化和敏捷化。

从这几年的生产实践来看,上海通用每年都有一个或以上新产品下线上市,这是敏捷化的一个反映,而物流最根本的思想就是缩短供货周期,达到低成本、高效率。这个交货周期包括从原材料到零部件，再从零部件到整车，每一段都有一个交货期，这是敏捷化至关重要的一个方面。

秘籍二：循环取货，驱除库存“魔鬼”。

上海通用目前有4种车型，不包括其中一种刚刚上市的车型在内，另外3种车型零部件总量有5 400多种。上海通用在国内外还拥有180家供应商，拥有北美和巴西两大进口零部件基地。那么，上海通用是怎样提高供应链效率、减少新产品的导入和上市时间并降低库存成本的呢？

为了把库存这个“魔鬼”赶出自己的供应链，通用的部分零件，如有些是本地供应商所生产的，会根据生产的要求在指定的时间直接送到生产线上去生产。这样，因为不进入原材料库，所以保持了很低或接近于“零”的库存，节省了大量的资金占用。

有些用量很少的零部件，为了不浪费运输车辆的运能，充分节约运输成本，上海通用使用了被称为“牛奶圈”的小技巧：每天早晨，上海通用的汽车从厂家出发，到第一个供应商那里装上准备好的原材料，然后到第二家、第三家，以此类推，直到装上所有的材料，然后再返回。这样做的好处是，省去了所有供应商空车返回的浪费。前两年还很少有人关注汽车物流，但现在它俨然成了汽车业的“香饽饽”，很多公司都希望通过降低物流成本来提高竞争力。

而且，不同供应商的送货缺乏统一的标准化管理，在信息交流、运输安全等方面都会产生各种各样的问题。如果想管好它，就必须花费很多的时间和人力资源，所以上海通用改变了这种做法。

上海通用聘请一家第三方物流供应商，由它们来设计配送路线，然后到不同的供应商处取货，再直接送到上海通用，利用“牛奶圈取货”或者称为“循环取货”的方式解决了这些难题。通过循环取货，上海通用的零部件运输成本下降了30%以上，这种做法体现了上海通用的一贯思想：把低附加价值的东西外包出去，集中精力做好制造、销售汽车的主营业务，即精干主业。

秘籍三：建立供应链预警机制，追求共赢。

上海通用所有的车型国产化都达到了40%以上，有些车型已达到60%甚至更高，这样可以充分利用国际国内的资源优势，在短时间内形成自己的核心竞争力。上海通用也因此非常注意协调与供应商之间的关系。

上海通用采取的是“柔性化生产”，即一条生产流水线可以生产不同平台多个型号的产品，如同时生产别克标准型、较大的别克商务旅行型和较小的赛欧。这种生产方式对供应商的要求极高，即供应商必须处于“时刻供货”状态，会产生很高的存货成本，而供应商一般不愿意独自承担这些成本，就会把部分成本摊入对通用供货的价格中。如此一来，最多也就是把这部分成本转嫁到了上游供应商那里，并没有真正降低整条供应链的成本。

为解决这个问题，上海通用与供应商时刻保持着信息沟通。公司有一年的生产预测，也有半年的生产预测，生产计划是滚动式的，基本上每星期都有一次滚动，在此前提下不断调整产能。这个运行机制的核心是要让供应商也看到公司的计划，让它们能根据通用的生产计划安排自己的存货和生产计划，减少对存货资金的占用。

如果供应商在原材料和零部件方面出现问题，也要给上海通用提供预警，这是一种双向的信息沟通。一旦某个零件预测出现了问题，在什么时候跟不上需求了，公司就会利用上海通用的资源甚至全球的资源来作出响应。新产品的推出涉及整个供应链，需要国内所涉及的零部件供应商都能同时提供新的零部件，而不仅仅是整车厂家推出一个产品这么简单。作为整车生产的龙头企业，上海通用建立了供应商联合发展中心，在物流方面也制定了很多标准流程，使供应商随着上海通用产量的调整来调整它们的产品。

目前市场上的产品变化很大，某一产品现在很热销，但几个月后就可能需求量不大了。上海通用敏捷化的要求就是在柔性化共线生产前提下能够及时进行调整。但这种调整不是整车厂自己调整，而是让零部件供应商一起来作调整。

市场千变万化，供应链也是千变万化的，对突发事件的应变也是如此。某段时间上海通用在北美的进口零部件出现了问题，就启动了“应急计划”，不用海运而改用空运。再比如，考虑到世界某个地区存在战争爆发的可能性，将对供应链产生影响，上海通用就尽可能增加零部件的库存，而且也预警所有的供应商，让它们对有可能受影响的原材料进行库存。供应链归根结底就是要贯彻一个共赢的概念。

二、案例评述

物流成本是伴随着企业的物流活动而发生的各种费用,是物流活动中所消耗的物化劳动和活劳动的货币表现,其由 3 部分构成:①伴随着物资的物理性活动发生的费用以及从事这些活动所必需的设备、设施的费用;②物流信息的传送和处理活动发生的费用以及从事这些活动所必需的设备和设施的费用;③对上述活动进行综合管理的费用。

物流成本是指产品在空间位移(含静止)过程中所耗费的各种劳动和物化劳动的货币表现。具体地说,物流成本是产品在实物运动过程中,如包装、装卸、运输、储存、流通加工等各种活动中所支出的人力、财力和物力的总和。关于物流成本的管理就是对它的要素进行管理,物流成本的管理也是物流管理中永恒的话题,物流成本水平的衡量指标主要包括企业物流费用占销售收入的比重和社会物流成本占国内生产总值(GDP)的比重两个方面。

企业降低物流成本的途径可以从以下 4 个方面运行:

1. 树立现代物流理念,健全企业物流管理体制。

2. 树立物流总成本观念,增强全员的物流成本意识。

3. 加强物流成本的核算,建立成本考核制度。

4. 优化企业物流系统,寻找降低成本的切入点。

上海通用公司正是从优化企业物流系统出发,采取灵活的机制降低物流成本的。

三、问题思考

1. 什么是第三利润源?为什么说必须向物流要效益?

2. 通过搜集有关资料阐述物流成本的特点,进一步说明物流管理的目标是什么?

3. 对一个第三方物流企业来说,如何才能降低物流成本?

4. 对生产制造企业来说,降低物流成本的途径有哪些?

案例二　进化困惑，海尔新战略是与非

一、案例背景

地球上的生物虽有共同的祖先，但它们因为经历了不同的进化路径而发展到现在的水平。尽管物种间并没有优劣之分，但人类仍然愿意用存在形态和生存方式界定它们的“等级”。不同物种的困惑正是在于它们发源于一个祖先，并接受了各自的存在方式，适应了各自的生存环境和当下水平，却要接受由于环境存在方式而导致的赞美或者厌恶。——达尔文

在第一轮、第二轮的家电下乡招标中，海尔冰箱、洗衣机、手机等家电产品取得了高份额，海尔占整体的份额高达42%，其中，海尔冰箱更是高达50%以上。

2009年3月4日，商务部、财政部“家电下乡”的电脑竞标结果正式揭晓，作为“高清润眼第一品牌”的海尔电脑，凭借良好的品牌综合认知度、送货到户的物流网、服务到户的服务网以及高品质、高性价比和专为农村消费者设计的产品等综合优势，通过招标小组权威专家的层层评审，15款竞标产品全部入围。

和其他品牌不同的集团先天优势令海尔电脑在农村市场上的表现一直十分活跃。有资料显示，海尔从2000年开始便有了一套完整的物流体系，物流配送的触角可延伸到全国大多数县城和乡镇。海尔物流和专卖店的配合为海尔在农村市场实现“即需即供、即买即送”提供了可能。另据行业专家介绍，为了让农村消费者也能享受到贴心的服务，海尔整合了全国县城中1 000多家星级服务中心和2 000多家专卖店资源，建立了6 000多个成套服务联络站，让农村消费者享受到与城市用户同样的便利服务。

在家电下乡的过程中，海尔积累了丰富的经验，也在农村市场赢得了极高的口碑。海尔电脑及时吸取了海尔家电产品下乡的经验，在品牌推广、渠道建设、培训、服务及物流等方面都具有得天独厚的优势。同时，在对农村消费者购买习惯、补贴流程、使用流程等方面已掌握了第一手数据，更能充分了解用户需求，以最快的响应速度满足用户的需求。

海尔集团全面的产供销整合能力、产品的高性价比以及健全的渠道和服务体系都体现了海尔良好的企业形象和品牌势能。

近年来,海尔集团的几次战略跨越为企业实行向先进经营模式进步指明了方向。

随着"三步走"的走上去、走出去、走进去到流程再造和人单合一,海尔集团对企业经营战略和发展战略的规划与执行已经远远脱离了"做产品"、"卖产品"的传统生产导向型企业,逐渐向国际化的资源整合,需求研究与引导,长期持续的提高服务水平,加速两头大(研发与服务)中间小(生产)的战略转型。

2009 年 2 月 19 日,海尔董事长兼首席执行官张瑞敏接受采访时表示,海尔已把海外收购放到次要位置,并寻求从制造型企业转型为营销型企业。张瑞敏表示,公司将脱手部分生产业务,以削减成本,并加快为客户提供服务和对市场趋势作出反应的步伐。而这样做最初的起因,张瑞敏解释说:"与其他一些产品不同,白色家电行业的竞争已不再由技术革命推动。那么,你的竞争力将展现在何处呢? 在你的商业模式当中。"他认为兼并已经不是扩大企业规模和能力的唯一方式,因为,"我们仍缺乏在跨国兼并之后整合两种不同文化的能力"。尽管金融危机为海尔廉价收购企业提供了机遇,但"价格不是唯一的考虑因素"。他认为:"迄今为止,鲜有亚洲大型公司进行成功兼并的例子。我认为,明基(BenQ)兼并西门子(Siemens) 手机部门之所以失败,是因为这两家公司在商业模式上或许存在巨大差异。我希望首先建立起我们自身更具竞争力的商业模式,随后再进行兼并会更见成效。"

那么,什么是新的商业模式? 中国家电企业是传统的生产型企业,此次海尔战略转型的意义又在哪里? 营销型企业和传统生产型企业有什么异同?

有资料显示,营销型企业是以营销为导向,在营销型企业整体体系中,技术是基础,同时技术也是支持营销型企业实现营销目标的一个不可或缺的重要因素。

以营销为导向并不是否定技术的重要性,反过来,对新技术的应用却是营销型企业发展的一大特点。新技术将支撑营销型企业更好、更深入地引导和满足消费者需求。

海尔从2000年开始“砸掉仓库”的内部流程优化。为什么要砸掉仓库？如果你做的产品不对消费者的心思，它就会躺在仓库里。产品生产出来却不能流通和生出利润，这等于损失，因为企业不是为仓库生产，资源也不应当到仓库变成死的。因此，要砸掉仓库，但这不是那么简单的，过去整个生产系统都是围绕着只要往仓库发货，别的就不管了。现在不是，现在需要你了解消费者需要什么，并且你满足他需要的时候，他承认你具有价值，购买你，你才是生产了有用的东西。当需求被满足了，你也收获了消费者的选票的时候，你要仓库做什么？

纵览全球优秀企业和优秀品牌，其发展都有一个从生产向营销转变的过程，当企业品牌这一无形资产已经上升到一定高度的时候，放弃仓库和生产，部分环节外包十分常见。

跨国公司家电品牌也纷纷放弃生产制造环节，而是根据市场需求在中国家电生产企业进行OEM贴牌生产。

INTEL/IBM等高科技产业集团也早已将其生产环节外包给其他国家和地区的相关生产型企业OEM。

达尔文曾对不同物种人们对待其不同方式发表评论说：“地球上的生物虽有共同的祖先，但它们因为经历了不同的进化路径而发展到现在的水平。尽管物种间并没有优劣之分，但人类仍然愿意用存在形态和生存方式界定它们的‘等级’。不同物种的困惑正在于它们发源于一个祖先，并接受了各自的存在方式，适应了各自的生存环境和当下水平，却要接受由于环境存在方式而导致的赞美或者厌恶。”

中国家电行业面临的一个现实是，海尔首先提出的战略跨越——从生产向营销转变的进程中也正在逐步晋级全球先进行列，这无疑是一次行业的“进化”。这个进化由海尔首先提出并实施，但这个战略的实施需要的时间究竟多长，对海尔来说是其他方面，如品牌建设、产品研发、科技能力的考验。

家电下乡之前，海尔已经实现“先有订单后有生产”，砸掉仓库。而家电下乡，海尔电器产品的表现并非昙花一样的乍现，而是长期

"创牌"、"奥运营销"、"科技创新"、"全球调研"、"全球先进资源整合"、"服务升级"、"流程再造"、"人单合一"的能量缓释，转型和砸掉仓库也是得益于以上每个步骤紧密的衔接和正确战略方向的操控与掌握。

在流程再造的整合中，最明显的提高就是前沿服务队伍和一线调研队伍的充实。因为，营销型企业发展的根本点是各部门之间相互的协调与配合，共同为实现顾客价值最大化服务。在商品供过于求、市场竞争激烈的市场格局下，营销型企业要积极贯彻"全营销"的经营理念，即营销产品全满意、营销活动全参与、营销职能全组织、营销服务全时空、营销谋略全方位、营销关系全发展。"全营销"经营理念要求企业的每个员工和每个部门都能"想顾客之所想"，从而使营销能力与企业的研究开发能力和生产制造能力相匹配，实现企业竞争优势的持续增强。

营销型企业要能够比竞争对手更快、更好地满足消费者的需要。营销型企业与需求导向型企业、竞争导向型企业皆属于外部导向型企业，但营销导向型企业是需求导向型企业和竞争导向型企业的综合。因为需求导向强调的是研究和满足顾客的需要，竞争导向强调的则是关注竞争对手。

二、案例评述

在现代市场竞争条件下，仅仅研究和满足顾客的需要，或仅仅关注竞争对手都是片面的经营理念。为了实现竞争优势的可持续发展，企业必须能够比竞争对手更快、更好地满足消费者的需要。

营销型企业拥有卓越的市场感应能力和顾客联系能力。市场感应能力是指为了能够对当前和潜在市场上的形势和趋势连续地感知和反应，企业所具备的了解和掌握顾客、竞争者和渠道成员的能力，并且这种能力超前于竞争者。在营销型企业中，对市场信息的收集、分析和利用比其他类型的企业更加系统、深刻和具有前瞻性。

部分生产业务外包则有利于企业降低生产成本、节约人、财、物力，缩短生产周期，专注于研发环节，推出新品周期大大缩短，让企业有机会领航整个产品市场的流向、导向和引导消费。

砸掉仓库则令企业产品开发、市场调研、科技研究等相关部门更加深入地了解消费真实需求和引导消费需求,开发新品满足市场、引导市场、占足先机,甩开竞争对手,远离价格争斗的泥沼,其根本动力是以繁荣市场、谋求共同发展为己任。

升级服务则从此次家电下乡各企业销售数字上体现出来,在长期的精耕细作、品牌塑造和企业社会责任心的共同推动下,海尔已经成为家电下乡被乡村消费者热切关注的"明星"。

海尔,这个中国土生土长的民族品牌带给我们的期待远不止是产品上的优秀,带给中国乡间市场的也不仅是发自内心的关爱。海尔的意义在于,它为整个行业的发展指出了正确的方向。

三、问题思考

1. 市场竞争激烈的条件下为什么要进行商业模式的创新?这种创新的基本思想是什么?

2. 通过网络、书籍等各种资料,对海尔在不同时期提出的创新思想和战略进行调研和总结。

3. 进一步阐述"以消费者为中心"的营销理念。

附录 综合测试参考答案要点

第一章 综合测试

一、名词解释

1. 按照《中华人民共和国国家标准物流术语》，物流是“物品从供应地向接收地的实体流动过程。根据实际需要，将运输、储存、装卸、搬运、包装、流通加工、配送、回收、信息处理等基本功能实施有机结合”。

2. 按照《中华人民共和国国家标准物流术语》，“企业物流是货主企业在经营活动中所发生的物流活动”。企业物流是一种围绕企业生产与经营活动的物流，是具体的、微观物流活动的典型领域。

3. 企业物流合理化就是根据企业物流系统中各种职能因素的相互联系、相互制约、相互影响的关系，把物流中的运输、保管、包装、装卸搬运、流通加工、配送以及物流信息等功能要素作为一个系统来研究、规划、组织与管理，使整个物流过程最优化，实现以尽可能低的成本满足顾客需求的目标。

二、判断题

1. √

2. √

3. ×

4. √

5. √

三、问题分析

1. 影响企业物流合理化的因素很多，主要有企业的物流管理水平；物流专业人员素质；物流技术与设施的运用状况；物流系统建设状况；信息化与标准化水平等。

促进企业物流的合理化应当从企业生产设施布局的合理化、提高和推广先进的物流技术、提高人员素质、健全物流信息系统、实现物流标准化等方面入手。

2. 提示:可以参考中华人民共和国劳动和社会保障部制定的《物流师》国家职业标准。

第二章　综合测试

一、名词解释

1. 采购是指通过商品交换和物流手段从资源市场取得资源的过程。

2. 科学采购是运用现代采购技术,革新传统采购流程,以响应用户需求为主要目的的订单驱动式采购方式。

3. 准时采购是指企业和供应商建立起稳定的契约供需关系,由供应商进行多频次、小批量的连续供货,实现在合适的时间、把合适的物品、按合适的数量送到合适的地点的准时化供货机制。

二、判断题

1. ×

2. ×

3. ×

4. √

5. √

三、问题分析

1. 定量订货方式适用于品种数日少但占用资金多的 A 类物品。定期订货方式适用于品种数量大但占用资金较少的 C 类物品和 B 类物品。

2. 政府采购是指国家各级政府为从事日常的政务活动,或为了满足公共服务的目的,利用国家财政性资金和政府借款购买货物、工程和服务的行为。政府采购不仅是指具体的采购过程,而且是采购政策、采购程序、采购过程及采购管理的总称,是一种对公共采购管理的制度。完善、合理的政府采购对社会资源的有效利用和提高财政资金的利用效率具有很大的作用,因而是财政支出管理的一个重要环节。政府采购一般采用以下 6 种方式:公开招标、邀请招标、竞争性谈判、单一来源采购、询价以及国务院政府采购监督管理部门认定的其他采购方式。相对于私人采购而言,政府采购具有如下特点:资金来源的公共性;非赢利性;采购对象的广泛性和复杂性;规范性;政策性;公开性以及极大的影响力。提高政府采购服务水平的关键在于提高采购管理人员的素质与专业技能,提高服务意识,在遵守法律与程序的前提下,提高工作效率。

第三章 综合测试

一、名词解释

1. 企业生产物流是指伴随企业内部生产过程的物流活动,即按照工厂布局、产品生产过程和工艺流程的要求,实现原材料、配件、半成品等物料在工厂内部供应库与车间、车间与车间、工序与工序、车间与成品库之间流转的物流活动。

2. 工艺专业化形式也称工艺原则,就是按照生产工艺的特点来设置生产单位。在工艺专业化的生产单位内,集中着同种类型的生产设备和同工种的工人,对企业生产的各种产品或零件进行相同工艺方法的加工。

3. 对象专业化也称对象原则,就是以产品(零件、部件)为对象来设置生产单位。在对象专业化的生产单位内,集中了为制造某种产品所需要的各种不同类型的生产设备和不同工种的工人,对其所负责的产品进行不同工艺方法的加工。

4. 成组技术是一种建立在以相似性原理为基础的合理地组织生产技术准备和产品生产过程的方法。

5. JIT 生产一般译为即时生产或准时生产,该技术是在日本丰田汽车公司生产方式的基础上发展起来的一种先进的管理模式。随着这一管理模式的不断完善,JIT 不仅是一种组织生产的新方式,而且是一种旨在消除无效劳动与浪费、实现企业资源优化配置、全面提高企业经济效益的物质资源配置技术。

二、判断题

1. √

2. ×

3. √

4. √

5. ×

6. ×

三、问题分析

1. 提示"5S"是整理(Seiri)、整顿(Seiton)、清扫(Seiso)、清洁(Seiketsu)和素养(Shitsuke)这5个词的缩写。5S起源于日本,是指在生产现场中对人员、机器、材料、方法等生产要素进行有效的管理,这是日本企业独特的一种管理办法。推行5S的作用表现为:提升企业形象;提高生产效率;提高库存周转率;减少故障,保障品质;加强安全,减少安全隐患;养成节约的习惯,降低生产成本;缩短作业周期,保证交期;改善企业精神面貌,形成良好的企业文化。

2. 提示:车间布置就是正确、合理地确定各基本工段、辅助工段和生产服务单位的相互位置和工作地、机床设备之间的相互位置。车间布置是生产物流组织的重要内容之一。车间布置是否合理,不仅影响建设的投资,而且对工厂建成后的生产和管理效率、生产的经济性、操作和维修条件、车间内的运输、卫生和安全等均有重要的影响。因此,车间布置设计是一项涉及面广、复杂而细致的重要设计内容。它不仅要求工艺设计人员要了解生产操作、设备维修和具有一定的安装知识,而且要具备一定的土建、电力、自控仪表等其他专业的基本知识。同时,在设计中还必须考虑各个方面的因素,提出不同的方案进行比较,征求有关人员,特别是应听取生产工人的意见,并与非工艺设计人员协作,这样才能获得良好的设计效果。车间布置应遵循的原则是确定设备布置形式;满足工艺流程要求;实行定置管理,确保工作环境整洁、安全;选择适当的建筑形式。车间布置设计的内容可分为车间厂房布置和车间设备布置。车间布置的方法有布置草图、模板布置、模型布置、从至表法等。

第四章 综合测试

一、名词解释

1. 企业销售物流又称分销物流,是指生产企业和流通企业出售商品时,物品在供方与需方之间的实体流动。

2. 销售物流管理就是对销售物流活动的计划、规划、策划、组织和指挥、协调和控制。

3. 逆向物流有广义和狭义之分。狭义的逆向物流是指对那些由于环境问题或产品已过时的原因而产品、零部件或物料回收的过程。广义的逆向物流除了包含狭义的逆向物流的定义之外,还包括废弃物物流的内容,其最终目标是减少资源使用,并通过减少使用资源达到减少废弃物的目标,同时使正向以及回收的物流更有效率。

4. DRP 是分销需求计划(Distribution Requirement Planning)的简称,它是流通领域中的一种物流技术,是物料需求计划(MRP)在流通领域中的延伸与应用。该技术主要解决分销物资的供应计划和调度问题,其基本目标就是合理进行分销物资和资源配置,进而达到既保证有效地满足市场需要,又使配置费用最省的目的。

二、判断题

1. √

2. √

3. ×

4. ×

5. √

6. ×

三、问题分析

1. 影响销售物流管理工作的因素包括人的因素;市场营销观念因素;客户服务水平;管理技术以及信息化。

2. 客户关系管理的目标是提高效率、拓展市场、维系顾客。

3. 订单管理应注意以下问题:接受订单时,先检查顾客的信用,以减少风险;在确定库存以后便要计算出货配送的能力;进行订单管理,应尽量简化订单处理的流程,提高效率,尽量缩短订货周期,减少缺货现象;不要忽略小客户;注意控制和解决订单处理中的波峰现象。

4. 目前,理论界对逆向物流概念的表述有很多,较专业和准确地概括其特点的定义是:与传统供应链反向,为价值恢复或处置合理而对原材料、中间库存、最终产品及相关信息从消费地到起始点的有效实际流动所进行的计划、管理和控制过程。

可见,逆向物流的表现是多样化的,从使用过的包装到经处理过的电脑设备,从未售商品的退货到机械零件等。也就是说,逆向物流包括来自客户手中的产品及其包装品、零部件、物料等物资的流动。简言之,逆向物流就是从客户手中回收用过的、过时的或者损坏的产品和包装开始,直至最终处理环节的过程。但是现在越来越被普遍接受的观点是,逆向物流是在整个产品生命周期中对产品和物资的完整、有效和高效的利用过程的协调。然而,对产品再使用和循环的逆向物流控制研究却是过去的十年里才开始被认知和展开的。逆向物流作为企业价值链中特殊的一环,与正向物流相比,既有共同点也有各自不同的特点。二者的共同点在于:都具有包装、装卸、运输、储存、加工等物流功能。但是,逆向物流与正向物流相比又具有其鲜明的特殊性。逆向物流的重要性表现在:提高潜在事故的透明度;提高顾客价值,增加竞争优势;降低物料成本;改善环境行为,塑造企业形象。

第五章　综合测试

一、名词解释

1. 物流外包一般称为第三方物流,也称合同物流、契约物流、物流联盟或物流外部化,是指物流经营者借助现代信息技术,在约定的时间和空间位置,按约定的价格向物流需求者提供约定的个性化、专业化、系列化的服务,也就是借助外部力量完成本该由其自身完成的物流功能。

2. 第三方物流是"供方与需方以外的物流企业提供物流服务的业务模式"。

3. 物流服务提供者是一个供应链的集成商,它对公司内部和具有互补性的服务提供者所拥有的不同资源、能力和技术进行整合和管理,提供一整套供应链解决方案。

二、判断题

1. √

2. ×

3. ×

4. ×

5. ×

三、问题分析

1. 物流业务外包主要考虑的因素为企业战略；企业规模；成本；服务质量；物流服务；供应商选择。

2. 第三方物流是“供方与需方以外的物流企业提供物流服务的业务模式”。第三方物流越来越受到工商企业的青睐，原因就在于它使企业能够获得比原来更大的竞争优势，这种优势主要体现在以下几个方面：

归核优势：一般来说，任何企业的资源都是有限的，生产企业的关键业务不是物流业务，并且物流业务也不是它们的专长，企业应把自己的主要资源集中于自己擅长的主业，而把物流等辅助功能留给物流公司，生产企业可以集中精力开展核心业务。

业务优势：①使生产企业获得自己本身不能提供的物流服务；②降低物流设施和信息网络滞后对企业的影响。

成本优势：①第三方物流可降低生产企业的运作成本；②第三方物流可以减少固定资产投资，加速资本周转；③灵活运用新技术，实现以信息换库存，降低成本。

客服优势：①第三方物流的信息网络优势；②第三方物流的服务优势。

我们认为，通过采用第三方物流，可能给企业带来的价值包括以下几方面：

第一，使用第三方物流可以使企业实现资源优化配置，将有限的资源集中于核心业务。企业要想在严峻的市场竞争环境中生存和发展，必须提高资源配置的效率。现在市场竞争的焦点已经由过去简单的成本竞争转向产品功能、服务质量及新产品开发速度的竞争，企业提高产品质量、降低成本、改进服务质量、新产品开发的压力越来越大，只有以比竞争对手更低的成本、更快的速度向消费者提供更好的产品，才能在竞争中取得优势。然而，任何企业所拥有的资源都是有限的，它不可能覆盖企业所有的业务领域。换句话说，就是一个企业不可能在每一个业务环节上都取得竞争优势。取得整体竞争优势的唯一途径就是“集中优势”——将有限的资源集中到企业“核心能力”的培育和发展上，而对非核心的业务采取资源外取战略，“外包”给在这些业务上具备核心能力的企业。

第三方物流战略的选择正是基于上述考虑，由企业将非核心的物流业务外包给专业的第三方物流服务提供商，这也是第三方物流存在的真正价值所在，同时也是企业选择第三方物流的根本因素之一。这一点已得到越来越多企业的认同，越来越多的企业在考虑是否选择第三方物流服务时，对企业战略的考虑甚至远远超过了简单的能力和成本的考虑。

第二，选择第三方物流还可以使企业减少投资，降低风险。现代物流领域的设施、设备、信息系统等的投入是相当大的，而且由于物流需求的不确定性和复杂性，可能导致投资的巨大风险。选择第三方物流服务可以有效避免这些投资风险。

第三，选择第三方物流有利于企业进行流程再造。现代物流的根本特征是专业化、系统化、网络化、信息化和规模化，借助第三方物流的契机，企业可以充分利用第三方物流企业完善的信息技术和先进的管理手段，从关心客户的需求和满意度出发，对现有的业务流程进行重新思考和再设计，从根本上提高企业原有的成本、质量和服务水平。

第四，选择第三方物流有利于提升企业形象。第三方物流服务提供商和客户不是竞争对手，而是战略合作伙伴，它们为客户着想，致力于提供以顾客为导向、低成本、高效率的优质物流服务，使委托企业的形象得到提升，为企业在竞争中创造有利的条件。

第五，选择第三方物流还可以使企业享受降低成本的好处。专业的第三方物流提供商利用规模生成的专业优势和成本优势，通过整合社会资源，提高供应链各环节的利用率，实现综合费用的节省，从而使委托企业享受降低成本的好处。

第三方物流的发展趋势主要表现在两个方面：一是第三方物流将进一步发展壮大、成熟完善，所涉及的层面将更加广泛，这主要是指第三方物流服务业将会优化整条物流供应链，大力发展信息技术和通信技术，建立战略联盟合作伙伴关系，组织高效率的物流作业网络以及吸引高素质的物流专业人才；二是随着第三方物流的逐步发展，其系统的复杂性也将逐步提高，这将会导致第三方物流的某些领域的分化，但是这种分化不是第三方物流的灭亡，而是第三方物流成熟的标志。

第六章　综合测试

一、名词解释

1. 企业物流现代化是指在理念现代化、组织现代化和技术现代化下对物流活动进行现代化管理，从而使现代化的物流技术发挥它的巨大作用。

2. 实时物流是指通过应用现代物流技术与信息技术来主动消除企业物流系统中管理与执行的延迟，从而提高企业整个物流系统的反应速度与竞争力、提升物流服务水平的物流理念。

二、判断题

1. ×

2. √

3. √

三、问题分析

1. 提示：根据调查的实际情况进行分析。

2. 基础设施欠缺，物流整体效益较差；企业物流规模小，缺乏相应的运营条件与经营机制；物流的专业化程度不高，影响物流效益；物流专业人才缺乏，制约了物流业的发展。近些年来，我国企业物流得到了较快的发展，在管理思想、方法、规模、效益、技术手段、运营环境各方面都有相当的进步，但距离国际先进水平还有相当的差距。这主要表现为我国企业物流起点较低，在国际物流管理水平迅速提升的背景下，我国企业物流管理则面临着更艰巨的挑战。

参考文献

[1]杜学森.企业物流管理[M].上海:上海交通大学出版社,2005.

[2]杜学森.物流管理[M].北京:中国铁道出版社,2008.

[3]谢勤龙,王成,崔伟.企业采购业务运作精要[M].北京:机械工业出版社,2002.

[4]张远昌.生产物流与采购管理[M].北京:中国纺织出版社,2004.

[5]国际物流师培训教程编委会.国际物流师培训教程[M].北京:中国经济出版社,2006.

[6]涂胜善,丁烨,孟俊.物流经营管理实务[M].沈阳:辽宁科学技术出版社,2004.

[7]李苏剑,游战清,胡波.企业物流管理理论与案例[M].北京:机械工业出版社,2003.

[8]崔介何.企业物流[M].北京:中国物资出版社,2002.

[9]刘志学.现代物流手册[M].北京:中国物资出版社,2001.

[10]郎会成,蔡连侨.物流经理业务手册[M].北京:机械工业出版社,2002.

[11]肖胜萍,萧鹏.现代物流管理[M].北京:中国纺织出版社,2002.

[12]孙健.海尔物流[M].广州:广东经济出版社,2003.

[13]吴清一.物流管理[M].北京:中国物资出版社,2003.

[14]中国大物流网.

[15]新景程物流网.

图书在版编目(CIP)数据

企业物流管理实务/杜学森主编.—北京:首都经济贸易大学出版社,2010.2

(21世纪高职高专精品系列规划教材·物流专业)

ISBN 978-7-5638-1765-8

Ⅰ.企… Ⅱ.杜… Ⅲ.企业管理—物流—物资管理—高等学校:技术学校—教材 Ⅳ.F273.4

中国版本图书馆CIP数据核字(2009)第220326号

企业物流管理实务

杜学森 主编 吴雅萍 副主编

出版发行 首都经济贸易大学出版社

地　　址 北京市朝阳区红庙(邮编100026)

电　　话 (010)65976483 65065761 65071505(传真)

网　　址 http://www.sjmcb.com

E-mail publish@cueb.edu.cn

经　　销 全国新华书店

照　　排 首都经济贸易大学出版社激光照排服务部

印　　刷 北京地泰德印刷有限责任公司

开　　本 880毫米×1230毫米 1/32

字　　数 246千字

印　　张 9.625

版　　次 2010年2月第1版第1次印刷

印　　数 1~3 000

书　　号 ISBN 978-7-5638-1765-8/F·1009

定　　价 18.00元
